Als

homo

verfolgt

osexuell

Wiener Biografien aus der NS-Zeit

Andreas Brunner

mandelbaum *verlag*

Inhalt

Vorwort

Es ist nicht selbstverständlich, dass sich die Stadt Wien, das Wien Museum oder die Bezirksmuseen der Verfolgungsgeschichte von Homosexuellen während der Zeit des Nationalsozialismus widmen. Noch vor wenigen Jahrzehnten wäre ein solches Engagement vollkommen undenkbar gewesen. Homosexuelle Handlungen waren ja bis ins Jahr 1971 grundsätzlich strafbar; und selbst nach der Aufhebung des Totalverbots gab es eine Reihe strafrechtlicher Paragrafen, die unter anderem die Gründung einschlägiger Vereine mit Verfolgung bedrohten. Dazu kam die völlige gesellschaftliche Ächtung von Lesben und Schwulen, die jede systematische Forschung, besonders im universitären Raum, vollkommen unmöglich machte.

Trotz der mutigen Arbeit der Lesben- und Schwulenbewegung, die in den 1970er Jahren einsetzte, begann sich die Situation erst in den 1990er Jahren wirklich zu verändern. Im Kontext großer geopolitischer Transformationen – dem Ende des Eisernen Vorhangs, die Schaffung der Europäischen Union – kam es zu einer Pluralisierung des öffentlichen Raums. Es war das Jahrzehnt der Gründung des Life Balls und der Regenbogenparade, jener Großevents, die die vormals fast gänzlich verborgene lesbisch/schwule Community zum ersten Mal in Wiens urbaner Öffentlichkeit verankerten. Der gleichen Entwicklung war es geschuldet, dass nun auch erstmals die lesbisch/schwule Geschichte, darunter das Leid queerer Menschen unter dem Naziregime, systematische Beachtung fand. Eine Reihe wissenschaftlicher Studien war die Folge.

Aber es ist ein weiter Weg von wissenschaftlicher Forschung zu prominenten Denkmälern und breitem Verständnis. Denn eine solche Verankerung in der Öffentlichkeit passiert nicht automatisch. Wie Forschung selbst ist auch sie hochpolitisch. Eine neue Erinnerungskultur auf der Basis neuen Wissens verbreitet sich nur schwer, noch dazu in Zusammenhang mit vormals geächteten sozialen Gruppen.

Die Bedeutung der vorliegenden Publikation – angeregt durch die Erschaffung des „Denkmals für Männer und Frauen, die Opfer der Homosexuellen-Verfolgung in der NS-Zeit wurden“ – liegt genau darin. Es ist ein Versuch, sowohl die Ressourcen des Wien Museums als auch der Bezirksmuseen mit dem Ziel zu mobilisieren, die queere Geschichte Wiens ins allgemeine Geschichtsverständnis der Stadt zu integrieren.

Mein großer Dank für diese Errungenschaft gilt Andreas Brunner. Er ist ein strahlender Stern queeren Lebens in Wien. Seit mehreren Jahrzehnten prägt er die Stadt als Aktivist (er war Mitbegründer der Regenbogenparade), Archivar (er etablierte QWIEN – Zentrum für queere Geschichte) und Historiker (mit zahlreichen bahnbrechenden Publikationen). Das nun vorliegende Buch stellt einen weiteren Höhepunkt seiner Tatkraft dar. Die kongeniale Gestaltung verdanken wir Katrin Smejkal (Bureau Smejkal).

Eine Reihe von Kolleg:innen am Wien Museum hat die Publikation des Buchs durch ihre Unterstützung ermöglicht. Ich danke Sonja Gruber, Andrea Ruscher und Peter Stuiber (Abteilung Publikationen) und Anna Jungmayr, Iris Lurf, Veronika Prinz, Alina Strmljan und Regina Wonisch (Stabstelle Bezirksmuseen) von ganzem Herzen.

Matti Bunzl,
Direktor Wien Museum

Ohne geschichtlichen Wert.

Nicht für Staatsarchiv.

23. März 1943

← Bild S. 8
Auf der Innenseite vieler Aktenmappen verweist ein Aufkleber darauf, dass das im Akt behandelte Verfahren „Ohne geschichtlichen Wert“ sei.

Queere Geschichten erzählen

Lange wurden sie in der Öffentlichkeit verschwiegen, lange wurden daher ihre Geschichten niemandem erzählt. Ihrer wurde auch nicht als Opfer von Verfolgung gedacht, sie waren Ausgegrenzte, Verachtete, Sonderlinge und damit auch nicht Teil der historischen Erzählung der Stadt Wien: jene Menschen, die heute vom Buchstabenkürzel LGBTIQ+ umfasst werden. Menschen, die sich als lesbisch, schwul (gay), bisexuell, trans- und intergeschlechtlich oder queer bezeichnen oder identifizieren. Auch wenn es heute noch Hass und Gewalt gegen queere Menschen gibt – ihre Lebenssituation hat sich im historischen Vergleich entschieden verbessert.

Sie müssen nicht mehr weitgehenden gesellschaftlichen Ausschluss, Verfolgung, Inhaftierung, Psychiatrierung und staatlich legitimierte Ermordung fürchten. Über Jahrhunderte wurden sie als „abnormal“, „krank“ und als Gefahr für die Gesellschaft gebrandmarkt, wobei die Verfolgung in der Zeit des Nationalsozialismus ihren Höhepunkt erreichte. An die Geknechteten, Gedemütigten und Ermordeten dieser Jahre erinnert das „Denkmal für Männer und Frauen, die Opfer der Homosexuellen-Verfolgung in der NS-Zeit wurden“ im Resselpark auf dem Karlsplatz: „ARCUS (Schatten eines Regenbogens)“ der Künstler:innen Sarah Ortmeyer und Karl Kolbitz verbindet dabei das Moment der Trauer und des Gedenkens mit dem Regenbogen, der heute als Symbol für die Diversität der queeren Community steht.

In der Geschichtsschreibung sind Identitätszuschreibungen wie schwul, lesbisch, trans oder queer allerdings problematisch, weil mit diesen Begriffen auf historische Personen gegenwärtige Identitäten projiziert werden, die sie selbst zumeist nicht kannten und zu denen sie sich nicht selbstbestimmt bekennen konnten. Im Allgemeinen wissen wir nicht mit Sicherheit, als was sich die Menschen, deren Geschichten in diesem Buch vor dem Vergessen gerettet werden sollen, verstanden. Es werden in den Texten daher möglichst neutrale Identitätszuschreibungen wie „gleichgeschlechtlich“ oder „homosexuell“ verwendet, die auch in den 1930er und 1940er Jahren üblich waren – sowohl als Fremd- wie auch als Selbstbezeichnung. Wir bekommen auch nur einen zeitlich beschränkten Einblick in die Lebensgeschichten der Betroffenen. In vielen Fällen wissen wir nichts über ihr Leben nach ihrer Verurteilung, und selbst wenn sich ein Todesdatum recherchieren lässt, sind nur sehr selten biografische Details zu einem vielleicht noch Jahrzehnte dauernden Leben nach der Verfolgung in der NS-Zeit bekannt. In fast allen Geschichten erleben wir diese Menschen ausschließlich zu einem Zeitpunkt, als sie verfolgt wurden, also in Momenten der Angst, der Ausflüchte und der Entblößung, nachdem der geheimste Teil ihres Lebens aufgedeckt worden war.

Als Quellen für die Lebensgeschichten aus 23 Wiener Gemeindebezirken dienten in den meisten Fällen Strafakten der Wiener Gerichte, Dokumente der Verfolgung, die von der Kriminalpolizei, der Gestapo und den Gerichten erstellt wurden. Mit dem „Anschluss“ trat neben das bisher in diesen Fällen ermittelnde Sittendezernat der Kriminalpolizei die Geheime Staatspolizei (Gestapo), in der die Abteilung II/S zur Verfolgung von Homosexualität eingerichtet wurde. Beamte aus Berlin brachten neue Ermittlungsmethoden nach Wien, was zu einem sprunghaften Anstieg der Verhaftungen und Verurteilungen führte. In Wien sind auf der Ebene der Verfolgungsbehörden nur Männer als Akteure nachweisbar. So werden auch die weiblichen Beschuldigten von Männern verhört und vor Gericht verurteilt.

Grundlagen der Verfolgung

Seit mehr als einem Jahrzehnt arbeitet QWIEN, das Zentrum für queere Geschichte, die Verfolgung von Männern und Frauen, die in der NS-Zeit wegen gleichgeschlechtlicher Handlungen verurteilt wurden, auf. In einer Datenbank wurden alle erhaltenen Strafakten der Wiener Gerichte – der Landgerichte I und II, des Jugendgerichts und der Sondergerichte – sowie die Akten der Wiener Standorte der Militärgerichtsbarkeit erfasst und ausgewertet. Diese QWIEN-Opferdatenbank bildet den Ausgangspunkt für die Darstellung der meisten Schicksale in diesem Band. Nach Auswertung der Strafakten konnten bis dato etwa 1.400 männliche und 80 weibliche Beschuldigte vor einem nationalsozialistischen Wiener Gericht nachgewiesen werden. Nach derzeitigem Forschungsstand konnten über 100 Männer aus Wien ermittelt werden, die in ein Konzentrationslager eingewiesen wurden, von denen nicht einmal 30 Prozent überlebten.

Die rechtliche Basis für die Verfolgung stellte der § 129 Ib des österreichischen Strafgesetzes (StG) dar, der von 1852 bis 1971 und damit auch während der NS-Zeit in Kraft war:

> „Als Verbrechen werden nachstehende Arten der Unzucht bestraft:
>
> I. Unzucht wider die Natur, das ist
> a) mit Tieren;
> b) mit Personen desselben Geschlechts."

Da der Paragraf geschlechtsneutral formuliert war, wurden in Österreich im Gegensatz zu den meisten europäischen Ländern auch gleichgeschlechtliche Handlungen zwischen Frauen verfolgt. Der nachfolgende § 130 StG legte dafür eine Strafe von einem bis zu fünf Jahren schwerem Kerker fest, eine schon bei ihrer Einführung 1852 als drakonisch empfundene Sanktion. Im Vergleich dazu kriminalisierte der § 175 des deutschen Strafgesetzbuchs von 1872 nur homosexuelle Handlungen zwischen Männern, das Strafmaß begann bei einem Tag Gefängnis. Der Unverhältnismäßigkeit der Strafdrohung begegneten die österreichischen Gerichte mit dem Rechtsmittel des „Außerordentlichen Milderungsrechts" (§ 54 StG), mit dem der Richter die Strafe auf weniger als die Mindeststrafe reduzieren konnte. Selbst in der NS-Zeit, in der sowohl die Verfolgungsintensität als auch die Zahl der Verfahren enorm anstiegen, Letztere sich von 1937 bis 1939 mehr als vervierfachte, und in der sich auch das durchschnittliche Strafmaß gegenüber den Jahren vor dem „Anschluss" mehr als verdoppelte, wurde das „Außerordentliche Milderungsrecht" im Falle einer Erstverurteilung praktisch immer angewandt.

Nationalsozialistische Sondermaßnahmen

Zwar folgten auch nationalsozialistische Gerichte den in den Gesetzen festgelegten rechtlichen Normen, doch wurden diese zusehends ausgehöhlt. Mit zunehmendem Einfluss der Partei und des nationalsozialistischen Staatsapparats wurde – dem Historiker Ernst Fraenkel folgend – aus einem Staat, der auf rechtlichen Normen basierte, ein „Maßnahmenstaat", der auf Zwangsmaßnahmen und Gewalt setzte. Die Durchdringung staatlicher und bürokratischer Institutionen mit den von der NSDAP, der SS oder anderen NS-Organisationen geforderten Zwangsmaßnahmen lässt sich auch bei der Verfolgung Homosexueller beobachten. Einschüchterung und Gewalt wurden zu gängigen Ermittlungsmethoden von Kripo und Gestapo. Nach einer Kampagne des SS-Hetzblatts *Das schwarze Korps* gegen ein seiner Meinung nach zu mildes Urteil, das ein in der Systematik des österreichischen Rechts urteilender Richter ausgesprochen hatte, kam es 1940 zu einer faktischen Angleichung der österreichischen an die „reichsdeutsche" Spruchpraxis. Nach der Verschärfung des § 175 im Jahr 1935 waren für eine Verurteilung keine sexuellen Handlungen mehr vorausgesetzt, Homosexualität wurde nun als Angriff auf die „völkische Sittenordnung" kriminalisiert.

Trotzdem stand der Nachweis homosexueller Handlungen weiterhin im Zentrum des Ermittlungsverfahrens und nicht, ob sich die betreffende Person als „homosexuell veranlagt" definierte. Die Beschuldigten wurden als Männer oder Frauen, die gleichgeschlechtliche sexuelle Kontakte zu anderen Männern oder Frauen hatten, verfolgt, geächtet, verurteilt und ermordet. Eine homosexuelle Veranlagung konnte bei einem Urteil auch als Milderungsgrund herangezogen werden. Die meisten stritten eine Veranlagung trotz erwiesener sexueller Handlungen ab. Dabei ist allerdings auch die Verhörsituation zu beachten, die für die Beschuldigten eine große Belastung darstellte. Mit dem Verhör als Beschuldigter oder Beschuldigte war nicht nur die Angst vor den möglichen Folgen bei einer Verurteilung, sondern auch der Druck durch die verhörenden Polizeibeamten verbunden, die psychische Gewalt ausübten, mit Entmannung oder einer Einweisung in ein Konzentrationslager und anderen Zwangsmaßnahmen drohten oder brutal zuschlugen und folterten, um ein Geständnis zu erzwingen. Denn ein Schuldbekenntnis hatte Beweiskraft vor Gericht. In vielen Fällen waren die Geständnisse die einzigen Begründungen für eine Verurteilung.

Im Zuge der von den Nationalsozialisten eingeführten Sondergerichtsbarkeit konnten Homosexuelle als sogenannte Gewohnheitsverbrecher zum Tode verurteilt werden. Mit dem im Februar 1944 hingerichteten 21-jährigen Franz Doms ist zumindest ein Fall an einem Wiener Gericht belegt. Das Sondergericht konnte auch das Kastrieren von Wiederholungstätern empfehlen. Mit ihrer Zustimmung zu einer zynisch „freiwilligen Entmannung" genannten Kastration konnten Verurteilte hohen Haftstrafen oder außergerichtlichen Zwangsmaßnahmen entgehen. In vielen Fällen forderte die Gestapo oder Kripo vom Gericht die „Rücküberstellung" von Beschuldigten, fast immer bevor überhaupt ein Urteil gesprochen worden war. Auf Beamtenebene wurde dann entschieden, ob sogenannte Vorbeugemaßnahmen ergriffen werden sollten, was in vielen Fällen die Einweisung in ein Konzentrationslager auf unbestimmte Zeit bedeutete. Als besondere Häftlingsgruppe mit einem rosa Winkel gekennzeichnet, hatten die Homosexuellen nach den aus rassischen Gründen verfolgten Jüdinnen und Juden sowie Rom:nja und Sinti:zze die geringsten Überlebenschancen. Von den bislang nachgewiesenen über 100 homosexuellen Männern, die aus Wien in Konzentrationslager verschleppt wurden, überlebten nur 30. Die Sterblichkeitsrate lag somit bei 70 Prozent.

Zwischen den Zeilen lesen

Da Strafakten nicht nur für die Zeit des Nationalsozialismus oft die einzige Quelle sind, aus der die Leben von gleichgeschlechtlich begehrenden Männern und Frauen rekonstruiert werden können, müssen wir in diesen Dokumenten oft „zwischen den Zeilen" oder sie „gegen den Strich" lesen, um Lebensgeschichten und biografische Zusammenhänge zu rekonstruieren. Selten sind sogenannte Ego-Dokumente wie Briefe, Tagebücher oder andere Selbstzeugnisse erhalten und wenn, dann praktisch immer als Beweismaterial, das den Strafakten beigelegt wurde. Auch die lebensgeschichtlichen Hintergründe, die wir aus den Akten erfahren, müssen durch die Brille der Verfolgenden gelesen werden. Notiert wurde, was für eine Verurteilung günstig erschien, mitunter familiäre Hintergründe, aber immer die „sexuelle Biografie" der Beschuldigten. Die Niederschrift fand in einer standardisierten Protokollsprache statt, die nur manchmal die eigene Sprache der Verhörten durchscheinen lässt.

Grundsätzlich ist die Sprache der Dokumente abwertend, die Beschuldigten entsprachen nicht dem „gesunden Volksempfinden" und wurden ausgestoßen aus der Volksgemeinschaft, die als einheitlich formierter Körper alles „Abnormale" ausschloss und verfolgte. Die „Seuche Homosexualität" sollte ausgerottet werden, und dafür steckte man Tausende ins Gefängnis oder verhängte andere Maßnahmen wie die Entmannung oder die Einweisung in ein Konzentrationslager, in dem die als „homosexuell" Gekennzeichneten meist nicht lange überlebten. Alle Menschen, die nicht den heteronormativen Vorstellungen entsprachen, waren der Abwertung und Verfolgung ausgesetzt. Um diese sichtbar zu machen, sind alle Zitate aus diesen Dokumenten gesperrt gedruckt. Die getroffenen Aussagen haben normierenden Charakter, auch wenn vermeintlich neutrale Begriffe wie „homosexuell" verwendet wurden, da sie immer in Kontrast zum als normal Definierten gesetzt wurden. Heterosexualität war die „Norm", gleichgeschlechtliche Handlungen wurden hingegen als „widernatürlich", „abnormal" oder „pervers" angesehen. Das ist in jede Zeile dieser Dokumente eingeschrieben.

Bezirksgeschichten

Obwohl Wien von 1938 bis 1954 als „Groß-Wien" in 26 Bezirke eingeteilt war und sich bis Klosterneuburg, Schwechat und Mödling erstreckte, werden in diesem Buch Lebensgeschichten aus den heutigen 23 Bezirken Wiens erzählt. Mindestens eine Lebensgeschichte pro Bezirk soll zeigen, dass in ganz Wien Menschen lebten, die gleichgeschlechtliche Beziehungen hatten. Vielfalt, die Darstellung unterschiedlicher Lebensentwürfe und sozialer Milieus, die fallbezogene Vorgehensweise bei der Ausforschung Verdächtiger sowie unterschiedliche Konsequenzen einer Verurteilung waren bei der Auswahl der erzählten Schicksale bestimmend.

Dabei bleiben die Biografien fragmentarisch. Wir bekommen nur einen schmalen Ausschnitt aus einem Leben, der unmittelbar mit dem Akt der Verfolgung in Verbindung steht. Aus den Aussagen in den Verhören bekommen wir einen Eindruck des sozialen Hintergrunds, aber nur in einigen Fällen lassen sich aus zusätzlichen Quellen weitere Informationen zum Fortgang der Geschichte finden. Dabei lassen sich oft eine Einlieferung in ein Konzentrationslager oder die Einberufung in die Wehrmacht erschließen. In vielen Fällen lassen sich aber nicht einmal die Lebensdaten belegen, nur selten haben wir Informationen über die Lebensumstände der Betroffenen in der Nachkriegszeit.

Ziel dieser Publikation ist es, die queere Geschichte als Teil der Wiener Stadtgeschichte zu verankern und sichtbar zu machen, denn bis heute sind die Biografien von Menschen, die als Homosexuelle verfolgt wurden, Marginalien der Stadtgeschichte oder werden als solche behandelt. Meist sind es Lebensgeschichten sogenannter kleiner Leute, die keine Berühmtheiten waren und oft in einem von Armut und Erwerbsdruck gezeichneten Alltag ihre Sexualität zu leben versuchten. Viele waren politisch indifferent, an Politik desinteressiert, manche aber auch Mitglieder in der NSDAP oder anderen nationalsozialistischen Organisationen. Einzelne waren jüdischer Herkunft oder wurden durch die NS-Rassengesetze zu Jüdinnen und Juden gemacht. Sie lebten in ganz Wien, wenn auch eine gewisse Konzentration in den inneren Bezirken festzustellen ist. Im zweiten Bezirk war der Prater mit seiner sozialen Durchmischung sicher ein Anziehungspunkt. Er bot auch eine Fülle an Orten der „sexuellen Infrastruktur" wie Lokale, das Römerbad, Bedürfnisanstalten und verschlungene Wege durch das Dickicht links und rechts der Prater Hauptallee.

Manchmal führten Denunziationen zu ihrer Verhaftung, ein anderes Mal Aussagen anderer Beschuldigter, oft waren sie aber einfach zur falschen Zeit am falschen Ort, wenn die Kripo eine ihrer routinemäßigen „Überholungen", also Razzien, in Bädern, Parks oder „Logen", wie in Wien öffentliche Bedürfnisanstalten, in denen sich homosexuelle Männer trafen, genannt wurden, durchführte. Ungeachtet ihrer Herkunft soll ihrer gedacht werden, denn der einzige Grund für ihre Verfolgung war, dass ihr sexuelles Begehren, dass ihr Lieben den Vorgaben des NS-Staats widersprach.

Editorische Vorbemerkung

Alle gesperrt gesetzten Sätze und Satzteile sind wörtliche Zitate aus den angeführten Quellen und sind in ihrer originalen Schreibweise, in den originalen Formulierungen inklusive Fehler und mangelhafter Zeichensetzung zitiert. Nur offensichtliche Tippfehler und sinnentstellende Fehler wurden stillschweigend korrigiert.

Die Anonymisierung von Nachnamen erfolgt aus datenschutzrechtlichen Gründen. Wenn wir nicht belegen können, dass eine Person verstorben ist, gilt nach dem Wiener Archivgesetz eine Schutzfrist von 110 Jahren ab der Geburt. In diesen Fällen wurden die Namen nach dem Muster Vorname und erster Buchstabe des Nachnamens abgekürzt.

Die Wiener Landesgerichte wurden 1938 von den Nationalsozialisten in Landgerichte umbenannt, doch selbst die NS-Behörden waren bei der Benennung inkonsequent und verwendeten beide Bezeichnungen.

1., Fleischmarkt 16

Als Homosexueller verurteilt, als Jude ermordet
Bernhard Weinberger *21.2.1891 – deportiert 20.10.1939*

Freiwillig erscheint am 29. Juni 1938 um 1 Uhr 45 Minuten […] die Arierin Maria Weinberger, um ihren Ehemann bei der Gestapo zu denunzieren: Ich bin seit dem Jahre 1935 mit dem Juden Bernhard Weinberger verheiratet, doch bin ich seit Juni 1936 von ihm getrennt. […] Heute um ca. 1 Uhr 30 Min. kam ich in meine Wohnung und hörte ich im anschliessenden Wohnzimmer eine fremde Männerstimme. Ich begab mich hierauf zur Schlafstätte meines Mannes, riss den dort angebrachten Vorhang zurück und traf daselbst meinen Mann nur mit Unterhose bekleidet und zerknülltem Bett in verlegenem Zustande an. Mein Mann riss mir den Vorhang aus der Hand und verdeckte mit seinem Körper und dem Vorhang einen jungen Burschen.

Weinbergers Frau meldete auf dem Weg zur Gestapo die beiden Männer bei einem zufällig vorbeigehenden uniformierten Funktionär der NSDAP, der Weinberger und seinen mutmaßlichen Liebhaber Alfred Strini beim Verlassen der Wohnung festnahm und der Staatspolizeileitstelle übergab. Vor den Gestapobeamten sagte Weinberger aus, dass er bisexuell veranlagt sei, und zwar schon seit meiner Jugend, wie er präzisierte. Auch gleichgeschlechtliche Handlungen mit Alfred Strini und anderen gab er zu. Mit einem französischen Schauspieler, der sich zu Dreharbeiten in Wien aufhielt, und einem böhmischen Juden gestand er sexuelle Handlungen in den Jahren 1929 bis 1935 sowie mit mehreren jungen Männern, die er im Zentralbad in der Weihburggasse kennengelernt hatte. Heute befindet sich im ehemaligen Zentralbad die Kaiserbründl-Sauna, die vorwiegend von schwulen Männern besucht wird und die vor Kurzem nicht nur wegen ihrer einzigartigen Architektur und historischen Ausstattung, sondern auch, weil sie ein historischer Treffpunkt homosexueller Männer war, unter Denkmalschutz gestellt wurde.

Alfred Strini, ein arbeitsloser Kunstglasergehilfe, der seinen Lebensunterhalt aus dem Erlös von versetzten Gegenständen und durch Bettelmusizieren verdiente, bestritt sexuelle Handlungen mit Weinberger hingegen vehement. Er erklärte im Gestapoverhör Weinbergers Geständnis mit Gewaltanwendung durch Gestapobeamte: Weinberger hat anscheinend deswegen ein derartiges Geständnis gemacht, da er wohl von der Gestapo geschlagen wurde. Als wir im Polizeigefangenenhaus in der Aufnahmekanzlei sassen, deutete er mir durch Gesten an, dass er Flecken habe und Beulen durch Schläge ins Gesicht. Alles Leugnen war zwecklos, die Gestapo betonte in ihrem Abschlussbericht: Den Angaben Strini's kann kein Glauben geschenkt werden.

Durch vertrauliche Informationen wurde die Gestapo darauf aufmerksam gemacht, dass Weinberger seinerzeit ein äußerst inniges Freundschaftsverhältnis mit einem jungen jüdischen Zahntechniker namens Heinrich Schrefel und einem weiteren jungen Mann gehabt haben soll. Schrefel gab zu, dass er Weinberger in den späten 1920er Jahren beim Baden an der Alten Donau kennengelernt hatte, wobei ihm aufgefallen war, dass Weinberger etwas abnormal in geschlechtlicher Beziehung ist. Dies deshalb, weil Weinberger an Badeorten für braungebrannte, muskulöse, männliche Körper schwärmte. Beide sagten aber übereinstimmend aus, dass

x)

Strafanzeige

gegen

den

Juden

Bernhard

Weinberger

Damenschneidermeister,
21.II.1891 Wien geb., zust.,
mosaisch, verh.,
Wien I., Fleischmarkt 16/II./I/25a wh.

und andere,

wegen Verbr. d. Unzucht
wider die Natur, §129 I b ö. StG.

II S/1 - 8/38.

...en. Wien, am 29. Juni 19..

...eheime Staatspolizei
...tspolizeileitstelle Wien
...: 29. JUN 1938
BNr. 8/38 Anl.

Haft
2

...NEHMUNG.

...eint am 29.Juni 1938 um 1 Uhr 45 Minute...
...n Maria W e i n b e r g e r, geborene
...in Wien geboren, Reichsangehörige, r.kath
...rkt Nr.16/I./I./25 wohnhaft, welche zur
...stande vernommen folgendes angibt:
... Jahre 1935 mit dem Juden Bernhard Wein...
...ch seit Juni 1936 von ihm getrennt. Ich
...rmassen im gemeinsamen Haushalte, doch
...36 keinen eheliche Gemeinschaft mehr.
...r schon zu Anfang meiner Ehe mitge-
...uell veranlagt sei. Mann wurde zwar
...verwandten, als auch bekannten in Ge-
...hen gesehen, doch konnte ich ihn dies-
...
... 30 Min. kam ich in meine Wohnung und
...Wohnzimmer eine fremde, Männerstimme.
...chlafstätte meines Mannes, riss den
...ück und traf daselbst meinen Mann nur
... und zerknüllten Bett in verlegenem
...mir den Vorhang aus der Wand und ver-
...dem Vorhang einen jungen Burschen. In
...unge Bursche befand habe ich nicht wahr-
...f die Strasse um einen Schutzmann zu
...n den Zellenleiter Karl Klein der
... Columbusgasse 109 whft. an, der meien
... welche eben das Haus verliessen anhielt

195

Geheime Staatspolizei
Staatspolizeileitstelle Wien
II S 1-B.Nr. 8/38

Bitte in der Antwort vorstehendes Geschäftszeichen und Datum anzugeben.

Wien I, den 10. Feber 1939
Morzinplatz 4
Fernsprecher A-17-5-80

Staatsanwaltschaft Wien I
Eingelangt am 13. Feb. 39
............fach mit .... Beilagen
.... Halbschriften

8 St 439/38
13

An die

Staatsanwaltschaft Wien I,

W i e n VIII.,

Landesgerichtsstr.Nr.11.

Betrifft: Homosexuelle Betätigung des Juden Bernhard W e i n b e r g e r.

Vorgang: Meine Anzeige und Schreiben v.10.8.23.9. 29.11. u.23.12.1938, B.Nr. II S 1-8/38-; dortiges Schreiben v.5.12.1938, Zl. 8 St 439/38/7 u. 4.1.39 Abt. 7 b-7 E b Vr 4799/38.

49

Anlagen: - ohne -

Ich bitte um Bekanntgabe des Ausganges des Strafverfahrens gegen den Juden Bernhard W e i n - b e r g e r, geboren am 21.II.1891 zu Wien und zugleich um seine Rücküberstellung nach dessen Strafverbüssung zur Verfügung der Geheimen Staatspolizei.

Im Auftrage:

gez.: Häusserer

Beglaubigt:
Bauer
Kanzleiangestellte

ni

← Bild S. 16
Nach der Urteilsverkündung forderte die Gestapo die „Rücküberstellung" Weinbergers.

↑ Bild S. 15
Mappe mit „Strafanzeige gegen den Juden Bernhard Weinberger".

sie keine sexuellen Kontakte hatten. Für Schrefel → S. 49 endeten allerdings andere Ermittlungen im Kerker.

Bei der Hauptverhandlung widersprach Bernhard Weinberger zum Teil seinen bisherigen Aussagen, er habe etwa nur einmal und nicht zweimal mit Strini onaniert. Da er sich in weitere Widersprüche verstrickte, ordnete der Richter eine psychiatrische Untersuchung an. Der gerichtsmedizinische Gutachter stellte jedoch fest, dass `keine Geistesstörung, kein Schwachsinn` diagnostiziert werden könne und Weinberger voll schuldfähig sei.

In einer Vernehmung vor der zweiten Hauptverhandlung stritt Weinberger plötzlich ab, dass er mit Strini überhaupt gleichgeschlechtlich verkehrt habe. Er habe bei der Gestapo falsche Angaben gemacht, `weil mir die Anhaltung in Dachau und die Sterilisation in Aussicht gestellt wurden.` Neben physischer Gewalt, die Strini in einem Verhör andeutete – er habe Blutergüsse an Weinberger beobachtet –, war dieser offenbar auch psychischen Gewaltandrohungen ausgesetzt, die ihn zu einem Geständnis zwingen sollten. Weinberger bekannte sich auch gleich des Verbrechens der Verleumdung schuldig.

Die Anklage gegen Alfred Strini wurde nach dieser neuerlichen Änderung von Weinbergers Geständnis tatsächlich fallen gelassen, weil kein Verfolgungsgrund mehr vorlag. Mehr als sechs Monate nach seiner Verhaftung wurde am 16. Jänner 1939 aber ein hartes Urteil über Bernhard Weinberger gefällt. Der vorsitzende Richter hatte 15 Monate schweren Kerker gefordert, wurde aber von den beiden Schöffen und dem beisitzenden Richter überstimmt, die sich für die mildere Strafe von einem Jahr aussprachen.

Nach der Verbüßung seiner Haft wurde Weinberger, wie gefordert, an die Gestapo rücküberstellt. Am 20. Oktober 1939 wurde er aus der Gestapohaft zum Aspanger Bahnhof gebracht und beim ersten von zwei Transporten mit weiteren etwa 1.500 jüdischen Männern nach Nisko am San an die polnisch-russische Grenze deportiert. Da der Plan, dort ein „Judenreservat" einzurichten, bereits aufgegeben worden war, wurden die meisten Deportierten über die Grenze getrieben, wo sie von den Sowjets festgenommen und oft in stalinistischen Lagern interniert wurden. Bernhard Weinbergers genaues Todesdatum ist nicht bekannt. Er wurde als Homosexueller verfolgt und verurteilt, als Jude wurde er ermordet.

Quellen WStLA, Landesgericht für Strafsachen, A11: LG I Vr 4799/38; DÖW, Datenbank Shoah-Opfer www.doew.at/erinnern/personendatenbanken/shoah-opfer

1., Annagasse 8

Rettende Liebe
Dorothea Neff *21.2.1903 – 27.7.1986* und Lilli Wolff *14.5.1896 – 1983*

„Nein, räum' alles wieder weg. Du wirst nicht fahren. Du tauchst bei mir unter", sagte Dorothea Neff zu ihrer Freundin Lilli Wolff, die einen Deportationsbescheid bekommen hatte, nachdem sie gemeinsam den Koffer, den Wolff „in den Osten" mitnehmen durfte, immer wieder neu gepackt hatten, weil maximal 20 Kilogramm Gepäck erlaubt waren. „Wir bereiteten alles vor, in einem seltsamen, ohnmächtigen Fatalismus", sollte Dorothea Neff später erzählen. Es waren just jene Tage, als am 24. Oktober 1941 das Verbot des freundschaftlichen Kontakts zwischen „Arier:innen" und Juden und Jüdinnen in Kraft trat. Seit einem halben Jahr fuhren die regelmäßigen Deportationszüge in die Ghettos und an die Orte der Massenvernichtung im Osten: nach Theresienstadt, Litzmannstadt (Łódź), Riga, Minsk, Maly Trostinec oder Auschwitz. Auch Lilli Wolff war als „Volljüdin" für die Deportation vorgesehen. Der Entschluss, sich zu verstecken, mag schnell getroffen gewesen sein, die daraus erwachsenden Konsequenzen waren im Herbst 1941 noch nicht absehbar. Denn es sollte über dreieinhalb Jahre bis zur Befreiung dauern – Jahre, die geprägt waren von Einschränkungen im täglichen Leben, der Enge des Verstecks, aber auch der ständigen Angst vor Entdeckung. Der Hausmeisterin hatte Dorothea Neff erzählt, dass Lilli Wolff eine Freundin aus Köln sei, die dort ausgebombt worden war und die sie ab und zu besuchen würde.

Tatsächlich hatten Dorothea Antonie Neff, 1903 in München geboren und gerade auf dem Weg durch die deutsche Theaterprovinz, und Wilhelmine „Lilli" Wolff, 1896 in Köln in eine jüdisch-orthodoxe Familie geboren und erfolgreiche Kostümdesignerin, einander in Köln kennen- und lieben gelernt, als die Schauspielerin 1934 dort engagiert war. Lilli Wolff führte seit 1920 mit ihrer Freundin Meta Schmitt einen Modesalon. Im Jahr 1932 hatte auch Martha-Maria „Mati" Driessen für das florierende Atelier mit bis zu 40 Mitarbeiter:innen zu arbeiten begonnen. Nach dem Novemberpogrom 1938 wurde Wolff enteignet, der Kölner Modesalon ihrer Geschäftspartnerin Meta Schmitt als Alleineigentümerin zugesprochen. Die beiden Freundinnen hielten aber Lilli Wolff die Treue und unterstützten sie auch mit Kleidersendungen und Lebensmittelkarten, als diese schon als „U-Boot" bei Dorothea Neff untergetaucht war. Als „U-Boote" werden jene Jüdinnen und Juden bezeichnet, die die NS-Zeit im Untergrund versteckt überlebt haben. Es lässt sich auf Basis der Quellen nicht eindeutig klären, wann Lilli Wolff nach Wien kam, im September 1939 oder im Herbst 1940. Sicher falsch ist die Datierung des Neff-Biografen Peter Kunze auf März 1941, die in vielen biografischen Darstellungen übernommen wurde.

Nach einigen Jahren, im Herbst 1944, zogen auch Meta Schmitt und Mati Driessen zu Dorothea Neff nach Wien, ihre gemeinsame Wohnung in Köln war ausgebombt worden. So wohnten sie offiziell zu dritt in Dorothea Neffs großer Innenstadtwohnung, was die Gefahr behördlicher Einquartierungen völlig fremder Menschen abwendete. Angesichts der heimlichen Mitbewohnerin wäre es „eine Katastrophe gewesen, wenn wir jemand hätten unterbringen sollen", so Dorothea Neff rückblickend. Dennoch gestaltete sich das Zusammenwohnen nicht einfach.

Zu zweit hatten Dorothea Neff und Lilli Wolff schon viele Krisen gemeistert, in der 130-Quadratmeter-Wohnung konnte man einander bei Spannungen gut aus dem Weg gehen. Im Juli 1944 stellte eine ernsthafte Erkrankung Lilli Wolffs das Paar vor neue Herausforderungen: Denn eine Geschwulst in der Brust verursachte Lilli Wolff starke Schmerzen. Dorothea Neff bewies erneut Mut und gute Nerven. Wie bei ihrer Hausmeisterin stellte sie Lilli einem bekannten Arzt als Freundin

← Bild S. 20
Kostümentwurf von Lilli Wolff, wahrscheinlich aus den 1930er Jahren.

↑ Bild S. 19
Annagasse 8, um 1942. Zu diesem Zeitpunkt war Lilli Wolff schon in Dorothea Neffs Wohnung untergetaucht.

aus Köln vor, die dort ausgebombt worden war. Sie benutzte für ihre Freundin dabei den Namen Antonie Schmid. Dorothea Neff war 1925 in München kurz verheiratet gewesen, verehelicht hieß sie daher Antonie Regina Schmid und hatte auch Papiere, die auf diesen Namen lauteten. In Wien kannte man den Theaterstar aber nur als „die Neff“, da sie als Schauspielerin ihren Mädchennamen benutzte. Die Täuschung gelang. Lilli Wolff wurde als Antonie Schmid mit Krebsverdacht in ein Krankenhaus eingeliefert und sofort operiert. Der Tumor war gutartig, und so wurde sie bald wieder entlassen.

Das Zusammenleben zu viert erzeugte allerdings immer mehr Spannungen und Konflikte, auch weil Dorothea Neff den Freiraum nicht mehr nutzen konnte, den ihr das Theater geboten hatte. Denn am 1. September 1944 waren alle Theater kriegsbedingt geschlossen worden, die meisten wehrfähigen Schauspieler mussten in die Wehrmacht, viele Schauspielerinnen in kriegswichtigen Betrieben arbeiten. Auch Dorothea Neff wurde einer Fabrik für die Produktion von Uniformteilen und Hemden zugeteilt und lernte dort die junge Schauspielerin Eva Zilcher kennen. Bald vertraute sich Dorothea Neff ihrer neuen Freundin an: „Ich war wie betäubt von der Tatsache und von dem Vertrauenserweis. Von dieser Stunde an waren wir unerschütterlich verbunden.“ Und sie blieben es bis zu Dorothea Neffs Tod 1986.

Am 9. April 1945 wurde Lilli Wolff, eigenen Angaben zufolge, befreit. Dorothea Neff schilderte später diesen Moment: „Es verbreitete sich die Nachricht, daß die weiße Fahne vom Stephansdom wehe -. Und daß die Russen in Wien einmarschierten. Da nahm ich Lilli bei der Hand und ging mit ihr auf die Annagasse hinaus. [...] Lilli sagte leise: ‚Jetzt kann mir niemand mehr was tun...‘. [...] Dann stand ich mit Lilli mitten auf der Straße. Über uns ein zartblauer Frühlingshimmel. Ein lauer Wind bewegte ihre Haarsträhnen, und warm lag auf ihr der erste, freie Sonnenstrahl.“ Vergessen waren nun die endlosen Stunden der Angst, in denen Lilli Wolff in der Wohnung bei jedem verdächtigen Geräusch fürchtete, dass Gestapobeamte sie holen kämen, vergessen waren die Tage und Nächte, in denen sie bei Bombenangriffen in der Wohnung ausharren musste, weil sie sich nicht in den Luftschutzkeller wagte, vergessen waren aber auch jene bangen Momente, wenn sie es in ihrer Tarnung als Freundin aus Köln dennoch tat und die Erde von den Bombeneinschlägen bebte. Die Ängste sollten wiederkommen und sie noch lange plagen. Selbst nachdem Lilli Wolff später in die Vereinigten Staaten emigriert war, hörten die Ängste nicht auf, und immer wieder würde sie nachts schweißgebadet aufwachen, weil sie fürchtete, zur Deportation abgeholt zu werden.

Dorothea Neff hatte ihrer Freundin Lilli Wolff das Leben gerettet, ihre Freundschaft und Liebe war aber in den Jahren des Ausnahmezustands zerbrochen. Ihre Wege trennten sich. Lilli Wolff blieb zwar zunächst in Wien und begann als Kostümdesignerin für Wiener Theater zu arbeiten, ging aber im April 1947 in die USA, ließ sich in Dallas, Texas, nieder und eröffnete wieder einen Modesalon. Dorothea Neff schrieb in der Nachkriegszeit österreichische Theatergeschichte, wurde zur Schauspiellegende und zur gefragten Schauspiellehrerin. Über ihren mutigen Einsatz für das Leben von Lilli Wolff schwieg sie bis 1978, als sie die Journalistin Nadine Hauer dazu befragte. Die daraus entstandenen Zeitungsartikel erregten die Aufmerksamkeit des israelischen Botschafters in der Schweiz, der Dorothea Neffs Ehrung als „Gerechte unter den Völkern“ in der israelischen Gedenkstätte Yad Vashem in Jerusalem vorschlug. Als „Gerechte“ werden Menschen geehrt, die sich uneigennützig für Jüdinnen und Juden in der Zeit des Nationalsozialismus einge-

Lilli Wolff auf Erholung in Semriach in der Steiermark, Sommer 1946.

setzt haben. Gemeinsam mit Meta Schmitt (posthum) und Martha Driessen wurde Dorothea Neff 1979 bei einem Festakt im Wiener Akademietheater geehrt. Mit Unterstützung ihrer Lebensgefährtin Eva Zilcher pflanzte sie selbst einen Baum im „Garten der Gerechten unter den Völkern". „Ich bin ihr unsagbar dankbar", sagte Lilli Wolff 1979 über ihre Freundin, auch wenn sie seit langer Zeit nur mehr lose mit ihr in Kontakt stand. „Sie hat alles getan, was sie konnte, um mir das Leben zu erleichtern, um mir das Gefühl zu geben, dass ich ein Mensch bin (gegen die Nazi-Propaganda), dass ich ihrer Fürsorge wert bin, die sie mir so warmherzig zukommen ließ."

Lilli Wolff starb 1983 in Dallas, Texas, Dorothea Neff 1986 in Wien. Neff wurde in einem Ehrengrab der Stadt Wien auf dem Wiener Zentralfriedhof bestattet, in dem auch Eva Zilcher, die 1994 verstarb, beigesetzt wurde.

Quellen und Literatur

Nadine Hauer: „Nein: Du tauchst bei mir unter!", in: Die Furche 45, 10. November 1978, S. 6

Peter Kunze: Dorothea Neff. Mut zum Leben, Wien 1983

Eintrag Dorothea Neff, in: www.yadvashem.org/righteous/stories/neff.html

Aussage von Lilli Wolff, in: www.yadvashem.org/righteous/stories/neff/lilli-wolff-testimony.html

Lilli Wolff Papers, in: United States Holocaust Memorial Museum (USHMM), https://collections.ushmm.org/search/catalog/irn502150

Lilli Wolff Collection, University of North Texas, https://digital.library.unt.edu/explore/collections/LWOLF/

Interview mit Erwin Ringel für das Dokumentationsarchiv des österreichischen Widerstandes (DÖW), www.doew.at/erinnern/biographien/erzaehlte-geschichte/ns-judenverfolgung-deportation/erwin-ringel-ringel-koennen-sie-injektionen-geben

1., Bäckerstraße 12

In jedem Regime verfolgt

Alexander P. 8.5.1917– ?

Spielsaal im Café-Restaurant „Excelsior" Wien 1. Rotenturmstr. 24

Die Piefke wollen mich erschlagen, helft mir, schrie Alexander P., in der Rotenturmstraße auf dem Boden liegend. Zuvor waren im Café Ostmark zwei aus dem „Altreich" stammende Gestapobeamte auf ihn aufmerksam geworden. Wir hatten bereits die Absicht, um 22 Uhr wegzugehen, als wir einen jungen Burschen mit geschminkten Lippen und rosarot gefärbten Fingernägeln vor dem Spiegel stehen sahen, als er sich sein Gesicht puderte. Sie verwickelten ihn in ein Gespräch und forderten ihn schließlich auf, sich auszuweisen. Alexander P. ergriff die Flucht, kam aber nicht weit und wurde von den Gestapobeamten niedergerungen. Er schrie dabei immer wieder Piefke, Piefke, Piefke und forderte Passant:innen auf, ihm zu helfen.

Da sich Alexander P. seiner Verhaftung heftig widersetzte, ersuchten die Beamten zufällig vorbeigehende Zeug:innen, ihnen zu helfen, was einige bereitwillig taten. Nachdem ihm ein Schupomann die Schliesskette angelegt hatte, wurde er von mehreren Männern zur Gestapo am Morzinplatz getragen. Wie so viele erklärte er zunächst, dass er normal veranlagt sei, doch

↑ Bild S. 23
Speisesaal im Café-Restaurant Excelsior am Schwedenplatz, in dem auch Alexander P. verkehrte, um 1925.

Bild S. 25 →
Arbeitseinsatzkarte von Alexander P. aus dem Konzentrationslager Natzweiler, 1943.

erlangten die Ermittler bald ein anderes Bild, sodass auch Alexander P. die volle Wahrheit sagen wollte. Gerade bei der Gestapo ist von massiver Gewaltanwendung auszugehen, wenn ein Beschuldigter seine Aussagen umgehend revidierte. Rasch wurde herausgefunden, dass Alexander P. bereits 1936 wegen gleichgeschlechtlicher Handlungen eine Strafe von sechs Wochen strengem Arrest bedingt bekommen hatte, die aber für drei Jahre auf Bewährung aufgeschoben worden war. Die Probezeit endete im März 1939, knapp drei Jahre vor seiner aktuellen Verhaftung.

Es wurde aber auch bekannt, dass er bereits im März 1941 erneut verhaftet worden war, weil er einen Wehrmachtssoldaten, den er im Café Excelsior, Ecke Rotenturmstraße/Schwedenplatz, kennengelernt hatte, zu sich nach Hause eingeladen und unsittlich berührt haben sollte. Er hatte sich dem aus Berlin stammenden, in Wien stationierten Leutnant als „Bella" vorgestellt. Als dieser in „Bella" einen Mann erkannte, nahm er Alexander P. seinen Heimatschein, aber auch seine Frauenperücke und Damenschuhe ab, die er auf das nächste Polizeirevier brachte und dort Anzeige erstattete. Alexander P. wurde auf freiem Fuß angezeigt, zu einer Verhandlung kam es aber nie, da weder der Beschuldigte noch der Wehrmachtsleutnant zu mehreren Verhandlungsterminen erschienen. Bevor Alexander P. zur Verhandlung polizeilich vorgeführt werden konnte, kam es allerdings zum Vorfall im Café Ostmark.

Bereits im Alter von 15 Jahren hatte er bei einem Spaziergang im Prater einen etwa 40-jährigen Mann getroffen, mit dem er das erste sexuelle Erlebnis hatte. Seinen Vater hatte er überhaupt nicht gekannt und auch von seiner Mutter schon Jahre nichts gehört. Aktuell arbeitete er als Verkäufer am Naschmarkt, ursprünglich hatte er das Schneidergewerbe gelernt und eine Theaterschule besucht, wo er einen Juden namens Blau kennenlernte. Dieser Blau führte mich in ein Cafehaus in der Paulanergasse im IV. ein. In diesem Cafe verkehrten nur Homosexuelle, führte Alexander P. weiter aus. Das Café Paulanerhof, Ecke Wiedner Hauptstraße/Schleifmühlgasse, war Mitte der 1930er Jahre ein bekannter Homosexuellentreffpunkt. Bei Blau könnte es sich um Walter Blau handeln, der als „Veronika" als Klavierspieler im Gasthaus Neumann am Spittelberg auftrat und dem im August 1938 die Flucht ins Ausland gelang.

Dass homosexuelle Handlungen hart geahndet wurden, war Alexander P. bekannt, erzählte er doch von zwei Männern, die er über Blau kennenlernte und die ihn in ihre Wohnung mitnahmen. Sie sagten zu mir, komm lass dich ‚wetzen'. Ich sagte ihnen wohl, dass ich ‚warm' bin, aber solche Sachen noch nicht gemacht habe. […] So viel mir bekannt ist, sollen diese Männer im Jahre 1938 in ein Konzentrationslager eingewiesen worden sein. Im Gegensatz zur bürokratischen Sprache der Protokolle verwendete Alexander P. hier den in Wien weitverbreiteten Begriff „warm", ein Schimpfwort für Homosexuelle, das aber häufig auch als Selbstbezeichnung diente. Und vielleicht war es auch eine Flucht nach vorn, die Angst vor einer Einlieferung in ein KZ, die ihn am Ende des Verhörs gestehen ließ, dass er homosexuell veranlagt sei. Außerdem bin [ich] entschlossen, mich durch einen operativen Eingriff von meinem Leiden befreien zu lassen. Vor dem Untersuchungsrichter bat er um eine entsprechende gerichtsärztliche Untersuchung, was bei der Strafbemessung als mildernd gewertet wurde. Sein transvestitisches Verhalten, die Art der Aufmachung und des Auftretens, die Verwendung eines Frauen-

Zu- und Vorname		Natzweiler
P█████,	Alexander	3255

Geburtsort	Geburtsdatum
Wien	8.5.17.

Wohnort	Straße
Wien I	Bäckergasse 7

überstellt	zurück	Eing. am: 21.4.43.	Bem.: § 175
		Bevorzugte Post:	
		Anna Hemer,	
		Wien IV.	
		Naschmarkt. Stand: 28.	

Entlassen: am | nach | Ort | Straße

Januar		Februar		März		April		Mai		Juni	
ein	aus	ein	aus	ein	aus	ein	aus	ein	aus	ein	aus
							25D	6. 28.	18.K.	10. 16.	1.K.B. 18.K.B.

Juli		August		September		Oktober		November		Dezember	
ein	aus	ein	aus	ein	aus	ein	aus	ein	aus	ein	aus
15. 29.	9.B. 22.K.	12. 30.	4.B. 20.K.	15.	8.B. 24.K.	1. 15.	7.K.B. 26.K.	3.			

DRUCK: GIROLD, SCHIRMECK

Visitkarte von Alexander P., verziert mit einer Krone mit sieben Federbüscheln.

namens wurden hingegen im Sinne der Anklage als homosexuelles Charakteristikum gewertet.

Nicht einmal einen Monat nach seiner Verhaftung wurde Alexander P. in beiden Anklagepunkten von einem Einzelrichter schuldig gesprochen und zu zehn Monaten schwerem Kerker verurteilt. Mit dem Tag seiner Verurteilung begann für ihn eine Odyssee. Auf Anordnung der Kriminalpolizeileitstelle wurde er zunächst an diese überstellt, dann aber wieder zurück in Untersuchungshaft, weil noch ein Verfahren am Sondergericht anhängig war. Alexander P. hatte sich bei seiner Festnahme gewehrt und war deshalb wegen Gewaltanwendung gegen obrigkeitliche Personen in Amtssachen (§ 81 StG) und vorsätzlicher Körperverletzung (§ 411 StG) angeklagt. Der Ausgang dieses Verfahrens ist nicht bekannt, Ende Mai 1942 wurde er jedoch in die Strafanstalt am Lech überstellt, jenes Gefängnis, in dem Adolf Hitler 1924 seine Festungshaft abgesessen und seine Programmschrift *Mein Kampf* verfasst hatte.

Nach Haftverbüßung wurde Alexander P. im Februar 1943 wieder ins Polizeigefangenenhaus an der Roßauer Lände gebracht und von hier am 21. April 1943 ins Konzentrationslager Natzweiler im Elsass eingeliefert. Von dort wurde er für wenige Tage Ende Oktober ins KZ Buchenwald und weiter nach Ravensbrück überführt, wo er am 3. November 1943 als Häftling aufgenommen wurde. Fast zwei Jahre später wurde er am 1. Februar 1945 ins Außenlager Karlshagen (Peenemünde) verschleppt, in dem unterirdisch Hitlers „Wunderwaffe V2" hergestellt wurde. Als sich nach kurzer Zeit bereits die alliierten Truppen näherten, wurde das KZ Karlshagen evakuiert, die Häftlinge wurden ins KZ Mittelbau-Dora gebracht, wo sie nach wenigen Tagen, am 11. April 1945, von der 1. US-Armee befreit wurden.

Der Verfahrensakt gegen Alexander P. enthält als letztes Blatt ein einzigartiges Dokument aus dem Jahr 1951. Das Landesgericht für Strafsachen Wien beantragte die Wiederaufnahme des Verfahrens von 1942. Was war geschehen? Ende Jänner 1948 war Alexander P. bei sexuellen Handlungen in der Bedürfnisanstalt am Schmerlingplatz bei der Museumsstraße erwischt worden. Bei der Einvernahme wehrte er sich: Ich stelle aber in Abrede, dass irgendeine homosexuelle Handlung stattgefunden hat und begründe dies wie folgt: Ich bin sexuell völlig gefühllos, da ich mich während meines Aufenthaltes in Na[t]zweiler/Vogesen in der Zeit zwischen 1942 und 1943 freiwillig einer Entmannungskur unterzog, weil mir dort versprochen wurde, dass mir nach dieser erfolgten Kur Frontbewährung gegeben werde. Dieses Versprechen wurden dann allerdings nicht eingehalten, doch habe ich die Kur mitgemacht, die in Form von Injektionen erfolgte und die nun meine völlige sexuelle Gefühllosigkeit zur Folge hat.

Trotzdem wurde Alexander P. zunächst erneut zu sechs Monaten schwerem Kerker verurteilt, doch ging er diesmal in Berufung. Ein wichtiges Argument seiner Nichtigkeitsbeschwerde war, dass der Richter eine gerichtsärztliche Untersuchung über die Folgen der Konzentrationslagerhaft wegen Unerheblichkeit abgelehnt hatte. Das vom Oberlandesgericht Wien beim Vorstand des Instituts für Gerichtsmedizin Prof. Dr. Walther Schwarzacher und dessen Assistenten Dr. Walter Franke in Auftrag gegebene Gutachten kam zu einem überraschenden Ergebnis. Die von Alexander P. im Detail als Entmannungskur beschriebenen medizinischen Maßnahmen, die an ihm im KZ Natzweiler durchgeführt worden waren, konnten nicht belegt werden, aber die Pathologen hielten fest:

Die gerichtsärztliche Untersuchung des Alexander P. ergab in Bezug auf seine Geschlechtszugehörigkeit, daß es sich offenbar um einen sogenannten echten Zwitter (Hermaphroditus verus) handelt. Im Berufungsverfahren erläuterte Schwarzacher: Man kann auch objektiv die Frage nicht beantworten, ob P. Mann oder Frau ist. Dieser Befund hatte rechtliche Folgen, da – so die Begründung der Richter – der Angeklagte ein echter Zwitter sei, bei dessen äusserem Habitus wohl das männliche Aussehen überwiege, bei dem aber die männlichen und weiblichen Keimdrüsen, die das Geschlecht bestimmen, vermischt seien, […] es war daher nicht sicher feststellbar, dass Alexander P. trotz seines Aussehens, welches ihn auf den ersten Blick als einen Mann erscheinen lässt, demselben Geschlecht angehöre wie die Mitangeklagten, sodass es am Tatbestand des § 129 I b StG. fehle.

Aus heutiger Sicht ist die Sprache des Gutachtens fragwürdig. Wahrscheinlich würde man heute Alexander P. als intergeschlechtlich bezeichnen. Rechtsgeschichtlich stellt sie:er aber einen einzigartigen Fall dar. Da ihr:ihm kein eindeutiges Geschlecht zugewiesen werden konnte, konnte sie:er auch nicht wegen gleichgeschlechtlicher Unzucht verurteilt werden. Folgerichtig wurden alle Urteile gegen Alexander P. aus den Jahren 1936, 1942 und 1948 aufgehoben.

Quellen WStLA, Landesgericht für Strafsachen, A11: LG I Vr 527/36; WStLA, Landesgericht für Strafsachen, A11: LG I Vr 1968/41; WStLA, Landesgericht für Strafsachen, A11: LG I Vr 1817/48

Gestapo

Unmittelbar nach dem „Anschluss" Österreichs an das Dritte Reich im März 1938 wurde das Luxushotel Métropole am Morzinplatz beschlagnahmt und seine jüdischen Besitzer:innen enteignet, um in dem imposanten historistischen Bau die Leitstelle Wien der Geheimen Staatspolizei (Gestapo) einzurichten. Die auch in Wien sofort geschaffene Abteilung II S zur „Bekämpfung von Homosexualität und Abtreibung" wurde von Max Häusserer geleitet, der in den Jahren zuvor gemeinsam mit seinem damaligen Chef Josef Meisinger die „Reichszentrale zur Bekämpfung der Homosexualität und Abtreibung" in Berlin aufgebaut hatte. Aus der Benennung der Abteilung und der Zusammenführung von Homosexualität und Abtreibung erschließen sich die Strategien nationalsozialistischer Bevölkerungspolitik, die auf ein starkes Wachstum zielte: Homosexuelle, besonders die männlichen, entzogen sich demnach der Fortpflanzung und gefährdeten damit den „Volkskörper". Sie wurden zu Staatsfeinden erklärt.

Mit der Gestapo verstärkte eine zweite Polizeiorganisation die Arbeit der „Sittenabteilung" der Kriminalpolizei (Kripo), die bislang allein mit der Verfolgung von „Unzucht wider die Natur", wie es im Gesetz hieß, betraut gewesen war. Während die Kripo Anzeigen gegen Männer wie Frauen abarbeitete und ab 1938 potenziellen männlichen Tätern an öffentlichen Orten wie Bädern, Parks oder Bedürfnisanstalten auflauerte, bearbeitete die Gestapo vornehmlich Denunziationen aus der Bevölkerung oder von anderen Behörden eingegangene Verdachtsfälle.

Die Abteilung II S bestand aus circa zehn Personen, die jedem Verdachtsfall akribisch nachgingen. Oft von einem einzigen Verdächtigen ausgehend, brachte die Gestapo durch das Schneeballsystem – eine Ermittlungsmethode, die auf einen größtmöglichen Verdächtigenkreis abzielte – oft Großverfahren mit zehn und mehr Angeklagten vor Gericht. Allen bei Hausdurchsuchungen gefundenen Hinweisen in Briefen oder Adressbüchern wurde nachgegangen, alle in Verhören Genannten wurden zu Einvernahmen in die Gestapozentrale zitiert, alte Strafverfahren in die Ermittlungen einbezogen. So wurden oft ganze Freundeskreise und Beziehungsnetzwerke → S. 54 ausgehoben.

Die meisten verhafteten oder einbestellten Personen betraten die Wiener Gestapozentrale nicht durch das Hauptportal, sondern durch einen Hintereingang in der Salztorgasse. Von hier führte ein direkter Abgang in die Kellerräumlichkeiten, in denen das Gestapogefängnis untergebracht war. Leider fehlen aufgrund der Bombardierung des Gebäudes 1945 viele Quellen, die eine genaue Rekonstruktion der Arbeitsabläufe ermöglichen könnten. Manchmal waren die Verdächtigen über Wochen im Gestapogefängnis inhaftiert und wurden in dieser Zeit immer wieder verhört und mit neuen Ermittlungsergebnissen konfrontiert. Der Druck von Einschüchterung, Beschimpfung und Drohung (etwa mit der Einlieferung in ein Konzentrationslager) sowie physische Gewalt, die dabei auf die Verdächtigen ausgeübt wurden, spiegeln sich, oft zwischen den Zeilen, auch in den Verhörprotokollen. Versuchten viele Opfer bei der ersten Einvernahme noch den Tatbestand zu leugnen oder abzuschwächen, hieß es in späteren Verhören oft formelhaft, dass der Verdächtige `nach eindringlicher Ermahnung nun bereit sei, die Wahrheit zu sagen.` Mit dem Überfall auf Polen im September 1939 stellte die Gestapo auf Weisung von Reinhard Heydrich, dem Leiter des Reichssicherheitshauptamts, die Ermittlungen gegen Homosexuelle weitgehend ein und übergab diese wieder der Kripo. Doch sie hatte in den eineinhalb Jahren ihres Bestehens einen wesentlichen Beitrag zur Verschärfung der Verfolgung von Homosexuellen in Österreich geleistet: Die Zahl der wegen gleichgeschlechtlicher Handlungen Verfolgten hatte sich zwischen 1937 und 1939 mehr als vervierfacht.

Das arisierte Hotel Métropole, das bis zur Zerstörung 1945 als Hauptquartier der Gestapo Wien diente, 1941.

2., Stuwerstraße 9 | Ohne Unterstand, zuletzt 3., Kolonitzgasse 2a (Heilsarmee)

„Saboteure der Volksgesundheit"
Karl Skritek *20.9.1900 – ?* | Rudolf Maslo *12.11.1919 – 4.4.1945*

Er habe mit einem Ballonverkäufer, der gewöhnlich im Prater in der Nähe des Riesenrades steht, dreimal Sex gehabt, gab der erst 20-Jährige bei der Heilsarmee wohnende Rudolf Maslo im Gestapo-Verhör an. Der Mann ist ungefähr 30 Jahre alt, trägt eine Brille und führt den Spitznamen ‚Adele'. Obwohl dem jungen Mann, der sich selbst nicht als homosexuell bezeichnete, sich aber mit sexuellen Dienstleistungen ein karges Auskommen verdiente, „Adeles" Familienname nicht bekannt war, ermittelten die Gestapobeamten rasch Karl Skritek als seinen Partner. Skritek bestritt die Tathandlungen, da aber bereits im Jahre 1923 und 1937 gegen ihn eine Untersuchung wegen gleichgeschlechtlicher Betätigung geführt worden war, glaubten ihm die Beamten nicht, auch wenn es damals wegen Mangels an Beweisen zu keiner Verurteilung gekommen war. Außerdem pflegte er sich, wie die Ermittlungen ergaben, nur in homosexuellen Kreisen aufzuhalten.

Zwischen August 1926 und Mai 1927 war Karl Skritek Opfer einer Artikelserie der wöchentlich erscheinenden *Wiener Nacht-Presse* geworden. Am 28. August 1926 zierten zwei angebliche Fotos von Skritek in Damenkleidung und die Schlagzeile Der Homosexuelle ‚Adele' das Cover des Revolverblatts. Im Volksprater, in der Nähe des Riesenrades, treibt sich, zumeist an Sonntagabenden, ein abnormal veranlagter junger Mann herum, hetzte die Zeitung. Homosexuell verlagt [sic], verkehrt er mit Vorliebe mit jungen, hübschen Burschen. Und sie forderte, diesem ‚Ganymed' […] sein ekelhaftes Gewerbe zu legen. Im März 1927 wurde er schließlich als ‚treuer Besucher' sämtlicher Anstandsorte Wiens denunziert, was ihm angeblich den weniger schönen und delikaten als treffenden Beinamen: ‚Der Häuselratz' eingetragen hatte.

Davon wussten die Kriminalbeamten nichts, als sie Karl Skritek am 17. Juli 1939 festnahmen. Er habe keine abgeschlossene Lehre und habe sich immer als Hilfsarbeiter durchgebracht, aber besonders während der Sommermonate seine Mutter beim Luftballonverkauf unterstützt. Seit ungefähr vier Jahren habe ich eine Bewilligung zum Erzeugen resp. zum Füllen dieser Luftballone. Insofern bestätigte er die Aussage von Rudolf Maslo, bestritt aber, dass er homosexuell veranlagt sei. Dem widersprachen mehrere Zeugen. Einer beschrieb, dass sich Karl Skritek sehr stark schminkte und einpuderte und auch sonst sein ganzes Benehmen als feminin bezeichnet werden kann. Früher hat er sogar Schuhe mit hohen Absätzen getragen und hat sich auch öfter als Dame verkleidet aufnehmen lassen.

Obwohl Karl Skritek nur wegen sexueller Handlungen mit Rudolf Maslo vor Gericht stand und nicht vorbestraft war, wurde er zu acht Monaten schwerem Kerker verurteilt. Rudolf Maslo, der gleichgeschlechtliche Handlungen zum Teil gegen Entgelt mit mehr als zehn Männern zugab, erhielt eine mildere Strafe von nur sechs Monaten schwerem Kerker, was der Richter damit begründete, dass er von sämtlichen Angeklagten den besten Eindruck gemacht hätte. Skritek hingegen machte den denkbar schlechtesten Eindruck, weil er bis zum Schluss vehement leugnete. Der Richter lehnte sogar die – grundsätzlich sehr häufige – Anwendung des außerordentlichen Milderungs-

„Der Homosexuelle ‚Adele'"
auf dem Titelblatt der
Wiener Nacht-Presse,
August 1926. Ob es sich
bei der abgebildeten
Person tatsächlich um
den im Artikel namentlich
genannten Karl Skritek
handelt, ist fraglich.

Der Homosexuelle „Adele"

(Zu unserem Artikel „Wieder ein Anderer" auf Seite 2)

Geheime Staatspolizei
Geheimes Staatspolizeiamt

B. Nr. II D Haft-Nr.M.3926

Berlin SW 11, den 7. August 1939.
Prinz-Albrecht-Straße 8

127 Vr 2982/39

12. Aug. 1939

Schutzhaftbefehl

Vor- und Zuname: Karl Skritek

Geburtstag und -Ort: 20.9.1900 Wien

Beruf: Luftballonverkäufer

Familienstand: led.

Staatsangehörigkeit: D.R.

Religion: röm.-kath.

Rasse (bei Nichtariern anzugeben):

Wohnort und Wohnung: Wien II, Stuwerstr.9/20

wird in Schutzhaft genommen.

Gründe:

Er ~~Sie~~ gefährdet nach dem Ergebnis der staatspolizeilichen Feststellungen durch sein ~~ihr~~ Verhalten den Bestand und die Sicherheit des Volkes und Staates, indem er ~~sie~~ sich homosexuell betätigt und damit die zum Schutze der Volksgesundheit ergangenen Bestimmungen sabotiert.

gez. Heydrich.

Beglaubigt:
Grieger
Kanzleiangestellte.

G.St. Nr. 101 a

← Bild S. 32
Ein rares Dokument: Schutzhaftbefehl gegen Karl Skritek, der vom Leiter des Reichssicherheitshauptamts Reinhard Heydrich in Berlin unterzeichnet wurde.

↓ Bild unten
Foto von Rudolf Maslo aus der Erkennungsdienstlichen Kartei der Gestapo Wien im Stil der drei klassischen Polizeiporträts: der:die Verdächtige im Profil, en face und in Halbseitenansicht.

rechts nach § 54 StG ab, da Karl Skritek aber für seine nahezu 70-jährige Mutter zu sorgen hätte, wandte er § 55 StG an, der besagte, dass schuldlose Familien durch eine längere Haftdauer keinen Schaden erleiden sollten. So wurde die im Gesetz vorgesehene Mindeststrafe von einem Jahr schwerem Kerker auf acht Monate reduziert.

Obwohl gegen Karl Skritek ein vom Geheimen Staatspolizeiamt Berlin ausgestellter und vom Leiter des Reichssicherheitshauptamts Reinhard Heydrich gezeichneter Schutzhaftbefehl vorlag, wurde er nach Verbüßung der Haft im Gegensatz zu Rudolf Maslo nicht in ein Konzentrationslager überstellt. Maslo wurde zunächst ins KZ Sachsenhausen eingewiesen und später ins KZ Flossenbürg überstellt, wo er wenige Wochen vor der Befreiung Anfang April 1945 verstarb. Die Begründung für den Schutzhaftbefehl Skriteks fasst komprimiert das nationalsozialistische Verständnis von Homosexualität zusammen: Er gefährde durch sein Verhalten den Bestand und die Sicherheit des Volkes und Staates, indem er sich homosexuell betätigt und damit die zum Schutze der Volksgesundheit ergangenen Bestimmungen sabotiert.

Bis August 1942 bleibt unbekannt, was mit Karl Skritek passierte, nun tauchte er erneut in einem Unzuchtsverfahren als Sexualpartner eines Beschuldigten auf. Er war Soldat der Wehrmacht geworden und im Schweizerhaus im Prater einquartiert. Die umfangreichen Ermittlungen der Kriminalpolizei hatten außerdem ergeben, dass er Heimschläfer war und wegen Unzucht wider die Natur im Jahre 1939 und 1940 beim Landgericht Wien [...] verurteilt worden war. Das Ausmaß beider Strafen beträgt 13 Monate schwerer Kerker. Außerdem

Nur Homosexuelle wurden in der Erkennungsdienstlichen Kartei der Gestapo Wien auch mit Ganzkörperaufnahmen erfasst.

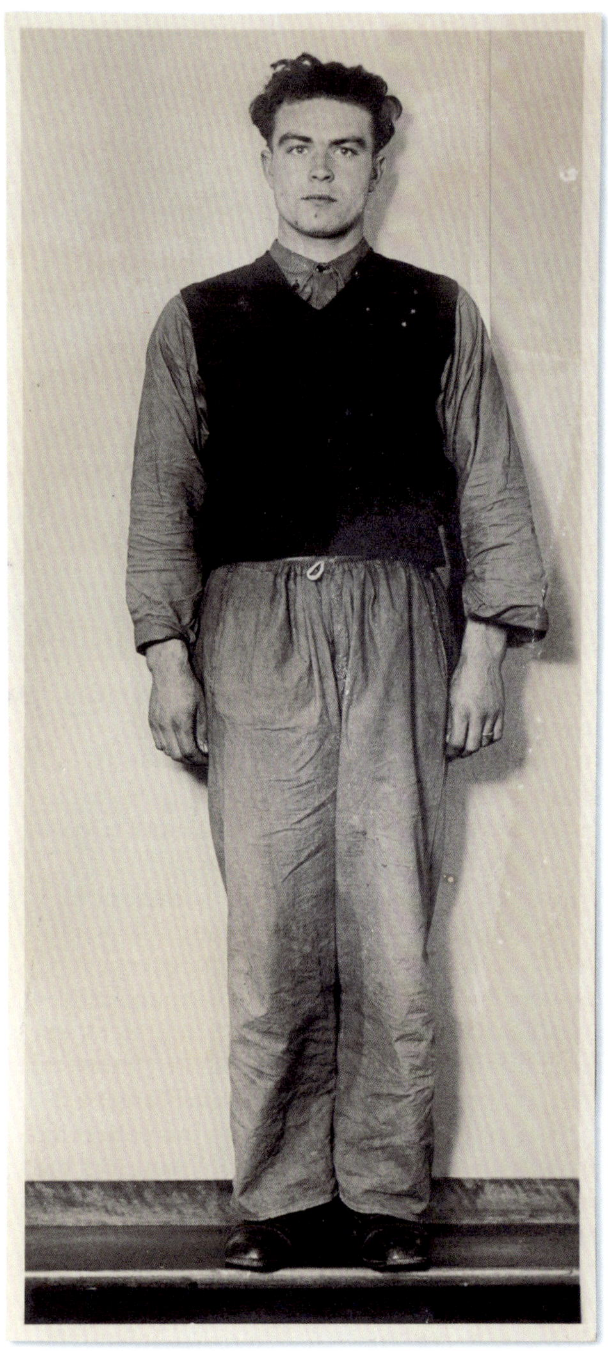

stand er in der hiesigen Homokartei als Homosexueller in Evidenz. Nachdem er der zivilen Gerichtsbarkeit überstellt worden war, wurde er einvernommen: Diesmal leugnete er aber nicht, sondern berief sich darauf, dass er sich an eine Begegnung mit dem Beschuldigten nicht erinnern könne. Er sei zwar bisexuell veranlagt, habe aber seit seiner letzten Verurteilung mit keinem Manne Unzuchtshandlungen getrieben. Diesmal wurde Karl Skritek wegen Unzucht mit einem Mann zu zehn Monaten Gefängnis verurteilt.

Wiederum ist unklar, ob nach der zweiten Verurteilung Vorbeugemaßnahmen gegen Karl Skritek ergriffen wurden. Er hat die NS-Zeit jedenfalls überlebt und laut Auskunft des Wiener Meldearchivs Mitte April 1946 geheiratet.

Quellen WStLA, Landesgericht für Strafsachen, A11: LG I Vr 2982/39; WStLA, Landesgericht für Strafsachen, A11: LG I Vr 202/43

Literatur Hannes Sulzenbacher: Adele, der Luftballonhändler beim Riesenrad. Eine Leopoldstädter Biografie, in: Werner Hanak, Mechthild Widrich (Hg.): Wien II. Leopoldstadt. Die andere Heimatkunde, Wien/München 1999, S. 160–166; Wiener Nacht-Presse. Unpolitisches, unabhängiges Spät-Samstagblatt für Wien und die Bundesländer, 14. August 1926, S. 4; Wiener Nacht-Presse. Unpolitisches, unabhängiges Spät-Samstagblatt für Wien und die Bundesländer, März 1927, S. 1f.

2., Ferdinandstraße 27 | 7., Breitegasse 9

„Freches Auftreten und ebensolche Antworten“

Leopoldine B. *7.11.1915 – ?* | Annemarie Z. *24.9.1918 – ?*

Staatliche Kriminalpolizei
Kriminalpolizeileitstelle Wien.

Wien, den 11.1o. 1941
66, Roßauerlände 7–9.
Fernsprecher: A 18-500.

KPL – I A – Allg.

Bitte in der Antwort vorstehendes Geschäftszeichen und das Datum anzugeben.

Landgericht Wien
(früher Landgericht für Strafsachen Wien I)
Eingelangt 20. Okt. 41

An das
Landgericht Wien (II)
in Wien VIII.,
Landesgerichtsstrasse 11

Betrifft: B[geschwärzt] Leopoldine, 7.11.15 Bad Ischl geb-.

Leopoldine B[geschwärzt] wurde vom dortigen Gerichte am 19.12.4o Zahl 1o7 b E Vr 2o89/40 wegen Unzucht wider die Natur zu 6 Monaten schweren Kerkers verurteilt.

Ich bitte um Übersendung einer Urteilsabschrift, da ich die Anordnung von Vorbeugungsmassnahmen gegen die B. zu prüfen habe.

I.A.

Vordruck K. K. P. 101a. – Staatsdruckerei Wien. D. V. (St.) 3281 39

Zunächst wurde die 25-jährige Leopoldine B. Anfang April 1940 wegen Rassenschande einvernommen. Hiebei ergaben sich dringende Verdachtsmomente der Unzucht wider die Natur, weshalb sie im Amte festgenommen wurde. Angeblich hatte Leopoldine B. mit Leopold Zucker, nach den Nürnberger Gesetzen „Volljude“, eine sexuelle Beziehung gehabt, was sie allerdings bestritt.

Zunächst bei ihrer Mutter in Bad Ischl aufgewachsen, kam Leopoldine B. mit sieben Jahren in die Klosterschule „Zum guten Hirten“ in Baumgartenberg, einen Ort, an dem sogenannte schwererziehbare Mädchen betreut wurden. 1932 hatte sie geheiratet, doch wurde die Ehe 1939 geschieden. Tatsächlich lebte sie zum Zeitpunkt ihrer Verhaftung schon seit Jahren mit ihrem Lebensgefährten, einem Kohlenausträger,

↑ Bild S. 35
Der einzige nachweisbare Rücküberstellungsbescheid für eine Frau, die wegen gleichgeschlechtlicher Kontakte in Wien verurteilt worden war.

Bild S. 37 →
Das Selbstbedienungsrestaurant O.K. in der äußeren Kärntner Straße war wegen seiner Anonymität ein beliebter Treffpunkt schwuler Männer und lesbischer Frauen.

in gemeinsamem Haushalte, wobei sie offiziell seine Untermieterin war. Nun war er aber bei der Wehrmacht. Offenherzig sprach Leopoldine B. bei ihren Verhören am 2. und 3. April von zahlreichen gleichgeschlechtlichen Begegnungen und nannte Namen und oft auch Wohnorte von Sexualpartnerinnen.

Am zweiten Tag von Leopoldine B.s Vernehmungen erschien die 21-jährige Verkäuferin Annemarie Z. unaufgefordert bei der Kripo und erkundigte sich nach Leopoldines Verbleib. Sie hätte von Nachbarn gehört, dass ihre Bekannte verhaftet worden sei. Dies erregte bei den diensthabenden Polizisten sofort Verdacht. Dass Annemarie Z. die „arische" Stiefschwester jenes Mannes war, mit dem Leopoldine B. die „Rassenschande" betrieben haben sollte, die der Ausgangspunkt all dieser Vorgänge gewesen war, interessierte die Beamten nicht. Vielmehr vermuteten sie, dass Z. eine sexuelle Beziehung mit der inhaftierten B. hatte. Annemarie Z. leugnete, konnte aber nicht wissen, dass Leopoldine B. im Verhör inzwischen gestanden hatte. So blieben nun beide in Polizeigewahrsam.

Trotz aller Offenherzigkeit versuchte auch Leopoldine B., die den Spitznamen Dolly trug, ihr gleichgeschlechtliches Begehren zu relativieren. Mit 15 Jahren verkehrte ich das erstemal mit einem Manne intim, eröffnete sie ihre Aussage, um im nächsten Satz von ihrer Beziehung mit der 21-jährigen Marie H. zu erzählen, die daraufhin ebenfalls verhaftet und angeklagt wurde. Wie einen Schutzschild trug sie den Eröffnungssatz vor sich her, während sie erklärte, dass sie sich seit ihrer frühesten Kindheit im Kloster in Baumgartenberg [...] mit Kameradinnen meines Alters gleichgeschlechtlich betätigt hätte. Dortselbst traten verschiedene Mädchen an mich heran und verleiteten mich zu widernatürlichen Handlungen. Es folgten im Protokoll detaillierte Beschreibungen dieser Handlungen. Immer wieder musste sie die Einzelheiten erzählen, auch bei ihren Beziehungen mit einer Prostituierten und einer Frau, die sie nur als Gretl kannte.

Mehrfach zum Verhör vorgeführt, warf sie plötzlich ohne Zusammenhang und unmotiviert den Beamten hin: Ich habe bisher insgesamt meiner Schätzung nach mit ungefähr 50 Personen gleichgeschlechtlich verkehrt. Eine Aussage, die sie später widerrufen sollte, die allerdings wohl auch zu ihrer Charakterisierung durch den Richter in der Begründung seines Urteils beitrug: Persönlich macht sie den Eindruck einer Frauens person von maskulinem Gebaren mit tiefer Stimme, frechem Auftreten und ebensolchen Antworten.

Annemarie Z. hatte sie im Automatenrestaurant O.K. in der äußeren Kärntner Straße getroffen und angesprochen. Andere Frauen lernte sie bei Spaziergängen im Prater, im Gasthaus Emminger (dem heutigen Gasthaus Hansy) am Praterstern oder im Römerbad kennen – alles Orte, die auch homosexuelle Männer zur Partnersuche aufsuchten. Ins Römerbad sei sie nur gegangen, um sich dort nackte Frauen anzusehen: Ich habe ein gewisses Interesse für Frauen und sehe auch gerne nackte Frauen.

Die Urteile gegen die drei Frauen fielen ungewöhnlich hart aus und sind hinsichtlich des Strafmaßes mit den im Durchschnitt höheren Urteilen gegen Männer vergleichbar. Annemarie Z. half es nur bedingt, dass sie betonte, sie habe sich für diese Abnormalität nur von der B. hinreissen lassen. Auch spielt hiebei bestimmt eine Rolle, dass mein Bräutigam schon seit längerer Zeit an der Front weilte und ich

STADT BRAU
OK
GASTSTÄTTE
FÜR JEDERMANN
STÜBERL
LINOLEUM

dadurch eigentlich keinen normalen Geschlechtsverkehr haben konnte. Sie erhielt die geringste Strafe mit drei Monaten schwerem Kerker. Marie H., die beständig leugnete, wurde zu vier Monaten schwerem Kerker verurteilt. Am härtesten traf es Leopoldine B. mit sechs Monaten schwerem Kerker.

In der ausführlichen Urteilsbegründung nahm die Biografie von Leopoldine B. einen ungewöhnlich breiten Raum ein. Ihre Kindheit, ihre sexuellen Erfahrungen im Kloster, aber auch ihre heterosexuellen Beziehungen fanden Erwähnung. Obwohl in keinem Einvernahmeprotokoll dokumentiert, hatte der ermittelnde Kriminalbeamte Richard Stawianik in einem Aktenvermerk festgehalten, dass Leopoldine B. ihrer Angabe nach abnormal sexuell veranlagt sei.

Den Richter stimmten auch die heterosexuellen Beziehungen von Leopoldine B. und Annemarie Z., sie war Mutter eines kleinen Buben, nicht milde: Die Tatsache, daß die B. einen Lebensgefährten und die Z. einen Bräutigam hat, schließt eine homosexuelle Betätigung nicht aus, da es bekanntermaßen bisexuelle Naturen gibt. Bei Leopoldine B. kamen mangelnde Einsicht und der Umstand, dass sie der treibende Teil gewesen ist, erschwerend hinzu. Die mangelnde Einsicht ließe auch Zweifel an ihrem Willen zur Besserung zu.

Leopoldine B. und Annemarie Z. gingen in Berufung, betonten in dieser erneut, dass sie in heterosexuellen Beziehungen lebten, und führten erstmals auch Alkoholisierung als Grund für ihre sexuellen Handlungen an. Von einem dreiköpfigen Richtersenat wurde das Strafmaß für Marie H. deutlich reduziert auf drei Monate Arrest auf Bewährung. Die Berufung von Leopoldine B. wurde zurückgewiesen. Vielmehr noch, am 11. Oktober 1941 ersuchte die Kriminalpolizeileitstelle das Landgericht um Übersendung einer Urteilsabschrift, weil Vorbeugemaßnahmen gegen die B. zu prüfen seien. Sie ist damit die einzige wegen gleichgeschlechtlicher Handlungen verurteilte Frau aus dem Wiener Aktenbestand, bei der nachweislich die Prüfung weiterer Zwangsmaßnahmen, etwa die Einlieferung in ein KZ, erwogen wurde. Ob die Kriminalpolizei tatsächlich einen Rücküberstellungsantrag stellte und Vorbeugemaßnahmen gegen Leopoldine B. eingeleitet wurden, ist aus den erhaltenen Akten nicht zu klären.

Der Anfangsverdacht der Rassenschande mit Leopold Zucker fand im gesamten Verfahren keine weitere Würdigung. Leopold Zucker selbst wurde am 15. Februar 1941 nach Opole deportiert. Ihm gelang die Flucht zurück nach Wien, wo er mehrere Monate als „U-Boot" lebte. Am 20. März 1943 wurde er neuerlich festgenommen und in ein Sammellager zur Evakuierung überstellt. Er hat nicht überlebt.

Quellen WStLA, Landesgericht für Strafsachen, A11: LG I Vr 2089/40; DÖW, Datenbank Shoah-Opfer (Leopold Zucker)

Die Frauenabteilung des Römischen Bads in der Nähe des Pratersterns war das einzige Badehaus Wiens, in dem sich nachweislich auch lesbische Frauen trafen.

Das Römische Bad

Weiters war die Sache des Römerbades den Behörden bekannt, und wäre es ihr ein Leichtes gewesen, diese Dinge zu unterbinden. Warum that sie es dann nicht?! Warum ließ sie zu, daß uns, den Hungrigen, diese Möglichkeiten geboten wurden?! Das nennt man Gelegenheit schaffen!, schrieb Wilhelm Möse in einer Beschwerde gegen seine Verurteilung wegen „Unzucht wider die Natur" im Jahr 1939 aufmüpfig angesichts seiner verzweifelten Lage. Der schon über 50-jährige Oberbuchhalter aus ehemals adeligem Haus war anonym bei der Gestapo denunziert worden. Er hatte zugegeben, dass er im Römischen Bad in der Kleinen Stadtgutgasse 9 gelegentlich mit Unbekannten onaniert hatte. Den Burschen, die im Römischen Bad ihre Dienste unverhohlen – das zeigen auch andere Quellen – anboten, gab er immer zwischen 5 und 10 Schilling für ihre Gefügigkeit.

Die zur Weltausstellung 1873 unweit des Praters errichtete Badeanstalt war die nobelste ihrer Zeit, selbst gekrönte Häupter wie der Kaiser von Brasilien oder der Schah von Persien besuchten sie. In den 1930er und 1940er Jahren hatte das Römerbad aber schon viel von seinem Glanz verloren. Es gehen dort alle Buben aus dem Prater hin. Dort verkehren lauter homosexuelle Personen. So auch der im zweiten Bezirk wohnende Franz Doms → S. 42, der 1944 als „Gewohnheitsverbrecher" wegen seiner homosexuellen Kontakte hingerichtet wurde. Aber nicht nur homosexuelle Männer frequentierten die nach Geschlechtern separierten Badeanstalten. Leopoldine B. → S. 35 ging ins Römerbad, um Frauen kennenzulernen.

Bei einer Hausdurchsuchung wurde 1941 eine Liste mit Bädern beschlagnahmt und als Beweismaterial dem Strafakt beigelegt. Einige der aufgeführten Bäder, wie das Dianabad am Donaukanal, das Zentralbad in der Weihburggasse oder die eher proletarischen Vorstadtbäder wie das Margaretenbad in der Strobachgasse im fünften Bezirk oder das Esterházybad in der Gumpendorfer Straße, sind auch aus den Strafakten als Tummelplatz homosexueller Männer bekannt.

Quellen WStLA, Landesgericht für Strafsachen, A11: LG I Vr 522/38; DÖW 42042/01406, Landgericht Jugend (Wien), Niederschrift vor der Kriminalpolizeileitstelle Wien Leopoldstadt von Josef P. vom 17. 9. 1942; WStLA, Landesgericht für Strafsachen, A12: LG I Vr 981/41

Mit Marmorsäulen ausgestattetes Schwimmbassin in der Männerabteilung des Römischen Bades, 1906.

2., Handelskai 208

Hingerichtet zum „Schutz der Volksgemeinschaft"

Franz Doms *27.3.1922 – 7.2.1944*

Franz Doms war gerade einmal 18 Jahre alt, da stand er das erste Mal vor Gericht. Laut Aussage der Hausmeisterin seines Wohnhauses am Handelskai, wo er seit seiner Geburt gemeinsam mit seinen Eltern in einer kleinen Bassenawohnung im dritten Stock des Hinterhauses lebte, soll er den Führer beleidigt haben. Ich verdiene mit dem Arsch mehr als mit einer Arbeit, und ich scheisse auf Arbeit. Auch der Hitler kann mich am Arsch lecken, und wenn er glaubt, ich gehe zum Arbeitsdienst, da kann er 100 Jahre alt werden. Ihm wurde vorgeworfen, dass er ein arbeitsscheues Individuum, ein Taugenichts und außerdem ein Warmer (Homosexueller) sei. Diesmal

← Bild S. 42
Im arisierten Busch-Kino im Prater – mit fast 1.800 Sitzplätzen Wiens größtes Kino – traf sich Franz Doms mit potenziellen Liebhabern.

↓ Bild unten
Als diese Kinokarte für die Busch-Lichtspiele ausgestellt wurde, saß Franz Doms schon mehr als einen Monat in der Todeszelle.

kam Franz Doms noch glimpflich davon, weil sich die Nachbarin vor Gericht weigerte, die Führerbeleidigung zu bezeugen und er deshalb nicht angeklagt werden konnte. Die Denunziantin wollte sich wohl die Hände nicht schmutzig machen, oder sie war aus anderen Gründen von ihrer schweren Beschuldigung abgekommen.

Dennoch kam es zum Verhör, in dem Franz Doms zwar homosexuelle Handlungen mit einigen Männern zugab, sich aber, da er beim ersten Kontakt erst 14 Jahre alt gewesen war, glaubhaft als Verführter darstellen konnte. Er wurde zu vier Monaten Arrest auf Bewährung verurteilt. Der Gerichtshof vermeinte […], dass die blosse Androhung der Strafe reichen wird, um ihn vor weiteren Verfehlungen abzuhalten. Für eine Bewährungsfrist von drei Jahren wurde ihm der Besuch von Gast- und Kaffeehäusern in der Zeit nach 22 Uhr verboten.

Franz Doms stammte aus ärmlichen Verhältnissen, sein Vater war Pensionist der Donaudampfschifffahrtsgesellschaft, seine Mutter Hausfrau. Nach je vier Jahren Volks- und Hauptschule hatte er noch einen Handelsschulkurs besucht und war danach in verschiedenen Posten kurzfristig tätig gewesen. Obwohl er behauptete, weder homo- noch bisexuell veranlagt zu sein, wurde der junge, gutaussehende Bursche im Prater sicher früh auf die Rituale der Anbahnung, die verstohlenen Blicke, die etwas zu lange hielten und die zu einem ersten zaghaften Gespräch führten, aufmerksam. Einladungen ins Kino – das Busch-Kino am Praterstern war eines der größten Wiens – oder in ein Gasthaus folgten. Und hin und wieder gab es wohl auch etwas Geld und kleine Geschenke als Gegenleistung für schnellen Sex.

Nach der bedingten Verurteilung 1940 rückte er für vier Monate zum Reichsarbeitsdienst ein, wurde aber wegen eines Nerven- und Herzleidens ausgemustert. Ungeachtet der Strafandrohung verkehrte Franz Doms weiterhin mit Männern, die er im Prater oder in dessen Umfeld, im Römerbad, im Gasthaus Zur Schäferin oder im Gasthaus Emminger am Praterstern kennenlernte. Im Oktober 1941 wurde er erneut festgenommen und wegen unzüchtigen Verkehrs mit einem Unbekannten und wegen versuchter Verleitung

Auszug aus einem mehrseitigen Gnadengesuch, das Franz Doms' Bruder Adolf im Namen seines Vaters Josef schrieb, der es schlussendlich unterzeichnete.

15. XII./43 / S. g. Justizministerium / Berlin Abt. Strafsachen / Gefertigter bittet für meinen / Sohn Franz Doms um / Wiederaufnahme, und um / Psyatrierung [sic] meines Sohnes, / bzw des Angeklagten Jeschek [Jezek]. / Jeschek ist eigentlich / mehr Schuld meiner / Ansicht, und scheinbar / nicht normal, bitte um / Wiederaufnahme der # […]

II. und spreche dem / Justizministerium den / innigsten Dank / aus. / Heil Hitler / Doms ~~Adolf~~ Josef / Wien II/27 / ~~Sterneckplatz 14~~/16 / Handelskai 208/32

Foto des 18-jährigen Franz Doms, aufgenommen von der Gestapo anlässlich seiner ersten Verhaftung im Juni 1940.

Bild S. 47 →
Protokoll der Hinrichtung von Franz Doms am 7. Februar 1944 am Wiener Landgericht.

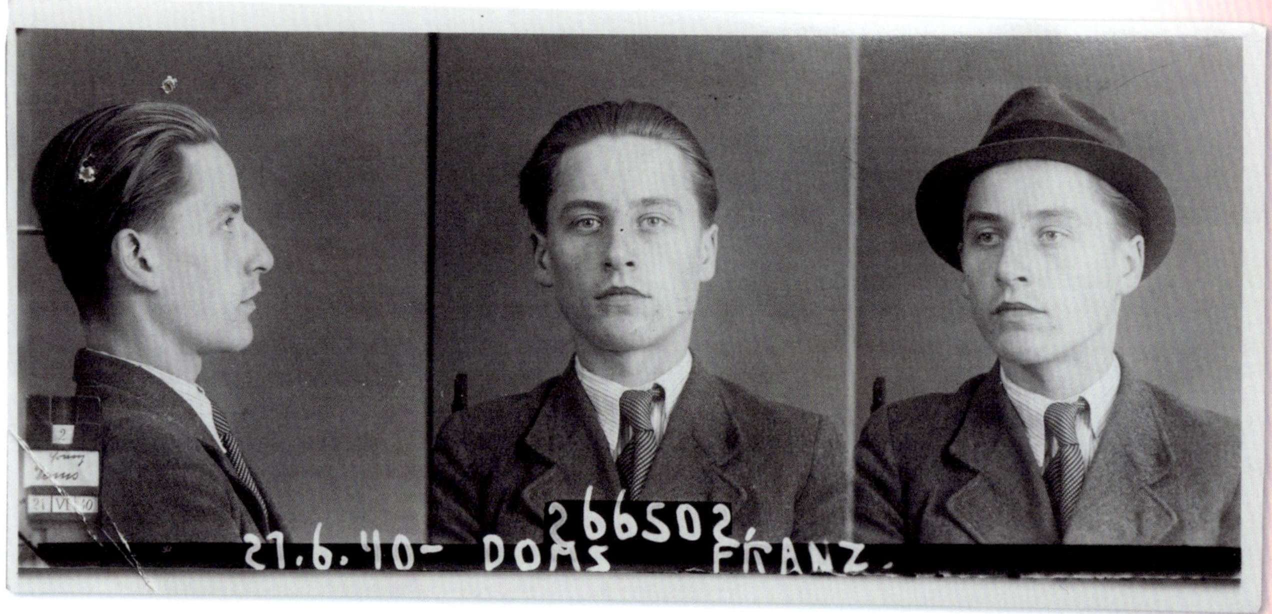

eines Jugendlichen zu gleichgeschlechtlicher Betätigung zu einem Jahre schweren Kerkers verurteilt. Dazu kam die Verbüßung des Strafrests der bedingt ausgesprochenen Strafe, sodass er von Anfang Oktober 1941 bis Jänner 1943 einsaß.

Etwas mehr als drei Monate sollte Franz Doms nun in Freiheit verbringen, bis er sich mit dem 54-jährigen Ferdinand Jezek einließ. Dieser hatte ihm für seine sexuellen Dienstleistungen 20 Reichsmark bezahlt, doch Doms wollte mehr. Nachdem Jezek einmal kurz sein Zimmer verlassen hatte, merkte er, dass ein kleiner Wecker, der auf dem Tisch gestanden hatte, verschwunden war. Für dessen Herausgabe verlangte Doms noch mehr Geld, wie Ferdinand Jezek zu Protokoll gab:

Weiters sagte er, er würde mich anzeigen und keinen Pardon mit einem ‚Warmen' machen. Auch drohte er mir eine Ohrfeige an. Ich gab ihm weitere RM 15.-, um die Uhr zurückzubekommen. Der Bursche riß mir das Geld – RM 15 – aus der Hand und gab mir die Uhr nicht zurück. Neuerlich drohte er mir mit Anzeige und mit ‚einer in die Goschen'. […] Der Bursche hat mir sonach RM 15.- erpreßt und eine Weckeruhr im Werte von ca RM 20.- gestohlen. Wie der Bursche heißt, weiss ich nicht.

Der erfahrene Kriminalbeamte Karl Seiringer brauchte nicht lange, um herauszufinden, wer sich hinter dem unbekannten Burschen verbarg. Eine Ermittlungslawine brach über Franz Doms herein. Innerhalb weniger Monate forschte Seiringer 18 Männer aus, mit denen Doms meist gegen Entgelt homosexuellen Verkehr gehabt hatte. Diesmal würde er aber nicht vor einem regulären

5

Der Oberstaatsanwalt beim
Landgericht Wien

3 SKLs 57/43

N i e d e r s c h r i f t .

Ort: Untersuchungshaftanstalt I in Wien.

Anwesende: 1./ Heinrich Willecke Ger. Asses.
als Leiter der Vollstreckungshandlung,
2./ Ludwig Hinterberger J. Ang.
als Urkundsbeamter der Staatsanwaltschaft
3./ Franz Gessmann Oberlehrer
als Gefängnisbeamter
4./ . . . .
als . . . . Gefangen - hausarzt.
5./ . . . .
als Anstaltsgeistlicher
6./ . . . .
als . . . . Dolmetsch.

Zeit: 7. Feb. 1944 . . . . 18 Uhr, ... 41 Minuten,
der Scharfrichter R e i c h a r t mit seinen drei Gehilfen und die zur Vorführung des Verurteilten benötigten Gefängnisbeamten sind zur Stelle.
Der Scharfrichter meldet, dass das Richtgerät in Ordnung und er mit seinen Gehilfen zur Vornahme der Hinrichtung bereit sei.
Der Leiter der Vollstreckungshandlung ordnet die Vorführung des Verurteilten zur Richtstätte an.
Um . . . 18 Uhr . . . . 41 . Minuten wird . Franz . . . . Dums . . . vorgeführt. Der Leiter der Vollstreckungshandlung beauftragt den Scharfrichter das Urteil zu vollziehen.

Um . . 18 . Uhr . . 41 . Minuten . . . 8 . Sekunden wird der Verurteilte dem Scharfrichter übergeben.

Um . . 18 Uhr . . . 41 . Minuten . . . 18 Sekunden meldet dieser den Vollzug des Todesurteiles.

Das Verhalten des Scharfrichters und seiner Gehilfen war in keiner Beziehung zu beanstanden.

Der Leichnam wurde in den bereitgestellten Sarg gelegt.

Hinterberger

Willecke

Gericht angeklagt werden, sondern vor dem 1941 geschaffenen Sondergericht, das in vereinfachten Verfahren und ohne die Möglichkeit zu berufen Urteile aussprechen konnte.

In der Anklageschrift des Oberstaatsanwalts beim Landgericht Wien als Sondergericht wurde Franz Doms der widernatürlichen Unzucht mit den von Karl Seiringer ermittelten Männern beschuldigt. Er ist ein vollständig haltloser, seinen widernatürlichen Trieben gegenüber machtloser Verbrecher, bei dem von Freiheitsstrafen kein erzieherischer oder abschreckender Erfolg mehr zu erwarten ist, urteilte der Oberstaatsanwalt. Ein Exempel sollte statuiert werden. Am 10. November 1943 wurde Franz Doms als gefährlicher Gewohnheitsverbrecher verurteilt, seine sittliche Halt- und Hemmungslosigkeit [...] [sei] derart tiefgehend, unbeeinflussbar und unverbesserlich, dass sowohl das Bedürfnis nach gerechter Sühne wie auch der Schutz der Volksgemeinschaft die Verhängung der [...] Todesstrafe erforderten.

Der als Beweismittel beschlagnahmte Blechwecker wurde an seinen rechtmäßigen Besitzer Ferdinand Jezek rückübersandt. Dieser saß im Zuchthaus Straubing in Bayern eine Strafe von zwei Jahren Zuchthaus ab. Auch er war wegen Unzucht wider die Natur verurteilt worden.

Ein Gnadengesucht von Franz Doms' Vater an Adolf Hitler blieb erfolglos. Franz Doms wurde am 7. Februar 1944 um 18:41 Uhr in die Hinrichtungszelle im Wiener Landesgericht geführt.

Um 18 Uhr 41 Minuten 8 Sekunden wird der Verurteilte dem Scharfrichter übergeben.

Um 18 Uhr 41 Minuten 18 Sekunden meldet dieser den Vollzug des Todesurteils.

Das Verhalten des Scharfrichters und seiner Gehilfen war in keiner Beziehung zu beanstanden. Der Leichnam wurde in den bereitgestellten Sarg gelegt, hieß es in dem vorgedruckten Formular, in das nur die Uhrzeiten händisch einzutragen waren. Franz Doms wurde 21 Jahre alt.

Quellen WStLA, Landesgericht für Strafsachen, A11: LG I Vr 2554/40; WStLA, Landesgericht für Strafsachen, A11: Sondergericht Hv 5615/47

Literatur Jürgen Pettinger: Franz. Schwul unterm Hakenkreuz, Wien 2021

2., Klanggasse 7

Rettendes Exil in England

Heinrich Schrefel *12.8.1910 – 1970*

Im Zuge der Erhebungen gegen Bernhard Weinberger → S. 14 fiel der Name von Heinrich Schrefel, es konnte beiden aber keine gleichgeschlechtliche Beziehung nachgewiesen werden. Bei einer Hausdurchsuchung beim Juden Schrefel, wie er in den Protokollen immer wieder genannt wurde, konnten allerdings Briefe gefunden werden, die als belastend eingestuft wurden. Ein 28-jähriger Fleischhauergehilfe wurde daraufhin ins Hotel Métropole zum Verhör einbestellt. Er hätte Schrefel in der Branntweinschenke seiner Eltern kennengelernt, er habe aber von Burschen im Prater [...] erfahren, dass Schrefel ein ‚Warmer' ist, der die Buben ‚in den Arsch budert'. Ein arbeitsloser Privatbeamter bestätigte beim Verhör den Verdacht und sagte aus, dass Schrefel mit einem seiner Freunde, einem grossen schlanken Burschen namens Franz, der am Volkertplatz wohnt, ein sehr intimes Freundschaftsverhältnis" habe. „Ich habe auch gesehen, wie einmal Schrefel den genannten Franz auf

↑ Bild S. 49
Im Strandbad an der Alten Donau traf sich Heinrich Schrefel mit Freunden und Liebhabern.

dem Mund küsste, wobei sich beide umarmt hielten. Beide bestritten für die Gestapobeamten glaubhaft gleichgeschlechtliche Beziehungen zu Schrefel.

Aber selbst zwei Freundinnen, die nach den Nürnberger Gesetzen auch als „jüdisch“ klassifiziert waren und mit denen Schrefel sexuelle Kontakte gehabt habe, wie er zu seiner Entlastung vorgab, sagten gegen ihn aus und bestätigten, dass Schrefel nur mit jungen Burschen Umgang pflegt und niemals mit einem Mädel allein gesehen wurde. Auch sie verwiesen auf einen gewissen Franzl, der einer seiner besten Freunde sei. Dieser war von der Gestapo rasch als der 20-jährige Mechanikergehilfe Franz Varmuža ausgeforscht. Er kannte Schrefel wie alle anderen bisher einvernommenen Personen aus dem Café Lenger am Volkertplatz 2, das zu dieser Zeit auch das Vereinslokal des Eishockeyvereins Klub Ceska Viden Slovan war. Wie Schrefel hatten die meisten Beteiligten Wurzeln in den östlichen Gebieten der Monarchie. Sie kamen aus Böhmen, Mähren, Polen oder wie Heinrich Schrefels Vater Hensel (Hans) aus dem galizischen Złoczów (Solotschiw), heute Ukraine. Heinrich erhielt eine Ausbildung als Zahntechniker und übte den Beruf seinen Angaben nach auch vier Jahre als Gehilfe aus. 1930 kauften ihm seine Eltern eine Branntweinschank, die er nach vier Jahren wegen schlechten Geschäftsgangs wieder schließen musste. Seither lebte er von Aushilfsarbeiten im Geschäft seiner Eltern.

Franz Varmuža gab an, dass ihm Schrefel erzählt habe, dass er tatsächlich ein Warmer sei. Trotzdem nahm er Heinrich Schrefels Einladung an, ihn vom Café Lenger in die nahe Klanggasse zu begleiten, wo er dann im Hauseingang mit ihm onanierte. Es ist abgesehen von der Onanie zu keinerlei Intimitäten zwischen mir und Schrefel gekommen, betonte Varmuža. Schrefel hat mir für dieses Onanieren nie Geld gegeben, sondern lediglich meine Zeche öfters bezahlt. Nach einer Gegenüberstellung war der zuvor standhaft leugnende Heinrich Schrefel geständig, er habe bisher die Beziehung geleugnet, um den jungen Freund zu schonen. Seine Aussage ist ungewöhnlich emotional: Wenn mir vorgehalten wird, dass ich Franzl, den ich übrigens sehr lieb hatte, manchmal auf den Mund küsste, so gebe ich an, dass dies der Wahrheit entspricht. Selten sprachen Beschuldigte vor der Polizei von Gefühlen oder Zärtlichkeiten, oder sie wurden nicht protokolliert, denn die Verfolgungsbehörden interessierten sich für strafbare sexuelle Handlungen, Liebesbekundungen waren nebensächlich. Die Vorstellung der „Abnormalität“ von Homosexualität machte es ihnen unmöglich, sich diese Begegnungen als Liebesbeziehungen vorzustellen.

Beide wurden vom Gericht verurteilt, Schrefel zu vier Monaten schwerem Kerker, Varmuža zu zwei. Heinrich Schrefel wurde nach Verbüßung seiner Haft an die Gestapo überstellt. In einem Schreiben ans Landesgericht bestätigte die Gestapo, dass sich der Jude Heinrich Schrefel […] gegenwärtig als Schutzhäftling im Polizeigefängnis Wien IX., Rossauerlände 7–9 [befindet]. Genannter beabsichtigt, in nächster Zeit auszuwandern. Da das Gericht die Verfahrenskosten bei Schrefel eintreiben wollte, fragte es im Mai 1939 noch einmal nach und erhielt die Auskunft, dass sich nach Mitteilung des Vaters Henzel [sic] Schrefel […] sein Sohn Heinrich Schrefel derzeit in London auf[hält], wo er die Einreisebewilligung nach Amerika abwartet. Heinrich Schrefel gelang die Flucht ins rettende Exil, seine Eltern Hensel und Beile Schrefel wurden am 26. Februar 1941 ins Ghetto der polnischen Stadt Opole Lubelskie deportiert. Beide finden sich zwar auf der erhaltenen Deportationsliste, Beile Schrefel soll aber unmittelbar vor ihrer Verschleppung Selbstmord begangen haben. Im Februar 1941 wurden 2.000 Jüdinnen und Juden aus Wien in das Lager gebracht, das bereits mit Gefangenen aus anderen Regionen überfüllt war. Viele starben an Hunger, Kälte oder grassierenden Seuchen, die Überlebenden wurden in die Vernichtungslager Bełżec oder Sobibor deportiert, Letzte bei der Räumung des Lagers von der SS liquidiert. Das Todesdatum von Hensel Schrefel ist nicht bekannt.

Heinrich Schrefel hatte tatsächlich im September 1939 Großbritannien erreicht, seine Pläne einer weiteren Emigration in die USA setzte er nicht um. 1947 nahm er die britische Staatsbürgerschaft an und änderte seinen Namen auf Henry Stevens. Er starb im August 1970 in London, wo er mit einem Bankbeamten namens Robert zusammenlebte.

Quellen und Literatur WStLA, Landesgericht für Strafsachen, A11: LG I Vr 4805/38; DÖW, Datenbank Shoah-Opfer; Svenja Kalmar, Anna Hájková: An Escape from Nazi Vienna: Heinrich Schrefel and Queer Holocaust History, in: https://notchesblog.com/2022/01/27/an-escape-from-nazi-vienna-heinrich-schrefel-and-queer-holocaust-history/

Prater und Lokalszene

Jahrelang arbeiteten drei Jugendliche im Alter von 15 bis 18 Jahren mit dem „Roten Hans" zusammen, mit dessen Hilfe sie homosexuelle Männer erpressten und ausraubten. Der 18-jährige Hilfsarbeiter Alois H. gestand der Kripo, dass er mit seinen Freunden in den letzten drei Jahren etwa 300 Männer abgestiert habe. Wir gingen nämlich fast jeden Tag abstieren. Er schilderte, dass einer der Burschen den „Anbeisser" spielte, der ein „Weh", einen „Warmen", den man ausrauben konnte, zu einem Spaziergang in die Praterauen, den „Dschungel", einlud. Bevor es zu sexuellen Handlungen kommen konnte, tauchten aus dem Nichts der „Rote Hans" oder die beteiligten Freunde auf und bedrängten oder misshandelten ihr Opfer, bis es zahlte.

Aus der Einvernahme geht hervor, dass es mehrere solcher Erpresserplatten gab. Wir, gab Alois H. an, „arbeiteten" hauptsächlich im Prater und Stadtpark. Manchmal begleiteten sie einen „Warmen" auch in dessen Wohnung. Erpressung war eine alltägliche Gefahr für homosexuelle Männer, nur wenige wehrten sich aus Angst vor der strafrechtlichen Verfolgung ihres Begehrens. Ungefährlicher war die Anbahnung von Kontakten in Gasthäusern. So etwa im Pratergasthaus Zur schönen Schäferin mit seinem großen, von Kastanienbäumen beschatteten Gastgarten, das heute, neben der Hochschaubahn Wilde Maus gelegen, verschwunden ist. Immer wieder wird dieses Vergnügungslokal als Treffpunkt genannt.

Auch zwei Lokale am Praterstern waren für ihre homosexuellen Stammgäste bekannt. In einem Schreiben an die Kriminalpolizeileitstelle beschwerte sich der Bezirkshauptmann, dass sich vor dem Gasthause Emminger, II., Praterstraße 78, Ecke Franzensbrückenstraße allabendlich eine größere Anzahl junger Burschen vom Typ ‚Schlurf' herumtreibt. Bei diesen Burschen dürfte es sich aber auch nach ihrer ganzen Aufmachung um Homosexuelle handeln. Einige von ihnen tragen Halskettchen, geschmückt mit einem roten Herzchen. Vor diesen Jungen gehen ältere Männer vorüber, die sie in unzweideutiger Art und Weise mustern. Das Ganze macht naturgemäß einen abstoßenden Eindruck. Besonders eindringlich erscheint die Abschaffung dieses Übelstandes auch darum, weil zu dieser Zeit zahlreiche Mütter mit ihren Kindern vorbeigehen und die heranwachsende Jugend auf das anstößige Treiben aufmerksam und dadurch sittlich gefährdet wird.

Auf der Praterstraße gegenüber befand sich Ecke Heinestraße auf Hausnummer 67 eine Weinhalle, die ebenfalls den Namen Emminger führte, wobei auch die Schreibweise Eminger vorkommt. Heute als Gasthaus Hansy bekannt, wurde auch die Weinhalle von der Polizei als Homosexuellentreffpunkt geführt. Andere auch in der NS-Zeit bekannte Lokale waren die Dalmatiner Weinstube am Parkring, das Weinhaus Feuchter Stock in der Jasomirgottstraße, das O.K. an der Kärntner Straße oder der Hubertuskeller in der Mariahilfer Straße.

Quellen DÖW 42042/03332, Landgericht Wien (Jugend), Schreiben Bezirkshauptmann an die Kriminalpolizeileitstelle Wien vom 9. 10. 1942; WStLA, Landesgericht für Strafsachen, A11: LG I Vr 6011/38

Beliebte Gaststätten wie Die schöne Schäferin oder das Gasthaus Eminger waren Teil der homosexuellen Subkultur. Immer wieder tauchen sie in den Verhörprotokollen auf.

2., Praterstraße 36

Im Visier der Gestapo
Berthold Windisch *7.7.1912 – 1976*

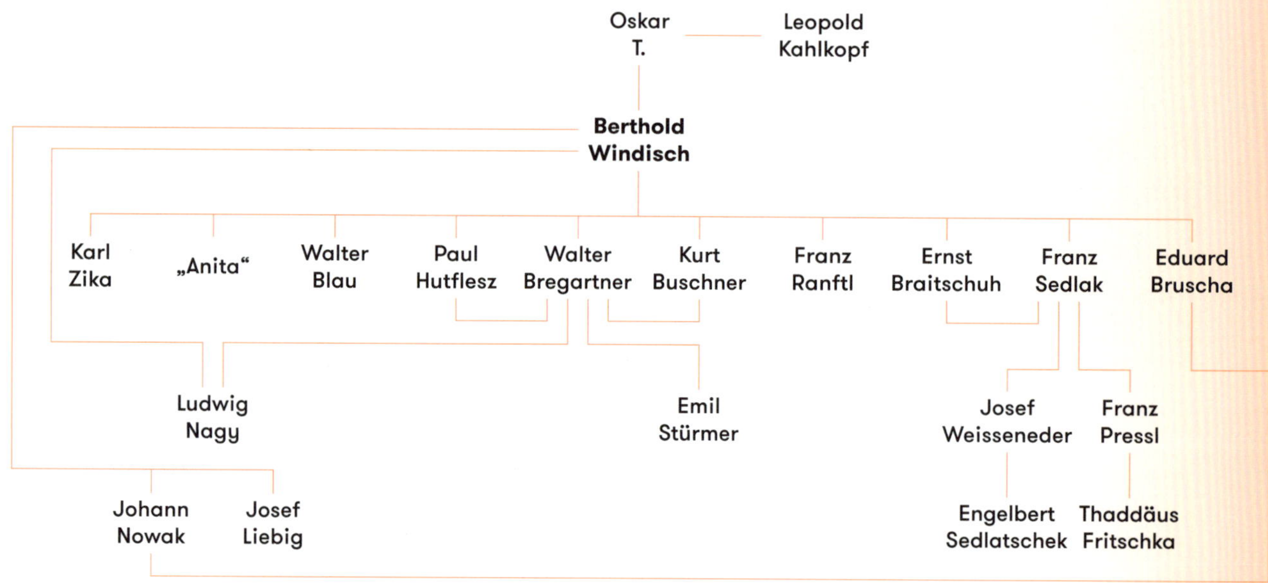

Mit der Verhaftung des Friseurgehilfen Oskar T. am 3. Jänner 1939, weniger als zwei Wochen vor dessen 24. Geburtstag, machte die Gestapo einen großen Fang. Sein Name war in einer anderen Ermittlung gefallen, aber sein Geständnis löste eine Folge von Ermittlungen aus, in die neben Leopold Kahlkopf → S. 173 und Berthold Windisch am Ende fast zwanzig Männer eines sich über ganz Wien erstreckenden homosexuellen Freundeskreises verwickelt waren. Im Schneeballverfahren hob die Gestapo ein sich seit den späten 1920er Jahren entwickelndes Netzwerk von homosexuellen Liebesbeziehungen und Freundschaften aus, das für uns heute Zeugnis von einem zwar prekären, da von der Polizei immer wieder bedrohten, homosexuellen Leben mit eigenen Lokalen und Treffpunkten gibt. Trotz strafrechtlicher Verfolgung auch in der Ersten Republik und im Austrofaschismus konnte sich eine schwule Subkultur etablieren, die in der NS-Zeit durch die Ermittlungsmethoden der Kripo und Gestapo weitgehend zerstört wurde.

Berthold Windisch stammte aus der kinderreichen Familie eines Volksschul-Oberlehrers aus dem Burgenland, kam mit 14 als Lehrling beim Schneidermeister Josef Zika im zweiten Bezirk unter und blieb dort als Schneidergeselle, mit Unterbrechungen wegen schlechten Geschäftsgangs, bis zum Tag seiner Verhaftung tätig. Lange wohnte er auch bei der Familie.

Bei seiner ersten Einvernahme leugnete er: `Die Angaben des Oskar T., mit diesem gleichgeschlechtlich durch gegenseitige Onanie verkehrt zu haben, sind vollkommen unwahr.` Aber schon zwei Tage später war Windisch, der von der Gestapo `eingehendst zur Wahrheit erinnert wurde`, geständig. Sein erstes

← Bild S. 54
Freundesnetzwerk Berthold Windischs von den frühen 1930er Jahren bis zu seiner Verhaftung Anfang 1939. Nicht mit allen hatte er auch eine sexuelle Beziehung.

↓ Bild unten
Im Oktober 1938 machten die Nationalsozialisten Groß-Wien durch Eingemeindungen zur zweitgrößten Stadt im Dritten Reich.

sexuelles Erlebnis hatte er mit 15 Jahren mit dem Sohn seines Lehrherrn, mit dem er auch des Öfteren in die Gastwirtschaft ‚Zur schönen Schäferin‘ im Prater ging, wo er mehrere Homosexuelle kennen lernte. Er erzählte weiter über seinen Freund: Karl Zika hat im Jahre 1934 durch Sprung aus dem Fenster eines vierstöckigen Hauses Selbstmord begangen. Der Grund seiner Handlung war der, dass er kurze Zeit später heiraten sollte, er jedoch mit Rücksicht auf seine abnormale Veranlagung die Ehe nicht eingehen konnte.

In der Schönen Schäferin lernte Windisch 1929 einen Burschen kennen, von dem er nur dessen Spitznamen „Anita“ wusste. Meist weibliche Spitznamen waren in der Wiener Szene der

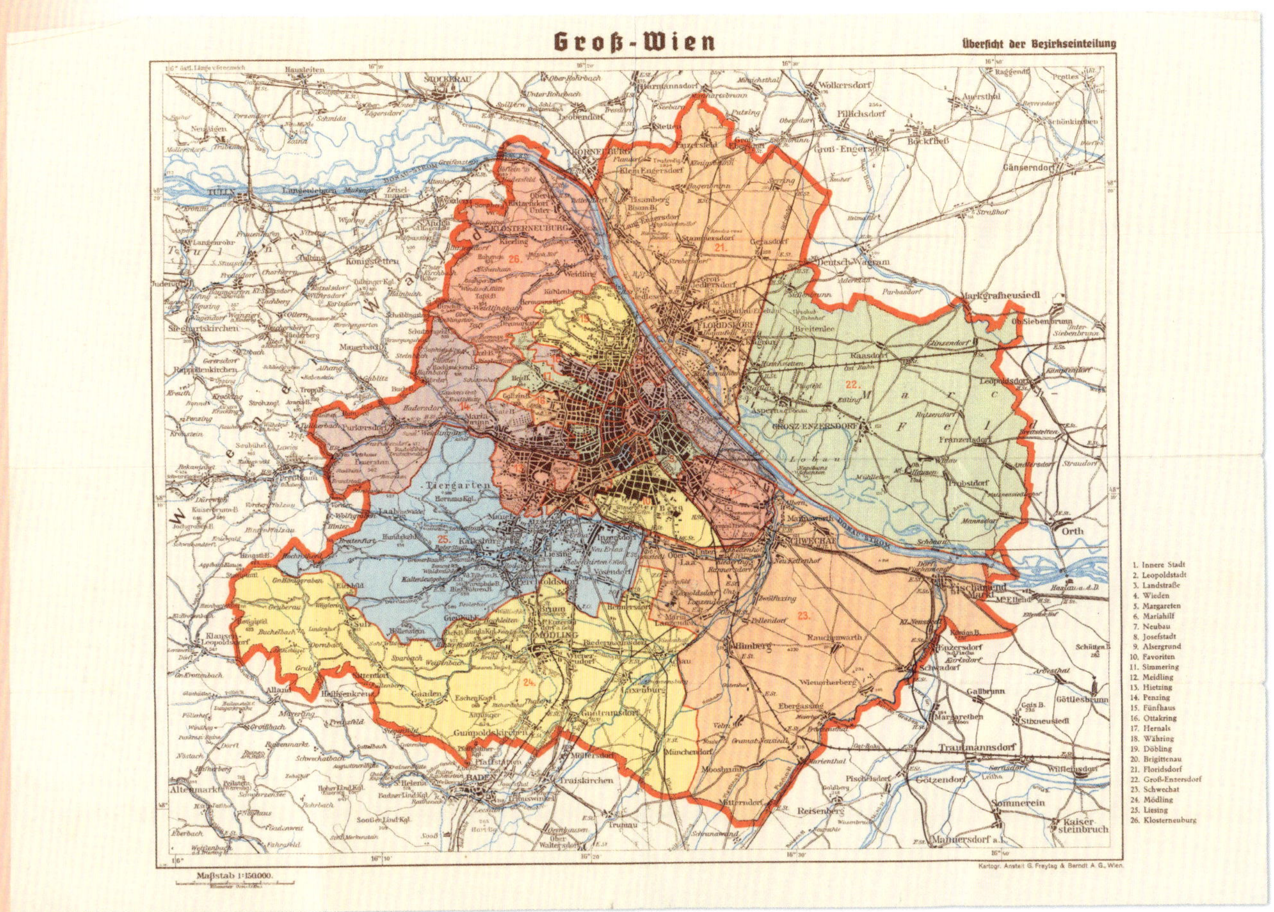

Der vierseitige Brief von Franz Ranftl an Berthold Windisch wurde als Beweismaterial bei einer Hausdurchsuchung beschlagnahmt. Die Gestapobeamten unterstrichen Passagen, die sie für wichtig hielten, mit rotem Farbstift. So erhielten harmlose Bemerkungen oder Liebesbekundungen Beweischarakter.

1

Landeck, am 10. Sept. 1937.

Lieber Bertl! (Windisch)

Wie geht es Dir? Hoffentlich gut.
Mir geht es hier ganz gut, nur viel Arbeit haben wir. Ich bin am Abend immer sehr müde. Die ersten 2 Tage war es sehr schön aber jetzt ist es trüb und alle Augenblicke regnet es. Die Berge rundherum sind in Wolken gehüllt ein komischer Anblick da wir ja so etwas nicht gewöhnt sind. Das Essen ist sehr gut. Wir essen in einem Wirtshaus. Die Kaserne liegt auf einer Anhöhe ober Landeck. Am Mittwoch kommen schon die anderen Kameraden. Samstag wird die Kaserne eingeweiht. Auch unser Bundeskanzler wird uns bei dieser Gelegenheit besuchen. Die Kaserne ist ganz neu erbaut mit sehr schönen Zimmern und zwar 3 Mann, 6 Mann, 7 Mann, 9 Mann und 12 Mann Zimmer. Ich hab mir ein 4 Mann Zimmer

mit herrlicher Aussicht ausgesucht hoffentlich kann ich in diesem bleiben. In jedem Zimmer haben wir einen guten Dauerbrandofen was hier sehr wichtig ist nachdem es im Winter sehr kalt sein muss. Ich habe heute Dienst und muss mir den Mantel anziehen, so kalt ist es jetzt schon. Wie ich Dir schon geschrieben habe war Σ die Fahrt sehr lang. Wir waren um 7h früh in Salzburg, dort haben wir eine elektrische Maschine angekoppelt bekommen, um 1h waren wir in Innsbruck und um 1/4 4h in Landeck. Die Strecke von Salzburg bis Landeck war herrlich. Ich habe immer daran gedacht wie schön es wäre wenn Du das alles sehen könntest. Aber wenn Du mich besuchen kommst wirst Du ja alles sehen. Bertl schreibe mir bitte nur ~~B~~ Briefe ohne Absender, den die Kameraden brauchen nicht zu wissen von wem ich die Briefe bekomme.

Was gibt es übrigens bei Euch neues? Was macht Ihr immer. Geht es immer lustig zu bei Dir? Was macht die neue Wohnung? ~~Ge~~ Gehst Du fleißig in den Stadtpark? Schreibe mir bitte bald zurück. Was macht mein Anzug? Ist er schon bald-fertig? Ja und wegen der Ballonseiden-bluse, ein Kamerad hat hier eine schwarze B.J. Bluse welche mir auch gut gefällt. Was glaubst Du was besser ist, licht oder schwarz. Jedenfalls möchte ich ~~x~~ vorne einen Reissverschluss und zwar so daß ich die Bluse wie einen Rock anziehen kann und dann von unten herauf schließen. Die beiden Seitentaschen ebenfalls mit Reissverschluß.
Jedenfalls hoffe ich, daß ich diese Sachen bald bekomme; wie hat Dir übrigens die Abfahrt gefallen; viel Wasser hat es gegeben. Hast Du übrigens große Sehnsucht nach mir? oder gehe ich Dir garnicht ab?

Lasse mir jedenfalls alle Bekannten schön grüßen. Mathilde, Wildbrunn, Ludwig, Paul und soweiter. Ich muss jetzt wieder meinen Dienst versehen und daher mein Schreiben beenden. Schreibe mir bitte recht bald zurück damit ich etwas Verbindung mit Wien habe.

Recht herzliche Grüsse
van Deinem Freunde
Franz.
Rauftl

Zeit ein verbreitetes Phänomen. Oskar T. etwa war unter dem Spitznamen „Zwetschke" bekannt. Sie dienten einerseits als subkultureller Code, andererseits als Schutz vor Enttarnung. Wusste man von einem Sexpartner nur dessen Spitznamen, konnte man ihn in einem Verhör auch nicht verraten. Windisch besuchte seinen Freund regelmäßig im Café Tirolerhof in der Burggasse, wo „Anita" Klavierspieler war, bis er 1931 ins Gasthaus Neumann am Spittelberg wechselte, das nun auch zu einem Stammlokal von Windisch wurde. Nach kurzer Zeit verließ „Anita" das Neumann und stellte Windisch seinen Nachfolger Walter Blau vor, der als „Veronika" wohl zu den Stars des Unterhaltungslokals zählte, denn das Gasthaus Neumann wird ab nun in vielen Quellen auch als Café Veronika bezeichnet. Die Ermittlungen gegen „Anita" verliefen im Sand, da der bürgerliche Name des Klavierspielers nicht ausgeforscht werden konnte. Ebenso führten die Nachforschungen zu Walter Blau, mit dem Windisch zwischen 1932 und 1937 auch eine sexuelle Beziehung hatte, ins Leere, da Blau nach den Nürnberger Gesetzen Jude war und bereits im August 1938 ins Ausland geflüchtet war.

Die Ermittlungskette der Gestapo, die von Oskar T. zu Berthold Windisch führte, sollte sich nach der Einvernahme Windischs bedeutend erweitern, der wegen Unzucht wider die Natur mit zehn Männern angeklagt wurde, darunter auch mit dem verstorbenen Karl Zika, dem Emigranten Walter Blau und mit „Anita". Gegen sechs Partner und Liebhaber Windischs wurden Ermittlungen eingeleitet, die zu weiteren Männern führten.

Der Prater, das Gasthaus Neumann am Spittelberg und seine eigene Wohnung waren die zentralen Orte von Windischs Netzwerk homosexueller Freunde. So gab er an, dass er 1931/32 mit dem kaufmännischen Beamten Franz Sedlak → S. 157 eine etwa sechsmonatige Beziehung führte. Im Jahr darauf lernte er den 23-jährigen Kellner Eduard Bruscha im Prater kennen, den er in der Folge regelmäßig traf. Jahre später traf Bruscha in Windischs Wohnung – da waren sie längst kein Paar mehr – den angeblichen Theologiestudenten Hans Nowak → S. 206, der seit einigen Jahren mit Windisch befreundet war, ohne dass er mit ihm eine sexuelle Beziehung gehabt hätte. Windisch hatte Nowak durch `einen gewissen Paul Hutflesz` kennengelernt, mit dem Nowak Anfang der 1930er Jahre einmal im Prater onaniert hatte. Hutflesz gehörte zum engeren Kreis um Windisch und war regelmäßig bei diesem zu Gast, auch weil er Windisch als Schneidergehilfe zu Hause bei Schneiderarbeiten unterstützte. Dort lernte er den Buchbindergehilfen Walter Bregartner → S. 182 kennen, der bei Windisch in Untermiete wohnte und mit dem Windisch zwischen 1935 und 1937 eine zweijährige Beziehung hatte. Als Hutflesz eines Tages Windisch besuchen wollte, traf er nur Bregartner an, mit dem es bei dieser Gelegenheit zu einer sexuellen Begegnung kam.

Franz Ranftl wiederum lernte Windisch laut seiner Aussage im Gestapoverhör Anfang der 1930er Jahre in einem Lokal im siebenten Bezirk kennen, das leicht als Gasthaus Neumann zu identifizieren ist, doch kam es mit ihm erst 1937 zu sexuellen Handlungen. Da Ranftl als Schütze bei der Wehrmacht diente, führte das Gericht der 44. Division die Ermittlungen durch. Beschlagnahmte Briefe und Postkarten geben einen genaueren Einblick in die Beziehung der Männer. `Hast du übrigens große Sehnsucht nach mir? Oder gehe ich Dir gar nicht ab?`, fragte Franz Ranftl offensichtlich verliebt seinen `lieben Bert`. Aber auch eine harmlosere Frage konnte zu einem Beleg für die Schuld des Verdächtigen werden: `Gehst Du fleißig in den Stadtpark?` Im Urteil gegen Berthold Windisch war der Brief ein wichtiges Beweismittel, und auch diese Briefstelle wurde eindeutig interpretiert: Der Stadtpark in Wien ist als Treffpunkt der Homosexuellen bekannt. Doch war sich Ranftl der Gefahr bewusst, die eine Entdeckung ihrer Beziehung bedeutete, denn er bat Bertl: Bitte schreibe mir […] nur Briefe ohne Absender, denn die Kameraden brauchen nicht zu wissen, von wem ich die Briefe bekomme.

Der letzte Bekannte, der durch das Verhör Windischs in die Mühlen der Verfolgung kam, war Ernst Braitschuh, genannt „Gretl", den Windisch im Sommer 1938 erstmals getroffen hatte. Seitdem war es zwischen den beiden mehrmals zu sexuellen Handlungen gekommen, zuletzt im Jänner 1939, also kurz vor der Festnahme Berthold Windischs. Zum Zeitpunkt seiner Verhaftung lebte Windisch mit Ludwig Nagy in einem gemeinsamen Haushalt, zuvor hatte er schon mit Walter Bregartner, Paul Hutflesz und Josef Liebig zusammengewohnt. Nicht mit allen hatte er auch sexuelle Beziehungen.

Aus den sich mitunter widersprechenden Protokollen ist nicht eindeutig zu klären, wann Windisch mit wem eine Beziehung hatte, die Übergänge waren manchmal fließend. Mit Einzelnen traf er sich auch, wenn er gerade einen längerfristigen Partner hatte. Aus den Akten seiner Verfolgung tritt uns Berthold Windisch als homosexueller Mann entgegen, der über Jahre mit verschiedenen Männern in Teilzeitmonogamie oder offenen Beziehungen lebte, einen großen homosexuellen Freundeskreis hatte und selbstverständlich in Lokalen der Subkultur verkehrte.

Das Urteil war hart: ein Jahr schwerer Kerker, verschärft durch ein hartes Lager monatlich. Obwohl ein Rücküberstellungsbescheid an die Gestapo vorlag, ist unklar, ob Windisch tatsächlich überstellt wurde. Im Mai 1941 korrespondierte das Wehrkommando Wien I jedenfalls mit dem Landgericht wegen Akteneinsicht, weil Windischs Wehrwürdigkeit geprüft wurde. Ob er zur Wehrmacht eingezogen wurde, konnte nicht ermittelt werden. Im Februar 1944 ersuchte die Staatsanwaltschaft Leoben um die Übersendung von Windischs Strafakt. Danach verliert sich seine Spur. Er starb im November 1976 in Wien.

Quelle WStLA, Landesgericht für Strafsachen, A11: LG I Vr 699/39

3., Landstraßer Hauptstraße 65

Geglückte Flucht, getarnte Liebe
Erika Kellner/Erica Anderson *8.8.1914–23.9.1976*

Sie wollte unbedingt Fotografin werden. Also schenkte ihr der Vater, als sie 13 war, eine Kamera und finanzierte eine Lehrausbildung zur Porträtfotografin im Atelier des bekannten Fotografen Georg Fayer. Eduard Kellner, der aus einer armen jüdischen Trödlerfamilie aus St. Pölten stammte, hatte den sozialen Aufstieg geschafft und leitete bis zu seiner Vertreibung eine HNO-Praxis in der Landstraße 65, wo die Familie, zu der auch Erikas ältere Schwester Anita gehörte, wohnte. Religion spielte im Haushalt der Kellners wenig Rolle, wegen des grassierenden Antisemitismus oder auch als Zeichen der Assimilation hatte Eduard seinen Nachnamen Kohn in Kellner ändern lassen.

Schon früh hatte Erika auch ein Faible fürs Theater, insbesondere für Schauspielerinnen, etwa für die am Deutschen Volkstheater auftretende Sybille Binder, die sie verehrte und begehrte und mit der sie bis zum Tod Binders 1962 befreundet sein würde. Einen Star, den sie aus der Ferne verehrte, war Greta Garbo, über die sie in ihr Tagebuch notierte: „Von Greta Garbo hab ich gehört daß sie Frauen liebt. Es ist schrecklich wie die Leute das erzählen, als wäre es eine ekel-

← Bild S. 62
Die Landstraßer Hauptstraße beim Rochusmarkt um 1930. Wenige Häuser stadtauswärts wuchs Erika Kellner auf.

Erica Anderson im Exil in den USA, um 1955.

erregende Krankheit. Und ist doch nichts als eine zartere Form der Liebe, der Richtigen. Niemals, glaube ich kann Liebe zwischen zwei Frauen roh sein, es ist ein Finden und Gleich sein. Ich seh nichts häßliches dabei. Und Greta Garbo ist sicher Richtig so wie sie ist."

Nach dem „Anschluss" wurde Erika Kellner aus rassischen Gründen als Jüdin verfolgt, doch hätte sie auch als gleichgeschlechtlich begehrende Frau in den Fokus der Verfolgungsbehörden geraten können. Aus den erhaltenen Quellen lässt sich nicht nachvollziehen, ob Erika überhaupt bewusst war, dass sie ihre Liebe zu Frauen auch ins Gefängnis hätte bringen können. Ihr gelang mit Unterstützung eines Netzwerks von Freundinnen und Liebhaberinnen die rettende Flucht ins Exil. Zu dem Netzwerk gehörte neben Sybille Binder, die seit 1933 wegen ihrer politischen Opposition zum NS-Regime und ihrer Freundschaft mit den antifaschistisch aktiven Geschwistern Klaus und Erika Mann in Deutschland nicht mehr auftreten konnte und seit 1938 in England lebte, auch Emilie Anna Maria Heyszl von Heyszenau, die schon seit den späten 1920er Jahren als Galeristin in London lebte. Sie hatte dort geheiratet und nannte sich nun Ala Story.

Bereits im Mai 1938 floh Erika Kellner aus Wien, ihre Familie sollte erst ein Jahr später ins Exil nachkommen. In England hielt sie sich zunächst mit Gelegenheitsjobs über Wasser und heiratete auf Anraten ihrer Freundinnen. Der schwule britische Dichter W. H. Auden und die lesbische Erika Mann hatten es vorgemacht: Auden heiratete Erika Mann, um ihr die Flucht zu ermöglichen. Auch Ala hatte geheiratet. Erika Kellner selbst ehelichte den Londoner Arzt William Adrian Collier-Anderson und wurde so zur britischen Staatsbürgerin. Als Erica Anderson konnte sie nun den nächsten Schritt ihrer Flucht planen. Am 21. Juni 1940 betrat sie in New York amerikanischen Boden. Wieder lebte sie zunächst in bitterer Armut. Sie arbeitete als Sekretärin und Chauffeuse für eine steinreiche Erbin aus einer Bankiersfamilie aus den Südstaaten, doch finanzierte ihr diese auch eine Ausbildung am New York Institute of Photography. Dies war der Beginn einer bemerkenswerten Karriere: Erica Anderson wurde zur ersten professionellen 16-mm-Kamera-Frau in den USA und zur Präsidentin der 16 mm Union, einer Vereinigung unabhängiger Filmemacher:innen, die mit dem neuen, leichter handhabbaren Filmmaterial drehten. Nachdem sie die amerikanische Staatsbürger-

Im beschlagnahmten Palais Rothschild an der Prinz-Eugen-Straße mussten alle Jüdinnen und Juden, die ins Exil flüchten wollten, ihr Vermögen deklarieren, „Reichsfluchtsteuer" bezahlen und sich die nötigen Ausreisepapiere besorgen, 1939.

schaft verliehen bekommen hatte, ließ sie sich von ihrem britischen Ehemann scheiden, blieb aber bis zu ihrem Tod mit ihm befreundet.

Ala Story, die schon vor Erica in die USA gezogen war und dort eine Galerie eröffnet hatte, hatte in der Zwischenzeit mit ihrer Lebensgefährtin eine Filmproduktionsfirma gegründet und engagierte Erica als Kamerafrau. So wirkte sie an einem Film über die amerikanische Malerin Grandma Moses mit, der 1951 für einen Oscar nominiert wurde.

Seit 1949 interessierte sich Erica Anderson für die Arbeit des berühmten deutsch-französischen Arztes, Musikers und Pazifisten Albert Schweitzer, mit dem sie Kontakt aufnahm und ihn in seinem Urwaldspital in Lambaréné (Gabun) besuchte. 1951 begann sie mit den Dreharbeiten zu einer Dokumentation über Schweitzers Leben und Werk, die 1958 mit dem Academy Award als bester Dokumentarfilm ausgezeichnet wurde. Erica Anderson wurde in den Credits des Films nur als Kamerafrau angeführt, den Oscar erhielt

↓ Bild unten
1955 veröffentlichte Erica Anderson ihr erstes Fotobuch über den Friedensnobelpreisträger Albert Schweitzer.

der als Regisseur und Produzent auftretende Jerome Hill. Nach dem Tod Albert Schweitzers gründete sie in Great Barrington, Massachusetts, das Albert Schweitzer Friendship House, das sich der Friedensarbeit im Sinne seines Namensgebers verschrieb.

Die Biografie von Erika Kellner/Erica Anderson liest sich wie eine Erfolgsgeschichte, doch wurzelt sie im Trauma der Vertreibung und der potenziellen Gefahr, die ihr lesbisches Begehren auch auf dem Weg ins Exil dargestellt hat. Ihre Ehe mit einem wahrscheinlich schwulen Mann war nicht nur Mittel zum Zweck, sie war auch ein Schutzschild gegen die Verdächtigung, selbst homosexuell zu sein. Denn weibliche Homosexualität wurde auch in den Ländern ihres Exils, in Großbritannien und den USA, zwar nicht strafrechtlich verfolgt wie in Österreich, sie war jedoch gesellschaftlich geächtet.

Quellen Sammlung „Erica Anderson" im QWIEN Archiv

Literatur Andreas Brunner: Die queeren Netzwerke der Erica Anderson, in: Irene Messinger, Katharina Prager (Hg.): Doing Gender in Exile. Geschlechterverhältnisse, Konstruktionen und Netzwerke in Bewegung, Münster 2019, S. 142–156

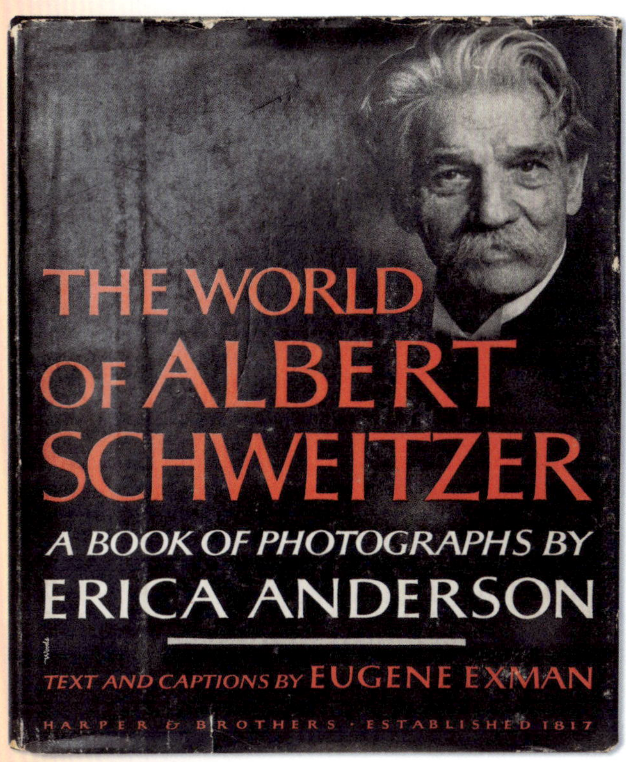

3., Hainburger Straße 56

Antisemit im Netz der NS-Behörden

Alfred Fritschka *28.7.1914 – 18.10.1990*

← Bild S. 66
Porträtfoto mit Widmung von Alfred „Thädy“ Fritschka an Franz „Jonny“ Pressl, das als Beweismaterial beschlagnahmt wurde.

Durch Sedlak lernte ich im Sommer 1937 einen gewissen Alfred Fritschka kennen, der zu dieser Zeit Heeresangehöriger war, gestand Franz „Jonny“ Pressl → S. 157 in seinem Verhör, er sei aber mit ihm nur kurze Zeit befreundet gewesen. Er ging bei seinem Geständnis nicht weiter ins Detail, anders als Alfred „Thädy“ Fritschka, der sich zwischen 1933 bis Anfang 1938 freiwillig als Koch beim österreichischen Militär verpflichtet hatte. Nach der Abrüstung hatte er ehrenamtlich als Sekretär für den Antisemitenbund in Wien gearbeitet, der wegen seiner radikalen Forderungen, seines Hetzorgans *Der Eiserne Besen* und seiner Nähe zur NSDAP von der austrofaschistischen Regierung 1933 verboten worden war. Er verfolgte seine Aktivitäten nach dem Verbot aber weiter. Im Juni 1938 wurde der Antisemitenbund aufgelöst, Fritschka erhielt eine Anstellung bei der Gemeinde Wien und arbeitete zur Zeit seiner Festnahme beim Standesamt Alsergrund.

In seinem Verhör gab er an, dass er Franz Sedlak im Juni 1937 im Kaffee Maderna im 14. Bezirk kennengelernt und ihn in der Folge öfter getroffen hatte, obwohl er durch sein Verhalten und seine Redensarten vermutete, daß Sedlak homosexuell veranlagt sein dürfte. Ganz ohne Interesse an Franz Sedlak dürfte Alfred Fritschka aber nicht gewesen sein: Kurze Zeit später sah ich Sedlak mit einem Burschen in der Straßenbahn. Da mir Sedlak immer von seinem Freund erzählte, wollte ich mir diesen näher ansehen und verfolgte die beiden […]. Nachdem Sedlak ein Haus betrat, kam sein Freund mir entgegen und frug mich, warum ich sie verfolgte. Ich gab ihm zur Antwort, daß ich gehen kann, wo ich will, worauf mir dieser Bursche eine Ohrfeige gab und schnell davonlief. Der eifersüchtige Freund Sedlaks war Franz Pressl, den Fritschka bald wieder treffen sollte – seinen Angaben bei der Gestapo zufolge einige Tage später […] im Kaffee Maderna, wo er sich bei mir sofort wegen seines ungehaltenen Benehmens entschuldigte. In der Folge freundeten wir uns besser an und lud mich dieser Bursche […] zu sich in seine Wohnung ein, die nicht weit vom Café entfernt in der Kuefsteingasse 21 lag. Für ungefähr sieben Monate blieben die beiden Männer befreundet.

Vor meiner Bekanntschaft mit Pressl hatte ich nie mit einem Mann gleichgeschlechtlichen Verkehr unterhalten, beteuerte Alfred Fritschka, der allerdings auch einräumte, dass er in Pressl sehr verliebt war, fand sich doch unter den beschlagnahmten Fotografien nicht nur eines mit der Widmung an Meinen Jonny zum Gedenken, Dein Thädy, sondern auch ein Nacktfoto. Zu seiner Entlastung sagte er aus, dass er diese Aktaufnahme selbst mittels Selbstauslöser während seines Aufenthalts beim Militär in Kaisersteinbruch gemacht hätte. Mit Sedlak habe er nie gleichgeschlechtlich verkehrt, und er betonte: Wieso es überhaupt zu diesen Unzuchtshandlungen kam, kann ich mir selbst nicht erklären, da ich doch seit Dezember 1935 ein Verhältnis mit einem Mädel unterhalte und mit ihr geschlechtlich verkehre. Dieses Bekenntnis, dass er auch zu einem heterosexuellen Geschlechtsleben fähig war, interessierte die Verfolgungsbehörden aber genauso wenig wie die Beteuerung, dass er sogar die Absicht [hatte] dieses Mädel zu heiraten, ihm dies jedoch infolge seines geringen Verdienstes nicht möglich war. Viele Angeklagte versuchten im Verhör auf ihre grundsätzlich heterosexuelle Orientierung hinzuweisen, doch wurden derartige Willensbekundungen zu einem „normalen" Sexualleben im Sinne der heteronormativen Ordnung im Gerichtsverfahren nur selten als Milderungsgründe gewertet und hatten daher keine direkte Auswirkung auf die Höhe der Strafbemessung.

Alfred Fritschka versuchte sein Verhältnis mit Franz Pressl als Ausrutscher darzustellen: Ich möchte noch bemerken, daß ich, seitdem ich mit Pressl Schluß machte, immer in Gesellschaft meiner Braut, sowie ihrer Eltern und meiner Mutter verkehre und mich in gar keiner Weise mehr zu einem Manne hingezogen fühle. Vor dem Untersuchungsrichter widerrief er sein bei der Gestapo gemachtes Geständnis zunächst, war in der Hauptverhandlung bei Gericht allerdings wieder geständig. Vielleicht hatte ihm sein Verteidiger dazu geraten, denn ein Geständnis wurde bei der Strafbemessung als mildernd gewertet. Er wurde zu drei Monaten schwerem Kerker verurteilt.

Quellen Verfahren gegen Franz Pressl u. a., in: WStLA, Landesgericht für Strafsachen, A12: LG II Vr 1211/39

4., Schelleingasse 46

Sänger im Karrieretief
Georg Ringhofer *2.10.1903 – ?*

Mit dem „Anschluss" eröffneten sich für Georg Ringhofer neue Karrierechancen. Der einfache Chorsänger Ringhofer wurde von den neuen Machthabern als kommissarischer Leiter des Theaters an der Wien eingesetzt. Zuvor wurde der alte Direktor Arthur Hellmer wegen seiner jüdischen Herkunft entlassen, er musste vor dem Bühneneingang seines Theaters in der Lehárgasse auf Befehl eines SA-Mannes mit einer Zahnbürste die Schuhe der Bühnenarbeiter reinigen. Es ist ungeklärt, ob Ringhofer bei dieser Demütigung dabei war. Er war jedenfalls nach eigenen Angaben seit 1932 Mitglied der NSDAP, was offenbar als Qualifikation für die Theaterleitung vorerst reichte.

In den nächsten Wochen sollte er als Regisseur eine Produktion auf die Bühne des Theaters an der Wien bringen: *Gymnasiasten*, ein Stück

Leicht - Variete

• PRATER • HAUPTALLEE •

Preise: 50 g S 2.20

Kartenvorverkauf:
Gronner's Kartenzentrale Wien I, Graben 28

Kapelle Hermann Steinitz

Telefon: R-46-4-87
(A-26-1-90-B)

Bei Schönwetter im Varieté-Garten

Samstag 29. Aug. 8 Uhr
Sonntag 30. „ 8 Uhr

„Sensationell"
Lösung des Problems
„Mann und Weib"
… der Mann ist der Herr"

Armin Berg

Herm. Leopoldi
Betja Milskaja

Der geniale Filmstar a. d. Film **„OPERNRING"**
Alfred Neugebauer

Karl Libal

Josef Fleischmann

Alex. Trebitsch

Prof. Leo Erhart
spricht: **Johann Wolfgang Göthe**

Jonny and Edgar Agonns

Kurt Reding, Mizzi Halmy, Mizzi Tesar, Hella Brog, Otto Schnitzer
„Ein feiner Gast"
Lachstürme über Lachstürme

Samstag 5. Sept. ½ 9 Uhr
Sonntag 6. „ 8 Uhr

Dela Lipinskaya

Prof. Wilh. Klitsch

Der geniale
Eugen Hoffmann

Erwin Engel
mit neuem Programm

Die grosse Sensation. Zum 1. Mal.
Gastspiel
Literatur am Naschmarkt
80 Min. der Bewunderung und Lachstürme

„Pratermärchen"
von A. L. Weiss **Musik: Otto Andreas**
Dirigent: Dr. Karl Knaplitsch

Taschenziagafranzl	**Adolf Müller**
Maurerklavierpepi	**Franz Böheim**
Mizzl	**Gerda Waschinsky**
Tschikarretierer	**Hugo Gottlich**
Ballonbettl	**Elsa Pircher**
Schnappe	**Oskar Wegrostek**
Der Schuppo	**Anton Ressognier**

Die Kellnerprüfung
Eine Schale Nussgold

GARDEROBE FREI!

Hausspezialität:
Klobasser in Saft u. Kartoffel 50g

KEIN KONSUMZWANG!

← Bild S. 70
Plakat des Varieté Leicht aus der Zeit vor dem „Anschluss“, als noch jüdische Künstler:innen wie Armin Berg oder Hermann Leopoldi auftreten konnten.

↑ Bild S. 69
Für wenige Wochen ging Georg Ringhofers Traum in Erfüllung: Er wurde Leiter des Theaters an der Wien. Ansicht von der Dreihufeisengasse, die erst 1948 in Lehárgasse umbenannt wurde, um 1940.

des unbekannten Autors Walter Hans Boese, das Ringhofer auf die neue politische Situation hin umgeschrieben hatte, besetzt mit jungen Schauspielern und Schauspielerinnen (unter ihnen der spätere Iffland-Ring-Träger Josef Meinrad). Dann wurde das Theater an die Stadt Wien verkauft und blieb bis 1945 geschlossen, bis es als Ausweichquartier für die zerbombte Staatsoper wiedereröffnet wurde. Ein Ansuchen Ringhofers als Betriebszellenleiter des Theaters an der Wien an Reichspropagandaminister Joseph Goebbels, das Theater nicht zu schließen, blieb offensichtlich erfolglos.

Inzwischen Sekretär im Raimundtheater, erlebte der 35-jährige Ringhofer Mitte September 1938 einen weiteren Karriereknick. Er hatte am 11. September nach einer Vorstellung im Varieté Leicht, einer Praterbühne, auf der auch zahlreiche Stars wie Paula Wessely, Hans Moser, Maria Eis, Raoul Aslan oder Maria Jeritza auftraten, einen 22 Jahre alten Unteroffizier kennengelernt und sich für den nächsten Tag mit ihm verabredet. Der Wehrmachtssoldat schilderte die Begegnung in seiner Anzeige: Ringhofer `stellte mir schon bei der ersten Zusammenkunft den Antrag, sein Freund zu werden. Da ich aber nicht wußte, was er damit meine, ging ich auf eine zweite Zusammenkunft ein. Im Gasthaus Czarda stellte er mir neuerlich den Antrag, dass ich sein Freund werden möchte, um mich zu lieben.` Nach körperlichen Annäherungsversuchen Ringhofers war dem jungen Mann schließlich klar, was Ringhofer meinte. Bei einem neuerlichen Treffen am 15. September ging Ringhofer mit dem Soldaten in einen `Automatensaal` im Prater. Dort stellte ihm der Unteroffizier eine Falle. Ringhofer gab an, dass sein Begleiter `zuerst spielte und plötzlich die dort befindlichen deutschen Soldaten aufforderte, mich anzuhalten.` Sie nahmen ihn fest und übergaben ihn auf dem Nordbahnhof der Polizei.

Ringhofer stellte den Sachverhalt in seiner Einvernahme anders dar. Er bestätigte die Begegnung vor dem Varieté Leicht und die Verabredung am nächsten Tag. Sie gingen in den Prater, wo sie sich `einen Teil der Führerrede bei einem Lautsprecher im Freien anhörten.` Da es zu regnen begann, gingen sie in ein Gasthaus, doch nicht ins Czarda, sondern in die Dalmatiner Weinstube oder Weinhalle, die in Strafakten immer wieder als Treffpunkt Homosexueller genannt wird und auch der Polizei als solcher bekannt war. Trotzdem wies er vehement zurück, dass er dem Soldaten `unsittliche Anträge gestellt` habe. In einer weiteren Einvernahme wurde Georg Ringhofer ein Vorfall aus dem Jahr 1930 vorgehalten. Er soll auf dem Eislaufvereinsplatz beim Konzerthaus einen jungen Mann angesprochen und ihm ebenfalls unsittliche Anträge gemacht haben. Es wurde damals allerdings kein Verfahren eingeleitet.

Diesmal konnte er sich einem Verfahren jedoch nicht entziehen. In der Einvernahme beim Landgericht leugnete Ringhofer Annäherungen `in erotischer Absicht`, vielmehr habe er mit dem jungen Mann `politische Gespräche` geführt, denn auch in der Dalmatiner Weinstube verfolgten sie die im Radio übertragene Führerrede weiter. `Ich bin nicht homosexuell veranlagt. Ich habe ein ständiges Verhältnis mit einer Frau`, bestritt er die Vorwürfe. Am 8. Oktober wurde er schließlich `gegen Gelöbnis auf freien Fuß gesetzt.` Die Staatsanwaltschaft hatte in der Zwischenzeit den Antrag gestellt, gegen Georg Ringhofer wegen `des Verbrechens der versuchten Verlei-`

tung zur Unzucht wider die Natur Anklage zu erheben.

Für die Gerichtsverhandlung versicherte sich Georg Ringhofer anwaltlicher Unterstützung. Er gewann den Rechtsanwalt und SS-Hauptsturmführer Dr. Erich Führer, der in den 1930er-Jahren zahlreiche Nationalsozialisten wie den Dollfuß-Mörder Otto Planetta verteidigt hatte. In der Hauptverhandlung am Wiener Landesgericht am 19. November 1938 gab Ringhofer zunächst an, dass er wegen dieser Strafsache entlassen wurde und derzeit kein Einkommen habe. Wohl auf Anraten seines Anwalts hatte er aber auch seine Verteidigungsstrategie geändert. Er sagte vor Gericht: Ich bekenne mich schuldig. Und betonte gleichzeitig: Ich bin nicht widernatürlich veranlagt. Ich bin aber Antialkoholiker und liess mich damals hinreissen Alkohol zu trinken. Zudem führte er Überreizung durch Überarbeitung und Begierde infolge einer längeren sexuellen Enthaltsamkeit als Gründe für seine anormalen Lustwandlungen an.

Die Strategie des Verteidigers war, wenn auch nicht offen ausgesprochen, die Zurechnungsfähigkeit seines Mandanten zu hinterfragen. Er bat den Richter um eine milde Bestrafung des Angeklagten. Nach 35 Minuten war die Verhandlung beendet. Das Urteil lautete auf sechs Monate strengen Arrest nebst einem harten Lager monatlich, die Vollstreckung wurde mit einer Bewährungsfrist von drei Jahren ausgesetzt. Der Richter sah den von der Staatsanwaltschaft angeklagten Tatbestand als bewiesen, führte aber eine Reihe von Milderungsgründen an: das Geständnis, die Unbescholtenheit, eine gewisse sexuelle Erregung, eine gewisse Alkoholisierung und schließlich der Umstand, daß im Verhalten des [Soldaten] selbst der Beschuldigte annehmen konnte, es handle sich bei diesem um einen willfährigen Menschen.

Die in der Urteilsausfertigung vorgenommenen Unterstreichungen zeigen, dass die Verteidigungsstrategie von Ringhofers Anwalt Erich Führer aufgegangen ist. Das Geständnis und die Alkoholisierung wurden als mildernd gewertet. Bemerkenswert ist aber der Verweis auf das zögerliche Verhalten des jungen Soldaten, der erst beim dritten Treffen mit Ringhofer dessen Verhaftung veranlasste. Einer Berufung der Staatsanwaltschaft gegen das Strafmaß wurde vom Oberlandesgericht nicht stattgegeben.

Doch Georg Ringhofer kam nur diesmal glimpflich davon: 1941 wurde er vor dem Jugendgericht erneut nach § 129 Ib verurteilt, diesmal zu vier Monaten schwerem Kerker. Details zu diesem Verfahren können nicht genannt werden, da der Verfahrensakt nicht erhalten ist. Damit wurde jedoch auch die Bewährung von 1938 widerrufen. Erneut wurde aber die Strafvollstreckung zwecks Frontbewährung bis zur Beendigung des Kriegszustandes ausgesetzt. Im August 1942 wurde Ringhofer zu einer Einheit in Frankreich abgestellt.

Im Jahr 1953 stellte Georg Ringhofer beim Landesgericht einen Antrag auf Tilgung seiner Strafe und führt in diesem Zusammenhang eine weitere Verurteilung wegen gleichgeschlechtlicher Handlungen zu drei Monaten Gefängnis aus dem Jahr 1947 an. Als Begründung für den Tilgungswunsch gab er an: Ich war Tenorsänger u. a. an der Volksoper Wien. Heute bin ich 50 Jahre alt, meine Stimme ist in Österreich nicht mehr konkurrenzfähig. An kleineren Deutschen Bühnen könnte ich jedoch noch auftreten, diese verlangen jedoch

Der frühere Jugendgerichtshof informiert das Landgericht für Strafsachen I über die Verurteilung Georg Ringhofers zu vier Monaten schwerem Kerker.

`ein streng einwandfreies Führungszeugnis.` Ob Ringhofers Antrag auf Tilgung stattgegeben wurde und ob er ein Engagement an einer deutschen Bühne antrat, muss offen bleiben, wie auch Ort und Datum seines Todes unbekannt sind.

Quellen WStLA, Landesgericht für Strafsachen, A11: LG I Vr 5329/1938; Hans-Dieter Roser: Operette in Wien in den Jahren 1938 bis 1944. Eine Bestandsaufnahme, http://operetta-research-center.org/operette-wien-den-jahren-1938-bis-1944-eine-bestandsaufnahme/

Schreiben von Georg Ringhofer an das Reichspropagandaministerium vom 4. 5. 1938, in: Deutsches Bundesarchiv, R 55, Nr. 20431, Bl. 5

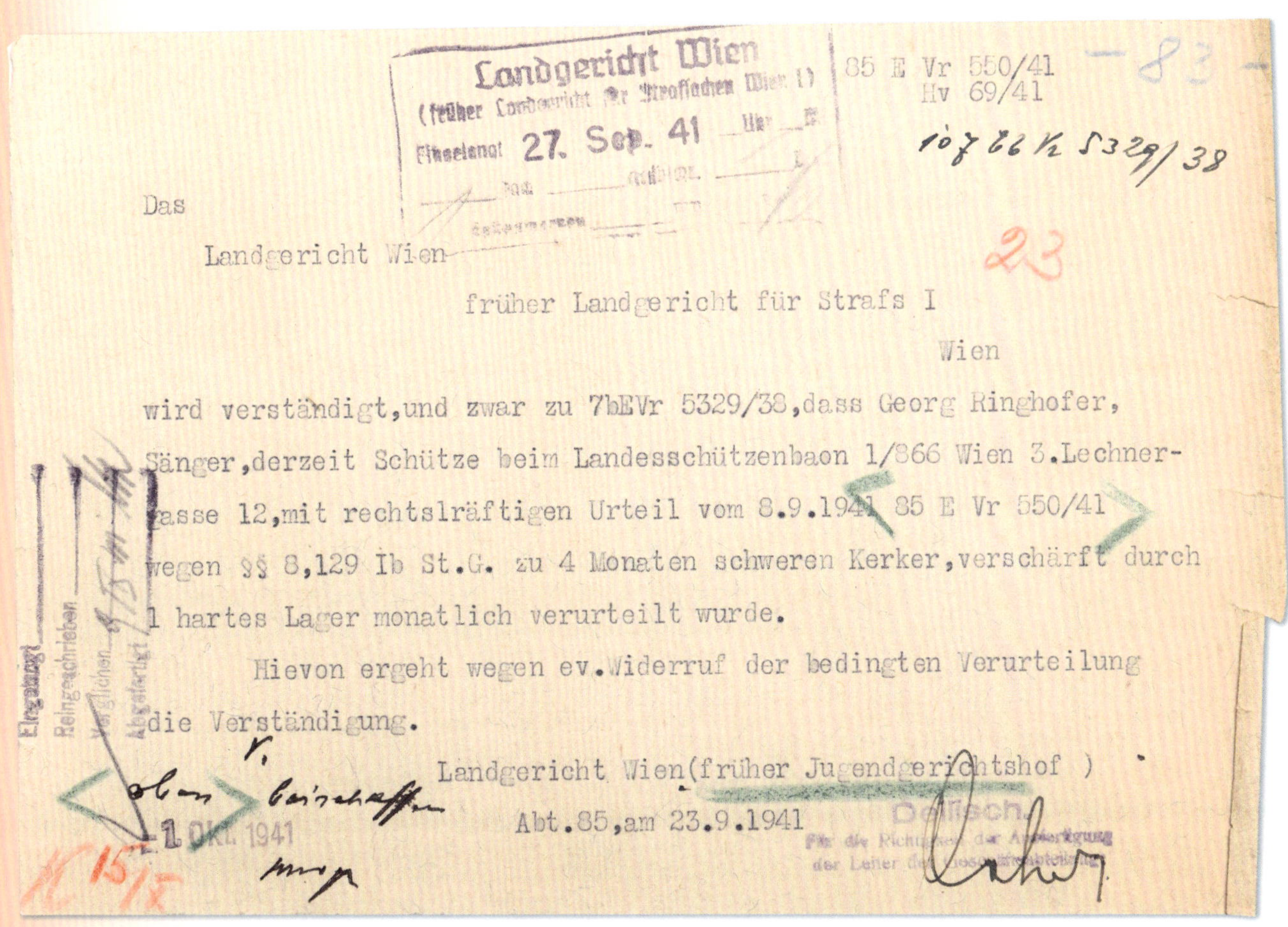

Landgericht Wien
(früher Landgericht für Strafsachen Wien I)
27. Sep. 41

85 E Vr 550/41
Hv 69/41

Das

Landgericht Wien

früher Landgericht für Strafs I

Wien

wird verständigt, und zwar zu 7bEVr 5329/38, dass Georg Ringhofer, Sänger, derzeit Schütze beim Landesschützenbaon 1/866 Wien 3. Lechnergasse 12, mit rechtslräftigen Urteil vom 8.9.1941 85 E Vr 550/41 wegen §§ 8,129 Ib St.G. zu 4 Monaten schweren Kerker, verschärft durch 1 hartes Lager monatlich verurteilt wurde.

Hievon ergeht wegen ev. Widerruf der bedingten Verurteilung die Verständigung.

Landgericht Wien (früher Jugendgerichtshof)

Abt. 85, am 23.9.1941

1 Okt. 1941

Die „Logen“

Bedürfnisanstalten (genannt „Logen“) waren auch der Polizei als Orte bekannt, in denen sich Männer zum Kennenlernen oder gleich zum Sex trafen. Sie wurden genutzt, weil viele Männer keine andere Möglichkeit zur Kontaktaufnahme hatten. Im Grunde konnte jede öffentliche Toilette zur „Loge“ werden, weil sich eine zufällige Begegnung ergab, es gab aber bevorzugte Orte, die entweder verkehrsgünstig oder abgeschieden lagen: so etwa beim Hotel Wimberger am Neubaugürtel, am Naschmarkt, im Rathauspark, am Stephansplatz oder die explizit so genannte „Schwarzenbergloge“ am Schwarzenbergplatz. Immer wieder wurden einzelne auch von Ermittlern in Zivil überwacht. Bei einer Observation der „Loge“ bei der Stadtbahnstation Währinger Straße dokumentierte ein Gestapobeamter die Annäherungsrituale der Männer in einem für Polizeiprotokolle typischen Amtsdeutsch: Es wurde hierbei wahrgenommen, wie ein Mann, der schon durch sein Auesseres als Homosexueller zu erkennen war, diese Bedürfnisanstalt betrat und in derselben eine ungewöhnlich lange Zeit verblieb. Bei der mehrmaligen Nachschau wurde festgestellt, dass der Verdächtige bei einem Abteil des Abstandsortes stand und sich nach allen Besuchern, die jeweils diesen Ort betraten, umsah, woraus zweifellos geschlossen werden konnte, dass er auf der Suche nach einem Geschlechtspartner war.

Am häufigsten kam es zu Überholungen der Bedürfnisanstalt im Resselpark am Karlsplatz. Sie lag nicht nur verkehrstechnisch günstig. Wollte man bei einer Lokaltour zwischen der Innenstadt und dem Naschmarkt wechseln, kam man unweigerlich daran vorbei. Auch das in der äußeren Kärntner Straße gelegene Selbstbedienungsrestaurant O.K. war ein beliebter Treffpunkt, weil es Anonymität und günstiges Essen bot. Ein Abstecher in die „Loge“ konnte allerdings gefährlich werden. Kripobeamte observierten den polizeibekannten Treffpunkt immer wieder, engagierten sich dabei auch als Agent Provocateur und animierten Verdächtige. Der Versuch einer gleichgeschlechtlichen Handlung reichte für eine Anklage. Auf diese Weise gingen Wilhelm Markl → S. 76 und Gustav Gschaider → S. 131, der bei einem Stadtspaziergang am Karlsplatz vorbeikam, ins Netz der Verfolger.

Quelle WStLA, Landesgericht für Strafsachen, A11: LG I Vr 1527/39; WStLA, Landesgericht für Strafsachen, A11: LG I Vr 5988/38

Ein Mann verlässt das achteckige Pissoir im Rathauspark, das ein beliebter Treffpunkt homosexueller Männer war. Standbild aus einem Urlaubsfilm zweier junger Männer in Wien, 1935.

4., Schwindgasse 10

Glimpflich davongekommen
Ing. Wilhelm Markl *15.7.1893 – 19.8.1951*

Im September 1939 wurden insgesamt zehn Männer vor Gericht gestellt, darunter eine Reihe junger Stricher, die hauptsächlich im Resselpark anschaffen gingen, und einige ihrer Kunden. Der Prominenteste war Ing. Wilhelm Markl, der als Direktor der Allgemeinen Strassenbau A.G. für viele Straßenbauprojekte in ganz Österreich und nach dem „Anschluss" in der Ostmark verantwortlich war. Eine Ehe hatte in Scheidung geendet, doch war das Verhältnis zu seiner Frau freundschaftlich geblieben, was auch die weiterhin gemeinsame Erziehung der beiden Kinder erleichterte.

Markls Büro befand sich im Porrhaus am Karlsplatz, daher lag das Pissoir im Resselpark, das er an einem Abend Ende Oktober 1938 besuchte, auf seinem Heimweg in die Schwindgasse, den er ausnahmsweise, da sein Wagen in Reparatur war, zu Fuß ging. `Als ich herausging, folgte mir ein ungefähr 20-jähriger Bursche, klein, schmächtig, schwarzes Haar, Zigeunertypus, mittelmäßig gekleidet, ohne Hut, und bettelte mich um eine Zigarette an.` Sie kamen ins Gespräch. In einer späteren

← Bild S. 76
Karlsplatz und Resselpark auf einer Postkarte, 1917. Vorne links und rechts in der Mitte hinter der Straßenbahn zwei typische Toilettenhäuschen.

Einvernahme äußerte Markl: Er sah mich mit einem merkwürdigen, stechenden Blick an, so daß mir ganz kalt und warm wurde. Ich habe bis dahin noch niemals abnormale Geschlechtsregungen an mir beobachten können. Bei einem weiteren Treffen fuhr er mit dem jungen Mann mit seinem Wagen Marke Adler in den Prater, wo es erstmal zu sexuellen Handlungen kam. Tags darauf nahm er ihn auf eine mehrtägige Dienstreise mit. Mehrfach begleitete ihn der junge Mann auf Dienstreisen, Markl gab ihm auch immer wieder Geld. Der Bursche wurde mir dann zuwider, weshalb er ihn am 10. November 1938 ins Schikanederkino bestellte, um ihn mit einer letzten Zahlung loszuwerden. Die Affäre mit Rudolf Nyary hatte keine zwei Wochen gedauert.

Einen weiteren Burschen lernte Markl kurz vor Weihnachten an der Kreuzung Kärntner Straße/Opernring kennen. Als er mit dem Wagen abbog, trafen sich ihre Blicke, Markl blieb stehen und lud den jungen Mann, Fritz Steinhage, zu einer Fahrt in den Prater ein, wo es auch mit diesem zu sexuellen Handlungen kam. Wieder floss Geld, man traf sich auch später in billigen Hotels. Die beiden und der Kellner Richard Himmer, der auch zu Markls Liebhabern gehörte, waren Teil einer Clique von etwa zehn jungen Männern um die zwanzig, die sich aus Lokalen im Umfeld des Naschmarkts kannten, aus dem Automatenrestaurant O.K. in der Kärntner Straße, dem Schikanederkino, dem Café Haydn am Naschmarkt oder auch einer Pingponghalle in der Theobaldgasse. Fritz Steinhage brachte wenige Wochen später die Ermittlungen gegen Wilhelm Markl in Gang, als er in einem Polizeiverhör den Straßenbauingenieur als Sexualpartner nannte. Von ihm war Markl nach einer Zusammenkunft im Hotel Apollo auch tätlich angegriffen und beraubt worden. In weiterer Folge erpressten Steinhage und Nyary mithilfe von Freunden, die Markl bedrohten und ihm Erpresserbriefe in sein Büro brachten, mehrfach Geldbeträge. Viele der Beteiligten wurden in den Prozessunterlagen als Gehilfen oder Hilfsarbeiter, oft ohne Beschäftigung, bezeichnet. Die meisten stammten aus Wien, Steinhage und Himmer waren aus dem „Altreich" nach Wien gekommen, um hier ihr Glück zu versuchen. Einer sollte später aussagen: Wir sind seit […] Frühjahr 1938 miteinander auf den ‚Strich' gegangen. Ich habe mir ebenfalls durch Befriedigung Homosexueller, die ich im Resselparke kennen lernte, Geld verdient.

Dazu las sich Wilhelm Markls Lebenslauf wie eine Antithese. Er zeigt eine gesellschaftlich anerkannte bürgerliche Existenz und wurde auch als Mittel der Gegendarstellung vor Gericht herangezogen. In einer von seinen Anwälten vor Prozessbeginn an das Gericht übermittelten Darstellung des Lebenslaufes hieß es über Markl: Er entstamme väterlicherseits einer alten Wiener Familie, auch seine Mutter kann auf einen Stammbaum verweisen, der durch mehrere Jahrhunderte verfolgbar ist. Beide Familien sind rein arisch. Von 1914 bis 1918 leistete er Kriegsdienst und war unter anderem bei drei Isonzoschlachten an der Front. Im Karst wurde ich verschüttet und erlitt eine Nervenzerrüttung, die nie ausgeheilt ist, sollte Markl im Prozess aussagen. 1921 schloss er sein Studium als Bauingenieur ab und heiratete. Er war hauptsächlich im Straßenbauwesen tätig. Seine beiden Söhne, betonte er, waren in der Hitlerjugend (HJ) bzw. beim Deutschen Jungvolk.

Er strich seine Leistungen für das NS-Regime heraus: In den Jahren 1931 bis 1939 war ich Direktor der Allgemeinen Strassenbau A.G. in Wien, die unter meiner Leitung zu einem der bedeutendsten Betriebe dieses Faches in der Ostmark gestaltet wurde. Ich konnte das gesamte Personal der Firma in den schlechten Zeiten der Systemzeit halten, sodass die Firma nach dem Umbruch einsatzbereit dastand. Sie konnte sofort grosse Aufgaben für die Wehrmacht und das Generalinspektorat des deutschen Strassenwesens übernehmen. […] Zahlreichen illegalen PG meiner Gefolgschaft habe ich in der Systemzeit jede mögliche Förderung zuteil werden lassen. Ausführlich ging er dabei auch auf seine Leistungen seit dem „Anschluss" ein und schloss: Ohne dem Verhör in der Hauptverhandlung vorgreifen zu wollen, will ich anführen, dass mir die sexuellen Verfehlungen vom Oktober bis Dezember 1938 selbst unerklärlich sind.

Die Hauptverhandlung am 22. Juni 1939 wurde rasch vertagt, nachdem der Verteidiger mit Rücksicht auf die Verschüttung einen Antrag auf Psychiatrierung des Angeklagten gestellt hatte. In der Folge stellten die Anwälte im Namen Markls einen Antrag auf Enthaftung. Er sei nun schon fünfeinhalb Monate in Untersuchungshaft gewesen, eine Verlängerung – so die paraphrasierende Eingabe – würde meine seelischen Depressionszustände bedeutend steigern. Markl war offenbar durch seine guten Beziehungen auch über Behördenvorgänge informiert, die nicht aktenkundig wurden: Weiters hebe ich hervor, dass mein Verteidiger bei der Kriminalpolizei-Leitstelle Wien, Referat Dr. Kirchl, erhoben hat, dass die Geheime Staatspolizei gegen meine Enthaftung keine Bedenken hat und auf meine Überstellung dorthin verzichtet hat. Obwohl die Ermittlungen von der Kriminalpolizei geführt wurden, hatte die Gestapo vor Prozessbeginn einen Rücküberstellungsbescheid gestellt, um Vorbeugemaßnahmen gegen Markl zu prüfen. Diese Einmischung der Gestapo ist sehr ungewöhnlich und vermutlich mit der Prominenz Wilhelm Markls zu erklären.

Die Hauptverhandlung am 27. Juli 1939 erlebte er auf freiem Fuß. Das Urteil war ungewöhnlich mild. Obwohl zwölf geschlechtliche Handlungen mit drei verschiedenen jungen Männern als bewiesen galten, wurde Markl nur zu fünf Monaten strengem Arrest verurteilt, dessen Vollzug für drei Jahre auf Bewährung ausgesetzt wurde. Alle anderen Beschuldigten erhielten zum Teil hohe Kerkerstrafen. In der Urteilsbegründung erfuhr das Geständnis Markls besondere Würdigung, zudem wurden seine drei im Ersten Weltkrieg erlittenen Verletzungen angeführt. Die Psychiatrierung des Angeklagten war angeordnet worden, doch wurde festgestellt, dass der Angeklagte weder geisteskrank noch geistesschwach ist, und dass er sich auch zur Tatzeit nicht in einem Zustand vorübergehender krankhafter Bewusstseinsveränderung befand; […] und dass er sich die inkriminierten Delikte in einem Zustande einer besonderen nervösen reizbaren Schwäche seines Zentralnervensystems zuschulden hat kommen lassen, in der seine psychischen Hemmungen auf ein Minimum herabgesetzt waren. Aus diesem Seelenzustand heraus sind die Delikte des Angeklagten zu erklären.

Das 1929/30 errichtete Porrhaus, in dem Wilhelm Markl sein Büro hatte. Blick von Wiedner Hauptstraße Richtung Bärenmühle.

Nach kurzer Erholung konnte Wilhelm Markl seine Karriere fortsetzen. Sein Gauakt enthält nur eine Karteikarte ohne Hinweis auf seine Verfehlungen. Das Verfahren wegen Unzucht wider die Natur hatte offensichtlich auch keine Auswirkungen auf seine Mitgliedschaft beim Nationalsozialistischen Kraftfahrkorps (NSKK), dem er Anfang August 1938 beigetreten war. Im April 1941 wurde vermerkt, dass Markl in den Ost- und Südostgebieten als Strassenbau-Ing. f. d. Wehrmacht tätig war.

Nach der Befreiung Österreichs wurde Wilhelm Markl in die Geschäftsführung der im Juli 1946 gegründeten gemeindenahen Wiener Baubedarfsgesellschaft m.b.H. berufen, die im Wiederaufbau in der Bereitstellung und Beschaffung von Baumaterial und dem Verleih von Baumaschinen tätig war. Ab 1947 saß er im Vorstand der Stuag Straßen- und Tiefbau-Unternehmung Aktiengesellschaft, Zweigniederlassung Salzburg, er wurde zum Vizepräsidenten des ÖAMTC gewählt und als Vorsitzender in die Oberste Nationale Sportkommission für den Kraftfahrsport (OSK), die den Motorrennsport in Österreich fördern sollte, delegiert.

Quellen WStLA, Landesgericht für Strafsachen, A11: LG I Vr 1527/1939; Allgemeine Bauzeitung, 23. 10. 1946; Salzburger Volkszeitung, 27. 10. 1947; Salzburger Nachrichten, 24. 10. 1951

5., Siebenbrunnengasse 69

Herzkrank zur Zwangsarbeit verpflichtet?

Roland Wottle *17.10.1909 – 25.11.1940*

Roland Wottle geriet im Zuge eines in München begonnenen Ermittlungsverfahrens gegen den aus Österreich stammenden Wehrmachtsangehörigen Johann Ginner ins Visier der Gestapo Wien. Das Luftwaffengericht München informierte die Wiener Gestapo im Oktober 1938 darüber, dass es bei dem wegen Unzucht wider die Natur festgenommenen Soldaten Ginner Hinweise dafür gäbe, dass er Beziehungen zu Männern in Wien hatte, darunter eben auch zu Roland Wottle. Die Gestapo begann zu ermitteln, führte am 5. November 1938 in der Siebenbrunnengasse 69, wo er arbeits-

7-3

Geheime Staatspolizei
Staatspolizeileitstelle Wien.

Referat II S/1 - 152/38.

Haftbuch Nr.

Wien I., den 4.Nov. 1938.
Morzinplatz 4.
8'30 Uhr

I. Vorführungsnote.

1. Familienname: W o t t l e
(bei Frauen auch Geburtsname)

Vornamen: Roland
(Rufname unterstreichen)

Spitz- und Decknamen: ./.

2. geboren am 17.X.1909 in Wien

Gde. ./. Bez. ./.

zuständig nach: Wien

Land: ./.

3. Familienstand (auch Zahl der Kinder) ledig

./. (Name des Ehegatten) ./.

4. Stand, Beruf: Kontorist

zurzeit arbeitslos: ja

5. Wohnort und Wohnung: Wien V.,Siebenbrunnengasse Nr.69,III./32

Vermerk:

1. Personalien- und Wohnungsangabe lt. Auskunft des Z.M.A. Pol.Koat. richtig.
2. Notierung im Strafregisteramt
3. Notierung in der Fahndungskartei laut Auskunft der Krim.-Pol.-Leitstelle
4. Karteiblatt — nicht — vorhanden. Abschrift liegt an.
5. Pers.-Akt — nicht — vorhanden. Akt liegt an.
6. Erkennungsdienstlich behandelt — nicht erforderlich —.

Name des Beamten.

6. Staatsangehörigkeit: D.R. Konfession: röm.kath.

7. Name, Stand und Wohnung der Eltern: Jakob und Bertha Wottle,geb.Weitz,Kaufamnn, ohne Geschäftslokal,V.,Siebenbrunnengasse Nr.69,III./32

8. Parteiverhältnisse: Seit Dezember 1936 bis März 1938 Mitglied der V.F. Seit August 1938 als Haupthelfer beim Kreis Süd des "Deutsches Rotes Kreuz",IX.,Peregringasse Nr.2.

9. W o t t l e wurde festgenommen durch Krb.Karas " Gaida Dst. II S/1

wegen: Verdachts homosexueller Betätigung

10. Ort der Festnahme: Hauptdepot "D.R.K." II.,Nordpolalstr.248. Zeit: 4.XI.1938,8'30 Uhr.

← Bild S. 82
Die Vorführungsnote zu Roland Wottles erster Vernehmung bei der Gestapo, auf der alle relevanten Informationen zur Person gesammelt wurden.

↑ Bild S. 81
Foto von Roland Wottle in Damenkleidung, das im Strafakt als Beweismittel überliefert ist.

los bei seinen Eltern wohnte, eine Hausdurchsuchung durch und verhaftete ihn am selben Tag.

Dabei wurde weiteres Beweismaterial gegen ihn beschlagnahmt. Darunter auch Fotos, die Wottle in Frauenkleidern und nackt zeigten. Im Verhör mit dem Gestapobeamten erklärte er, dass die Fotos als Spaß anlässlich eines Badeausflugs entstanden seien und keinesfalls einen Beleg für seine Homosexualität darstellten. Er gab aber schließlich zu, bisexuell veranlagt zu sein und in den Jahren 1926 bis 1936 mit mehreren Männern widernatürliche Beziehungen gehabt zu haben. Das erste Mal sei er mit 17 Jahren von einem unbekannten Mann, den er in einem Gasthaus kennengelernt hatte, verführt worden. Auch andere Bekanntschaften, deren Namen er niemals kannte, machte er stets in verschiedenen Gasthäusern. Für die sexuellen Handlungen suchte er jeweils den Anstandsort der betreffenden Gaststätten auf.

Für die Gestapo stand jedenfalls fest: Wottle ist überführt und geständig, sich seit seinem 17. Lebensjahre homosexuell zu betätigen und mit ungefähr 8 Männern, zuletzt angeblich im Jahre 1936, einen gleichgeschlechtlichen Verkehr ausgeübt zu haben. Die Gestapo brachte Roland Wottle daher bei der Staatsanwaltschaft Wien zur Anzeige. Das Ergebnis der Gerichtsverhandlung ist ungewöhnlich, denn Wottle wurde nur zu einer bedingten Haftstrafe von sechs Monaten auf drei Jahre Bewährung verurteilt. Der Richter entschied, außerordentliche Milderungsgründe (§ 54 StG) großzügig anzuwenden. Ob – ohne dass es im Verfahrensakt festgehalten wurde – auch Wottles schwere Herzkrankheit, die sein Vater und sein Anwalt im Verfahren betonten, für die Milde des Richters mitverantwortlich war, kann nur vermutet werden. Als Begründung gab er an, dass die letzte Straftat bereits längere Zeit zurückliegt und der Angeklagte sich seither wohl verhalten hat. Da Roland Wottle Einsicht in die Strafbarkeit seines Handelns gezeigt hatte, vermeinte das Gericht, dass die blosse Androhung der Strafe hinreichen wird, um ihn vor weiteren Verfehlungen abzuhalten.

Trotz des milden Urteils wurde Roland Wottle nach der Urteilsverkündung an die Gestapo rücküberstellt, was bei einer bedingten Verurteilung sehr selten vorkam. Das Urteil wurde am 9. Dezember 1938 gesprochen, am selben Tag wurde er laut Meldebestätigung zur Kriminalpolizeileitstelle transportiert. Was dann passierte, bleibt im Dunkeln, im Gerichtsakt wurde nur Wottles Todesdatum vermerkt, weil man von Amts wegen nach Ablauf der dreijährigen Bewährungsfrist nachforschte, ob die Strafe zu tilgen sei. Er war am 25. November 1940 an Herzlähmung gestorben. Im erhaltenen Totenbeschauprotokoll wurde Wottles Sterbeort an der Adresse 13., Hietzinger Hauptstraße 119 angegeben. Was machte Wottle dort? Die Adresse war der Standort der ehemaligen Waggonfabrik Rohrbacher, die 1934 an die Österreichischen Saurerwerke verkauft wurde, bereits im Ersten Weltkrieg Heeresbedarf lieferte und dann Teil der NS-Kriegsindustrie wurde. War Roland Wottle, obwohl schwer herzkrank, von der Gestapo zu Zwangsarbeit verpflichtet worden? Es lässt sich nur vermuten, denn in seinem Akt gibt es keinen direkten Hinweis darauf.

Quelle WStLA, Landesgericht für Strafsachen, A11: LG I Vr 6624/38; Meldearchiv der Stadt Wien; Totenbeschauprotokolle

5., Einsiedlergasse 58 | 10., Rechberggasse 11

Vom Vermieter angezeigt
Elisabeth Gussmann *12.5.1916 – 10.11.1983* | Henriette Morth *19.5.1912 – ?*

Der Musiker Josef Neumann wurde am 11. April 1939 bei einer Polizeidienststelle des Kommissariats Wieden mit zwei Anzeigen gegen Elisabeth Gussmann, die in seiner Wohnung als Untermieterin wohnte, vorstellig. Einmal zeigte er im Namen seiner Mutter den Diebstahl von Wäschestücken durch Gussmann an, er selbst bezichtigte sie, dass sie lesbischen Verkehr pflegt. Er habe dies durch Beobachtung festgestellt, denn: In der Nacht kommen mit ihr öfters Mädchen in die Wohnung und ich konnte durch Hören feststellen, dass sich die Frauen erotisch betätigen, denn man hört aus dem Zimmer lautes Seufzen und Stö[h]nen.

Die 23-jährige Elisabeth Gussmann wurde unmittelbar festgenommen und verhört. Den Diebstahl gab sie sofort zu, er war auch von der Geschädigten schon vor längerer Zeit entdeckt worden, wonach Gussmann sich der Frau Neumann gegenüber verpflichtet[e], den Schaden gutzumachen. Aber die lesbischen Zusammenkünfte [...] mit Henriette Mord, jener Frau, die letzte Nacht bei ihr geschlafen hatte, bestritt sie vehement. Henriette Morth, nicht Mord, die noch bei ihrer Mutter in Favoriten wohnte, wies den Verdacht ebenfalls zurück. Ihre Mutter hingegen schilderte ihre Tochter bis zu dem Zeitpunkt, in welchem Letztere die Gussman kennenlernte, als sehr brav und anständig. Seit diesem Zeitpunkte jedoch sei ihre Tochter wie ausgewechselt. Sie gehe häufig abends weg, komme spät oder bleibe manchmal ganz aus.

Der ermittelnde Kriminalbeamte Rudolf Sturm hatte sich für seinen Bericht für das Polizeiamt Wieden rasch eine Meinung gebildet: Es ist anzunehmen, dass die Morth durch die Gussmann verführt wurde und unter deren Einfluss stehe. Gussmann macht einen denkbar schlechten Eindruck. Sie ginge keinem regelrechten Erwerb nach, ließe sich von Freundinnen unterstützen und: Gussmann wurde in Bezug auf ihre lesbische Veranlagung schon mehrmals h.a. [hieramts] perlustriert, konnte jedoch nie überwiesen werden.

Doch beide Frauen stritten weiterhin ab, dass sie eine sexuelle Beziehung gehabt hätten. Zwei Tage nach ihrer Verhaftung kam die Wende. Elisabeth Gussmann wurde erneut zum Verhör vorgeführt, sie leugnete abermals und unterzeichnete das Protokoll. Nach einer Unterbrechung wurde das Verhör fortgesetzt. Nun gab sie plötzlich zu, dass sie die Morth zu sexuellen Abenteuern verleitet habe. Sie habe in ihrer Wohnung der Morth den Antrag gestellt, mit mir geschlechtlich zu verkehren. Nach einigem Zureden gab mir die Morth nach, und wir legten uns gemeinsam in das Bett. Nachdem aber Henriette Morth weiterhin alles bestritt, gab das Bezirkskommissariat Wieden den Fall an die zuständige Stelle der Kriminalpolizeileitstelle ab.

Den erfahrenen Beamten des Sittendezernats war auch Henriette Morth nicht gewachsen. Beim noch am selben Tag durchgeführten Verhör gestand sie: Ich will nunmehr die Wahrheit sagen. Sie habe zweimal bei ihrer Freundin genächtigt: Vom Ostermontag 1939 auf Dienstag kam es zwischen mir und der Gussmann zu lesbischen Handlungen. Sie waren aber beide beschwipst, führte sie zu ihrer Entschuldigung an. Sie waren zuerst in einem Gasthaus im Prater, wo sie zwei Seidel Bier tranken, und später noch in einem Wirtshaus, wo sie gleichfalls zwei Seidel Bier und ein Soda

Staatliche Kriminalpolizei
Kriminalpolizeileitstelle Wien
Dienststelle beim Polizeiamt
Wieden

Wien, am 13.4.1939 15

N i e d e r s c h r i f t

aufgenommen mit Henriette M o r t h, welche angibt:
Ich bestreite nach wie vor mit der Gussmann in sexuellerer Beziehung in Vebindung gestanden zu sein.

Vgg.

Henriette Morth

Wien, am 13.4.1939.

N i e d e r s c h r i f t

aufgenommen mit Elisabeth G u s s m a n n, welche angibt:
Ich bestreite nach wie vor mit der Morth in sexueller Beziehung in Verbindung gestanden zu sein. Den Diebstahl der Wäsche gebe ich zu, jedoch bestreite ich die Eisschuhe genommen zu haben. Ich verpflichte mich den entstanden Schaden gutzumachen.

Vgg.

Gussmann Elisabeth

fortgesetzt mit Elisabeth G u s s m a n n,
welche weiters angibt:

Ich gebe zu, dass ich die Morth zu sexuellen Abenteuern verleitet habe. Ich habe die Morth im Herbst vorigen Jahres kennengelernt. Nach ca 5 Monaten lud ich die Morth ein zu mir in die Wohnung zu kommen. Ich stellte ihr damals in der Wohnung den Antrag mit mir geschlechtlich zu verkehren. Nach einigem Zureden gab mir die Morth nach und wir legten uns gemeinsam in das Bett. Ich erregte die Morth durch Onanieren an ihrem Geschlechtsteil und befriedigte mich selbst durch die Tätigkeit die ich an der Morth durch führte. Die Morth hat an mir nichts vorgenommen sondern erreichte ich meine Befriedigung durch meine Tätigkeit. Ich habe die Morth nur ein einziges Mal zu einem Geschlechtsverkehr verleitet und zwar am 10.4.39. Bei den früheren Zusammenkünften ist es zu keinerlei Geschlechtsakten gekommen.

Sturm Krb. Vgg. Schumann Elisabeth.

Staatliche Kriminalpolizei
Kriminalpolizeileitstelle Wien
Dienststelle beim Polizeiamt
Wieden

Wien, am 13.4.1939

B e r i c h t .

Nachdem M o r t h nach wie vor leugnet, wurde die Amtshandlung über Tel. Rücksprache der Insp II B abgetreten.

gez Sturm Krb.

Wien, am 13.4.1939.

Kripo Insp II B

Zur weiteren Amtshandlung abgetreten.

Staatliche Kriminalpolizei
Kriminalpolizeileitstelle Wien
Insp. II B 1125
13. APR. 1939

z. A.
Dr Hofbauer

← ↑ Bilder S. 85/86
Niederschrift des Verhörs von Elisabeth Gussmann bei der Kriminalpolizeidienststelle Wieden. Bei der ersten kurzen Einvernahme leugnete sie sexuelle Kontakte mit Henriette Morth, nach einer Pause legte sie ein Geständnis ab.

mit Himbeer konsumierten. Sie gab außerdem an, seit dem Umbruch Mietglied der Deutschen Arbeitsfront und seit ca. 6 Wochen Mietglied der Frauenschaft zu sein.

Eine ehemalige Vermieterin entlastete Elisabeth Gussmann. Sie habe mit zwei weiteren Frauen bei ihr in Untermiete gelebt, von gleichgeschlechtlicher Liebe habe sie aber nichts bemerkt. Gleichzeitig erschließen sich aus den Aussagen der Vermieterin Details der Ermittlungsarbeit der Polizei. Denn im November 1936 hatte es in ihrer Wohnung wegen des Verdachts gleichgeschlechtlicher Unzucht zwischen Gussmann und einer der Frauen eine Hausdurchsuchung gegeben, bei der die Beamten nach einem künstlichen männlichen Glied suchten. Über die Hausdurchsuchung in Gussmanns letzter Wohnung in der Einsiedlergasse hieß es im Protokoll, dass nichts Bedenkliches vorgefunden wurde. Auch hier suchte man offenbar nach solchen eindeutigen Indizien. Darüber hinaus entsprach Elisabeth Gussmann einem weitverbreiteten Stereotyp lesbischer Frauen, sie wurde immer für einen Buben gehalten, nachdem sie kurze Haare und einen Hosenrock trug.

Vor dem Untersuchungsrichter machte Gussmann einen Rückzieher: Ich bestreite, mit der Henriette Morth lesbisch verkehrt zu haben. Sie habe bei der Polizei nur ein falsches Geständnis abgelegt, weil ihr der vernehmende Beamte versprochen hatte, dass beide Frauen dann bestimmt freigehen könnten. Könnte ihr plötzlicher Gesinnungswandel bei ihrem Verhör auf eine solche Einflussnahme des Beamten zurückzuführen sein? Der Kriminalbeamte Sturm bestätigte, er habe ihr zugeredet, sie soll die Wahrheit sagen, da ein Geständnis ein bedeutender Milderungsgrund ist. Er habe ihr aber nie die Enthaftung versprochen.

Sie habe außerdem zwei uneheliche Kinder, argumentierte Gussmann gegen die lesbische Veranlagung, die ihr unterstellt wurde, und nannte zwei Männer namentlich, mit denen sie längere Beziehungen hatte. Henriette Morth hatte ein zweijähriges Kind, sie blieb vor Gericht bei ihrem Geständnis. Beide wurden schließlich verurteilt, Elisabeth Gussmann wegen Unzucht und Diebstahls zu zwei Monaten strengem Arrest, verschärft durch zwei harte Lager monatlich, Henriette Morth wegen Unzucht zu drei Wochen strengem Arrest, verschärft durch zwei harte Lager während der Strafzeit. Dies war im Vergleich zu Urteilen gegen Männer eine ausgesprochen milde Strafe, die zudem auf Bewährung ausgesetzt wurde. Im Zuge des „Gnadenerlasses des Führers und Reichskanzlers für die Zivilbevölkerung“ vom 9. September 1939, den Adolf Hitler kurz nach dem Überfall auf Polen und dem Beginn des Zweiten Weltkriegs unterschrieben hatte, wurde Henriette Morth die Strafe erlassen.

Quelle WStLA, Landesgericht für Strafsachen, A11: LG I Vr 1653/39

6., Gumpendorfer Straße 16

„… dem Tode entrissen“ Han(n)s Adolf Beer *6.1.1894 – 22.9.1975* und Karl F. *28.1.1916 – ?*

> Geehrte Ge Sta Po!
>
> Wenden Sie Ihr Augenmerk dem Homosexuelen früheren Opernsänger Hans Beer zu. Dem seinerzeitigen Röhmkreis angehörig, fühlt er sich nicht sicher im Altreich und verzog sich daher wo er sein Schandleben ungestört weiter führen kann. Sein jetziges Opfer ist der junge Karl F. kürzlich noch S A Flieger, den Beer seinem Beruf entzog damit er ihn ganz in der Hand haben kann. […] Es ist schad um den jungen Menschen den er sittlich ruiniert. Und eine Schande für die Partei.
>
> Heil Hitler! – Eingangsstempel Gestapo Wien, 8. Juni 1938

Genau einen Monat später wurden Hanns Adolf Beer und Karl F. von der Gestapo in ihrer Untermietwohnung bei einer Beamtenwitwe in der Gumpendorfer Straße verhaftet. Der anonyme Denunziant oder die Denunziantin war jedenfalls gut informiert. Die biografischen Details stimmten. In Nürnberg geboren, hatte Beer Gesang in München studiert und war von 1914 bis 1918 Kriegsfreiwilliger an der (West-)Front. Danach folgten Engagements in Augsburg, Heilbronn, München und bei den Bayreuther Festspielen. Von der Machtergreifung an bis Mai 1934 war er in Berlin als Reichsbeauftragter für sudetendeutsche Fragen beschäftigt. Er stand dem Kreis um den offen homosexuellen SA-Führer Ernst Röhm nahe, der Ende Juni 1934 im sogenannten Röhm-Putsch ermordet wurde. Von Jänner 1937 bis Sommer 1937 war Beer im Auftrag des Reichspropagandaministeriums (Reichstheaterkammer) in Wien für den Bühnennachweis zuständig.

Der Ring österreichischer Bühnenkünstler, gegründet 1934, hatte einen Berechtigungsschein eingeführt und bestimmte damit über die formalen Voraussetzungen, um an einem konzessionierten Theater arbeiten zu können. Mit Hitlerdeutschland schloss der Ring einen Sondervertrag: Er stellte nur für deutsche Bühnenkünstler:innen, die eine Mitgliedschaft bei der Reichstheaterkammer vorweisen konnten, einen Bühnennachweis aus. Dadurch ergab sich ein indirekter „Arierparagraf“ für deutsche Schauspieler:innen in Österreich, da jüdische Künstler:innen nicht Mitglied der Reichstheaterkammer werden konnten. Seit der Machtergreifung war Hanns Beer als Theateragent tätig.

Mitte 1937 lernte er den um 22 Jahre jüngeren Karl F. im Römerbad im zweiten Bezirk, das ein bekannter Homosexuellentreffpunkt war, kennen und lud ihn zum Vorsingen in seine Wohnung ein, weil ihn die auffallend schöne Stimme des F. interessierte. F. war damals noch beim Militär in Wiener Neustadt, ließ sich zwecks Stimmausbildung versetzen und quittierte schließlich ganz den Dienst und arbeitete wie Beer bei einer Theateragentur. Er zog bei Beer ein, die beiden begannen ihre Beziehung, die bis zur Verhaftung andauerte.

Beide wurden am 25. September 1938 nach Abschluss der Ermittlungen und bevor Anklage erhoben wurde ins Konzentrationslager Buchenwald eingeliefert. F. wurde jedoch keine zwei Wochen später wieder nach Wien gebracht, während Beer weiterhin in Buchenwald eingesperrt war. Die Gestapo begründete die Einweisung Beers: Da Beer als Verführer anzusehen und überdies schon als Homosexueller in Erscheinung getreten ist, wurde vorerst seine Abgabe

zu 27a V/c 5632/38 #7

Geehrte Ge Sta Po!

2

Wenden Sie Ihr Augenmerk dem Homosexuelen früheren Opernsänger Hans Beer zu. Dem seinerzeitigen Röhmkreis angehörig, fühlt er sich nicht sicher im Altreich und verzog sich daher wo er sein Schandleben ungestört weiter führen kann. Seine jetziges Opfer ist der junge Karl F[redacted] kürzlich noch S A Flieger, den Beer seinem Beruf entzog damit er ihn ganz in der Hand haben kann. Er wohnt mit ihm in einen Zimmer bei einer Beamtenswittwe Gumperdorferstrasse 16. Am Besten Sie besuchen ihn einmal in der Nacht um sich zu überzeugen. Es ist schad um den jungen Menschen den er sittlich ruiniert. Und eine Schande für die Partei .

Heil Hitler!

Sollte unsere Anzeige keine Berücksichtigung finden , würden wir uns an einen einflussreichen Parteimann in Berlin wenden.

-8. JUNI 1938

Staatliche Kriminalpolizei
Kriminalpolizeileitstelle Wien
6 ... II B 1428 9. JUN. 1938

↑ Bild S. 89
Eine anonyme Anzeige an die „Geehrte Ge Sta Po!" brachte Hans Adolf Beer zunächst ins Gefängnis und schließlich ins KZ Buchenwald.

in ein Konzentrationslager bis auf weiteres beantragt. Es war durchaus ungewöhnlich, dass ein Beschuldigter vor dem Prozess in ein KZ eingeliefert wurde, die Gestapo begründete es mit einer Arresträumung, weil die Gefängnisse überfüllt waren.

Die Gestapo hatte bis zu diesem Zeitpunkt umfangreiche Ermittlungen durchgeführt. Aus Akten des Geheimen Staatspolizeiamts Berlin wurde in Wien bekannt, dass Beer seit dem Jahre 1924 bis zum Jahre 1935 erwiesenermassen mit verschiedenen Personen homosexuell verkehrt hat. Wegen Verjährung und weil es sich um sexuelle Handlungen handelte, die vor der Verschärfung des reichsdeutschen § 175 im Jahr 1935 nicht strafbar waren, wurde keine Anklage erhoben. Denn bis 1935 wurden nach § 175 Reichsstrafgesetzbuch (RStGB) nur beischlafähnliche Handlungen zwischen Männern pönalisiert, wechselseitige Onanie oder Oralverkehr waren damit nicht strafbar. Die Gestapo Berlin lieferte aber auch ein Psychogramm Beers. Er sein ein Mann von masslosem Ergeiz und Geltungsbedürfnis, dem die Politik […] nur dazu dient, um persönliche Vorteile zu erzielen.

Auf seine politische Tätigkeit sollte sich Hanns Adolf Beer in der Hauptverhandlung berufen, zuvor wurde aber noch eine Meldung der Gestapo Augsburg bekannt. Dort hatte ein Beschuldigter gestanden, mit Beer zu Weihnachten 1936 in Salzburg eine Nacht in einem Hotel verbracht zu haben. Obwohl er wegen der Ermittlungen in Berlin aus der Partei ausgeschlossen worden war, betonte Beer seine Verbundenheit zur NSDAP: Schon vor dem Jahre 1920 bin ich der NSDAP beigetreten. Bis 1937 war er zudem in unterschiedlichen politischen Funktionen oft unentgeltlich für die Partei tätig. Er sei nicht homosexuell veranlagt, er gab aber die sexuellen Handlungen mit dem Augsburger und Karl F. zu.

Ein dreiköpfiger Richtersenat und zwei Schöffen verurteilten Hanns Adolf Beer zu zehn Monaten schwerem Kerker und Karl F. zu fünf Monaten strengem Arrest. Beer wurde nach Verbüßung seiner Haft an die Gestapo rücküberstellt und wieder ins KZ Buchenwald verbracht. Doch er hatte eine Weggefährtin, die zu ihm hielt. Da er mit dem schon 1930 verstorbenen, ebenfalls homosexuellen Wagner-Sohn Siegfried befreundet gewesen war, intervenierte dessen Witwe Winifred für Beers Freilassung. Die Wiener Historikerin Brigitte Hamann schrieb: „1939 gelang es ihr, den Sänger Hans Beer aus der Strafkompagnie im KZ Buchenwald herauszuholen. Beer: ‚es war gleichbedeutend, als wenn Sie mich dem Tode entrissen hätten'."

Quellen WStLA, Landesgericht für Strafsachen, A11: LG I Vr 5632/39; Brigitte Hamann: Winifred Wagner. Hitlers Bayreuth, München 2002

Die Effektenkarte von Hans Beer aus dem KZ Buchenwald, auf der alle persönlichen Gegenstände vermerkt sind, die Beer zum Zeitpunkt der Einlieferung bei sich hatte. Auf den Dokumenten aus Buchenwald wurde Beer als „Schutzhäftling“ geführt, in keinem Dokument scheint Homosexualität als Verfolgungsgrund auf.

Schutz häftling Hans Beer Haft-Nr. 209

Beruf: Opernsänger geboren am 6.1.94 in Nürnberg

Anschrifts-Ort: Mutter: Anna B., Nürnberg, Ludwigstr. 61

Eingel. am: 25.9.38 / 18 Uhr von Wien 20.10.38 Entl. am: 25.1.39 / 7 Uhr nach Überf. Pol. G. Wien

Bei Einlieferung abgegeben:

Hut/Mütze	Kragen	Brieftasche/Papiere	Kamm ... Spiegel
1 P. Schuhe/Stiefel	Binder	Bücher	Rasiermesser
1 P. Strümpfe	Vorhemd	Inv.-Vers.-Karte	
P. Gamaschen	Leibriemen	Drehbleistift	
1 Mantel Tuch/Leder Sommer Winter	1 P. Sockenhalter	Füllfederhalter	Koffer/Aktentasche
1 Rock ... Kittel	Mansch.-Knöpfe	Messer ... Schere	Pakete
1 Hose	Kragenknöpfe	Geldbörse	**Wertsachen:**
Weste 1 Pullover	Halstuch	Schlüssel	Uhr mit Kette
1 Hemd	Taschentuch	Feuerzeug/hölzer	Armbanduhr
1 Unterhose	P. Handschuhe	Tabak ... Pfeife	Ringe

Anerkannt: Effektenverwalter:

I.T.S. FOTO No. 1395

Ko.5 R. Borkmann, Weimar 27938/5

6., Hirschengasse 23

„Wegen seines Schwachsinns entmündigt"

Franz Maurer *11.11.1889 – 21.6.1943*

Drei Wochen nach dem „Anschluss" betrat der 25-jährige SA-Scharführer Fritz Sommerbauer um halb fünf Uhr früh das Bezirkspolizeikommissariat in der Webgasse. Er war erst seit wenigen Wochen wieder in Wien, der Stadt, in der er aufgewachsen war. Als Parteimitglied ging er nach dem Verbot der NSDAP im Juni 1933 nach Deutschland und schloss sich dort der Österreichischen Legion, einer paramilitärischen Einheit überzeugter Nationalsozialisten aus Österreich, an. Er war unter jenen, die am 12. März 1938 als Erste die österreichische Grenze überschritten.

In der Flottenbar auf der Mariahilfer Straße lernte er Franz Maurer kennen, den er für sexual nicht normal hielt. Um ihn zu überführen, ging er auf dessen Vorschlag ein, ihn in seine Wohnung in der nahen Hirschengasse zu begleiten. Als Maurer ihn oral befriedigen wollte, habe er ihn weggestoßen. Seinem Versuch, Maurer zur Polizei zu bringen, widersetzte sich dieser und floh. Der wenige Tage später vernommene Franz Maurer bestätigte in Grundzügen die Geschichte

← Bild S. 92
Das Flotten-Kino unmittelbar nach dem „Anschluss". Links vom Kino das Flotten Tanz Café, in dem Franz Maurer den SA-Scharführer Fritz Sommerbauer kennenlernte.

des SA-Manns, die Initiative sei aber von diesem ausgegangen. Im Protokoll heißt es: Sodann forderte er ihn [Maurer] auf, das Glied in den Mund zu nehmen, was auch geschah. Danach begleitete er Sommerbauer noch bis zur Haustür, wo dieser plötzlich auf ihn einschlug, ihn verletzte und mit der Polizei drohte. Er konnte sich aber losreißen und im Garten seines Wohnhauses verstecken.

Es wird bemerkt, dass Maurer schon zweimal in Steinhof in Pflege war und als Homosexueller bekannt ist. Steinhof ist im Protokoll handschriftlich dick mit blauem Farbstift unterstrichen. Dieser erste Hinweis auf seine Krankengeschichte wird die weiteren Ermittlungen prägen. Die Kriminalpolizei gab den Fall noch im April an die Geheime Staatspolizei ab, wohl deshalb, weil ein SA-Mann verwickelt war. Zwischenzeitlich wurde von der Heil- und Pflegeanstalt der Stadt Wien „Am Steinhof" die Krankengeschichte von Franz Maurer angefordert. Fünfmal war er dort zwischen April 1911 bis Juli 1918 oft monatelang interniert gewesen.

In allen der Krankengeschichte beiliegenden Gutachten wurde bei Franz Maurer unisono Imbecillität mit homosexueller Anlage diagnostiziert. Seine „Geistesstörung" wurde durch unterschiedliche Tests, die eine Rechenschwäche und eine grundsätzlich geringe Bildung zeigten, belegt. Entscheidend waren aber Maurers Aussagen über seine sexuelle Identität. Schon in der ersten Anamnese vom April 1911 hielt der behandelnde Arzt fest: Er möchte am liebsten ein Dienstmädchen sein. […] Ihn freue es nicht, daß er ein Mann sei, schon in der Schule habe er immer gesagt, wenn er nur ein Frauenzimmer wäre. […] Der Anblick eines schönen Mädchens lasse ihn ganz gleichgültig, dagegen fühle er sich zu schönen Männern ungemein hingezogen, […] darum sei es ihm so leid, daß er nicht ein Mädchen sei. Er wurde immer wieder in Frauenkleidern aufgegriffen, was auch zu seiner Einlieferung in Steinhof führte. Einmal wurde er auch nach einem Selbstmordversuch interniert.

Für die Ärzte waren Maurers Bekenntnisse ein Beleg für seine Homosexualität. Ob sich Franz Maurer selbst als „homosexuell" wahrnahm, ist aus den Protokollen nicht zu entnehmen. Man darf auch annehmen, dass er mit dem Begriff Homosexualität wenig anzufangen wusste, er entsprach wohl kaum seiner Lebensrealität. Er habe seinen „Krenn" meist auf der Praterstraße oder Ringstraße „aufgriss'n", hielt der Arzt in seiner zweiten Krankheitsgeschichte 1913 fest. Maurer sei 3-4 mal in der Woche mit „Freunden" gegangen, habe 5-6 Fl. pro Abend verdient. In wienerischem Dialekt bezeichnete er seine Kunden als „Kren", als Männer, sie man ausnutzen und gegebenenfalls auch ausnehmen konnte, wie einige Anzeigen gegen Maurer wegen kleinerer Diebstahlsdelikte zeigen.

1914 und 1917 bei neuerlichen Einweisungen in die Heil- und Pflegeanstalt „Am Steinhof", stellte er sexuelle Handlungen jedoch in Abrede. In allen Krankengeschichten wurde sein feminines Auftreten abwertend betont. Bei seiner letzten Untersuchung 1918 wurden auch körperliche Merkmale aufgenommen, die als Degenerationszeichen gewertet wurden. So auch ein breiteres Becken (weiblicher Typus), das wie sein ganzes Wesen, seine Sprechweise, sein Benehmen […] vollständig [einem] femininen Typus entsprach. Zu diesem Zeitpunkt war Franz Maurer bereits wegen seines Schwachsinns entmündigt.

Flugansicht der „Landes-Irrenanstalt Steinhof“ aus dem Jahr 1919. Zu diesem Zeitpunkt war Franz Maurer bereits fünfmal zur Behandlung in der Heilanstalt interniert gewesen.

Bild S. 95 →
Bericht des Polizei-Kommissariats Mariahilf mit dem Vermerk, dass Franz Maurer bereits zweimal in Steinhof in Pflege war und dass er als Homosexueller bekannt ist. Steinhof wurde im Protokoll dick unterstrichen.

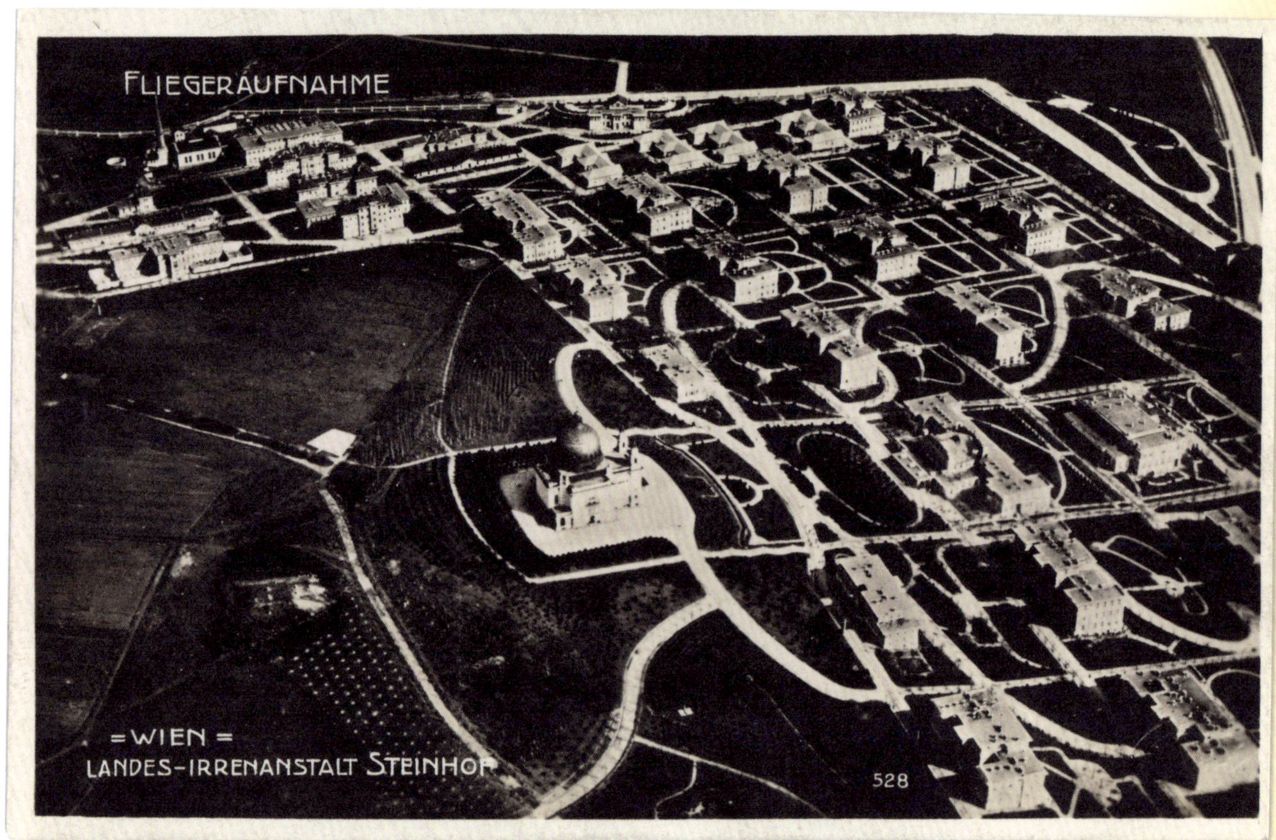

Alle fünf Krankengeschichten aus den Jahren 1913 bis 1918 wurden 1938 den Ermittlungsakten gegen Franz Maurer beigelegt. In den Gestapoverhören lag der Schwerpunkt der Ermittlungen aber auf seiner widernatürlichen Veranlagung und seinen sexuellen Handlungen: Ich habe schon oft mit Männern gleichgeschlechtlichen Verkehr gehabt, gab er zu und wurde in der Folge gezwungen, diese in allen Details zu schildern. Auch die Schwester Franz Maurers wurde einvernommen, sie wurde in den Akten als seine Kuratorin bezeichnet. Ein Entmündigungsverfahren gegen Maurer wurde erst von den Nazis eingeleitet. Obwohl sie bestätigte, dass sich ihr Bruder schon sehr geändert hat und ein Vorfall wie jener mit dem SA-Mann seit Jahren nicht [mehr] der Fall war, schließt das Gestapoprotokoll mit einer überraschenden Aussage: Nach meiner Ansicht wäre eine Sterilisierung meines Bruders bestimmt eine endgültige Lösung seiner krankhaf-

Polizei-Kommissariat-Mariahilf
Wien

Wien, am 12.IV.1938.

B e r i c h t.

Franz M a u r e r, Gelegenheitsarbeiter, am 11.XI.1889 in Wien geb., dahin zust., r.k., led., VI., Hirschengasse Nr.23/7 bei seiner Schwägerin Paula Maurer in Untermiete wohnhaft, gibt in der Anzeige befragt an, dass er am 4.IV.1938 gegen 3 Uhr früh in das Cafe Flottenbar VI., Mariahilferstrasse Nr.87 kam und dortselbst einen Kaffee konsumierte. Im genannten Lokal war auch der Anzeiger Sommerbauer Fritz, anwesend. Maurer nahm neben Sommerbauer Platz, trank seinen Kaffee aus und verliess das Lokal. Als Maurer nach ca einer 1/4 Stunde bei dem genannten Café wieder vorüber ging, stand Sommerbauer vor demselben und besah sich die Kinoprogramme. Sommerbauer sprach nun den Maurer an und erkundigte sich, wohin er sich begebe. Als Maurer erwiderte, er gehe nach Haus, erbot sich der Anzeiger ihn zu begleiten. Letzterer ging auch in die Wohnung des Maurer, wo er denselben aufforderte, sich ganz auszuziehen. Sodann forderte er ihn auf, das Glied in den Mund zu nehmen, was auch geschah.

Wie der Akt vorüber war, ersuchte er ihn, wieder aus dem Hause zu lassen. Nachdem Maurer das Haustor aufgesperrt hatte wurde er von Sommerbauer derart geschlagen, dass er blutete. Als Maurer das Haustor wieder versperrt hatte, kam nach kurzer Zeit der Anzeiger mit mehreren Burschen wieder zurück und wollten Maurer in das braune Haus führen. Dies kann seine Schwägerin bestätigen. Maurer war während dieser Zeit im rückwärtigen Garten versteckt.

Es wird bemerkt, dass Maurer schon zweimal in Steinhof in Pflege war und als Homosexueller bekannt ist.

Anna Svoboda 3. Grasbergergasse 4/15/12

Nach Angabe seiner Schwester, welche die Vormundschaft über Maurer hat, war Maurer im Jahre 1908 bis 12 wegen der homosexuellen Triebe „am Steinhof" in Pflege. Der damals behandelnde Arzt erklärte, dass sich die Krankheit erst im höheren Alter legen würde, gewöhnlich geschieht die Tat in berauschtem Zustand. Eine Abgabe in eine Trinkerheilstätte dürfte einen Erfolg haben, da Maurer in der letzten Zeit öfters betrunken ist.

H.a. erscheint Genannter nicht nachteilig vermerkt. In den weiteren polizeilichen Evidenzen erscheint er gleichfalls als vermerkt nicht auf.

Hawik, Kub.

12.

Landesgericht Wien, Strafsachen
Eingelangt 25. Okt. 38

Zl.3886/38

147

Landesgericht Wien I

Abteilung 7 Ea Vr 3354/38 Hv 53/38.

17

Die Gefangenhaus Direktion berichtet zufolge Auftrages vom 19. Oktober 1938 7 Ea Vr 3354/38 Hv 53/38 dass der Geisteskranke Franz Maurer über Anordnung des Polizei Arztes am 25. Oktober 1938 an die nö. Landes - Heil - und Pflegeanstalt, am „Steinhof" – ~~das Beobachtungszimmer des allgemeinen Krankenhauses~~ in Wien – ~~das städtische Versorgungshaus~~ überstellt und die Anstalt Direktion (: ~~die Verwaltung des städtischen Versorgungshauses~~ :) hievon unter Anschluss der Effekten des Genannten unter Einem mittels Note von hier aus verständigt wurde.

~~Der bezügliche Strafakt wird sub / : rückvorgelegt.~~

Gefangenhaus Direktion Wien I

am 25. Oktober 1938.

Landgerichts-Gefangenhausdirektion Wien I.

← **Bild S. 96**
Das Landgericht Wien verfügte die Einweisung von Franz Maurer in die Heil- und Pflegeanstalt am Steinhof. Der Vordruck des Formulars stammt aus den 1920er Jahren und wurde in der NS-Zeit weiterverwendet.

ten Veranlagung. War das wirklich ihre Ansicht? Oder wurde ihr diese durch eine entsprechende Frage der Gestapobeamten praktisch in den Mund gelegt? Im Zusammenhang mit dem restlichen Protokoll wirkt dieses Urteil über ihren Bruder sprachlich seltsam losgelöst.

Auch Friedrich Sommerbauer wurde von der Gestapo erneut einvernommen, wobei er seiner Aussage vor der Kriminalpolizei widersprach. Er hatte Maurer nicht vor dem Oralverkehr weggestoßen, er ließ ihn vielmehr gewähren. Infolge des übermässigen Alkoholgenusses trat bei mir früher als sonst der Samenerguss ein. Damit hatte auch Sommerbauer das Verbrechen der Unzucht wider die Natur begangen. Dass er bei der Tat seine SA-Uniform trug, wurde in anderen Fällen als strafverschärfend gewertet. Da Sommerbauer nicht den Eindruck eines Homosexuellen machte, die Einwirkung des übermässigen Alkoholgenusses und vielleicht etwas Abenteuerlust ihn seiner Hemmungen beraubten, wurde er nach erfolgter Einvernahme wieder entlassen. Ein ungewöhnlicher Vorgang mit einer eigenwilligen Erklärung.

Franz Maurer gegenüber war die Gestapo weniger kulant, er wurde dem Gericht zur Anklageerhebung übergeben, außerdem befand sie, dass die Abgabe des Maurer in eine Heilanstalt […] zweckmässig sein dürfte. Das Landgericht nahm die Anregung der Gestapo auf und beauftragte erneut ein psychiatrisches Gutachten. Der Gerichtsmediziner attestierte ihm eine Willensschwäche und Haltlosigkeit in charakterologischer Beziehung bei gleichzeitig homosexueller Veranlagung mit femininem Einschlag. Er sei seiner Einschätzung nach vom Standpunkt sozialer Zweckmässigkeit angezeigt, den Untersuchten dauernd einer Anstalt für Geistessieche zu überstellen, wo er unter entsprechender Anstaltszucht doch für gewisse mechanische und landwirtschaftliche Arbeiten in gemeinnütziger Weise verwendet werden könnte.

Gegen Franz Maurer wurde ein Entmündigungsverfahren eingeleitet. Am 25. Oktober 1938 wurde er in die Heil- und Pflegeanstalt am Steinhof eingewiesen. Er starb am 21. Juni 1943 im Alter von 54 Jahren. Ob er eines natürlichen Todes starb oder ob er Opfer des NS-Euthanasieprogramms wurde, konnte nicht ermittelt werden.

Quelle WStLA, Landesgericht für Strafsachen, A11: LG I Vr 3354/38

7., Bandgasse 4

Als Homosexueller in Auschwitz

Anton Steinbrunner *16.5.1892 – 18.12.1953*

Drei Wochen nach dem „Anschluss" traf Anton Steinbrunner in der Weinhalle Eiermann, Ecke Westbahnstraße/Hermanngasse, auf den der Leibstandarte Adolf Hitler angehörigen SS-Sturmmann Heinz Wurzel, der, aus Weimar stammend, seit März 1938 in Wien stationiert war. Die Männer unterhielten sich, tranken Wein – und politisierten: Steinbrunner gab sich als ganz begeisterter Nationalsozialist, hielt Wurzel eine Woche später in seiner Anzeige fest. Im Protokoll von Steinbrunners Vernehmung Anfang Juni 1938 wurde seine politische Haltung anders dargestellt: Steinbrunner war von 1924 bis zur Auflösung Mitglied der sozialdemokratischen Partei, dann zwangsläufig der V. F. [Vaterländischen Front, der austrofaschistischen Einheitspartei], ansonsten parteilos.

Anton Steinbrunner lud Wurzel schließlich zu sich nach Hause ein. Der 20-jährige SS-Mann hatte sich dabei nichts Besonderes gedacht, weil es hier in Wien doch zur Zeit üblich und keine Seltenheit ist, dass man zum Essen und Trinken eingeladen wird. Einige Tage nach der ersten Begegnung besuchte Wurzel am Abend des 7. April schließlich Steinbrunner in dessen Wohnung in der Bandgasse. Nach seinen Aussagen drängte ihm Steinbrunner mehrere Gläser Wein auf und machte auch Annäherungsversuche, die Wurzel abwehrte. Doch wurde ihm dann ganz plötzlich übel und schlecht, und er sei am Tisch eingeschlafen. Als er wieder aufwachte, lag er auf dem Bett und bemerkte, dass sein Hosenschlitz vollkommen offen stand. Er bemerkte auch, dass sein Hemde naß war und dieses nur durch einen Samenerguß möglich sein konnte. Bewusstlos vom Wein habe er diese Handlungen des Steinbrunner nicht bemerkt und auch von einem Samenerguß nichts gespürt. Zurück in seinem Quartier erstattete Wurzel Meldung an seinen Zugführer. Zu einem von Wurzel versprochenen Treffen mit Steinbrunner am 9. April, bei dem er Letzteren der Polizei übergeben wollte, kam es nicht, da an diesem Sonntag Adolf Hitler auf dem Rathausplatz seine Rede zur tags darauf stattfindenden Volksabstimmung hielt und Wurzel sicher Dienst hatte.

Der Fall wurde der Gestapoabteilung II-HS, die für die Verfolgung von Homosexualität zuständig war, übergeben. Zwei Monate nach der Meldung Wurzels wurde Anton Steinbrunner verhaftet und ins Gefangenenhaus in der Hermanngasse 38/Burggasse 69 im siebenten Bezirk eingeliefert, das eigentlich das Untersuchungsgefängnis für Angehörige der Wehrmacht war. Es fanden aber auch Personen aus der Zivilgesellschaft Aufnahme, Steinbrunner wohl deshalb, weil ihm Unzucht mit einem SS-Sturmmann vorgeworfen wurde. Er war zu diesem Zeitpunkt 46 Jahre alt und arbeitete als Kaffeekoch im Café de l'Europe am Stephansplatz. Er war kleinbäuerlicher Herkunft und hatte das Kaffeesiederhandwerk in Wien erlernt, bevor er im Ersten Weltkrieg an die italienische Front eingezogen wurde. Nach seiner Rückkehr aus der Kriegsgefangenschaft trat er der Wiener Sicherheitswache bei, verlor diese Arbeit aber nach kurzer Zeit, da gegen ihn bereits 1924 ein Verfahren wegen „Unzucht wider die Natur" gelaufen war, im Zuge dessen er zu einer sechswöchigen Bewährungsstrafe verurteilt worden war. Zwei Jahre vorher hatte er geheiratet, aus der kurzen Ehe ging eine Tochter hervor, die bei ihrer Mutter lebte, denn nach der Verurteilung wurde 1924 auch seine Ehe geschieden. Was meine Person in geschlechtlicher Hinsicht betrifft,

14 St 443/38

86/4644

Aktenzeichen:

Landes-Gericht für Strafsachen Wien I

Abteilung: 27 c 7 Ea

~~Haft~~ R 23/12 38

Strafsache

gegen	wegen	Haft seit	Haft bis
Steinbrunner Anton ~~E 110~~ 184	129 I b	8. VII 38, 8 (15)	11./X. 38

Steckbrief (Ausschreibung) S. —   **Widerruf S.** —

Beweisgegenstände ON. —

Kosten ON. uneinbringlich § 75

Aktenzeichen:

Ur 614   **Z**

E **Hv** 95/38   7 Ea **Vr** 4794/38

GeoForm. Nr. 53 a (Aktendeckel für Sachen der Register Vr und Z).

KLEIDER
Beutel
Café
Europe
Riedl
Café
Restaurant

← Bild S. 100
Das Café de l'Europe am Stephansplatz, in dem Anton Steinbrunner bis zu seiner Verhaftung als Kaffeekoch arbeitete. Zum Zeitpunkt der Aufnahme 1942 musste er im KZ Mauthausen Zwangsarbeit leisten.

↑ Bild S. 99
Typisch rosafarbige Aktenmappe aus dem Verfahren gegen Anton Steinbrunner.

`so bin ich seit meiner Jugend abnormal veranlagt`, gestand er im Gestapoverhör. Seit seiner Scheidung hätte er nur mehr mit Männern geschlechtlich verkehrt, immer anonym, meist in Bädern. Krankheitsbedingt hatte er aber in den letzten zwei Jahren keine gleichgeschlechtlichen Kontakte.

Obwohl grundsätzlich geständig, widersprach Steinbrunner der Darstellung des SS-Manns. Er hätte ihn nicht betrunken gemacht, und er bestritt auch, dass er die geschlechtlichen Handlungen an Wurzel `in bewusstlosem Zustande […] vollbrachte`, weil ihm dieser dabei `sogar zugesehen hat`. Steinbrunner wird von den vernehmenden Gestapobeamten nicht geglaubt, vielmehr wurde betont: `Wurzel ist ein großer, kräftiger junger Mensch, der ohne Zweifel normal veranlagt ist. […] Seine Darstellungen erschienen glaubhaft.`

Dieser Einschätzung folgte auch das Gericht. Anton Steinbrunner wurde am 14. Oktober 1938 zu vier Monaten schwerem Kerker, verschärft durch monatlich einen Fasttag, verurteilt. Als mildernd werden seine homosexuelle Veranlagung angegeben und seine sexuelle Erregung zum Tatzeitpunkt. Dem Strafakt liegt auch ein Rücküberstellungsantrag der Gestapo bei, der noch vor Verkündung des Urteils gestellt wurde. Für Steinbrunner begann damit eine Odyssee.

Am 4. März 1939 wurde er als `Schutzhäftling § 175`, dem reichsdeutschen Paragrafen, der Homosexualität unter Strafe stellte, nach Dachau gebracht, am 22. Juni 1942 ins KZ Mauthausen eingeliefert, wo er die schwere Arbeit im Steinbruch überlebte. Anfang Dezember 1944 wurde er zusammen mit 1.120 weiteren Häftlingen zunächst nach Auschwitz transportiert, wo er jedoch nur sehr kurze Zeit verblieb. Schon am 4. Februar 1945 ist er im KZ Mittelbau-Dora nachweisbar und wurde dort schließlich befreit. Ab 1947 war er wieder in Wien gemeldet, wo er im Dezember 1953 in seiner Wohnung starb.

Anton Steinbrunner ist einer von zwei im KZ Auschwitz-Birkenau nachweisbaren Häftlingen aus Wien, die als Homosexuelle verfolgt wurden.

Quellen WStLA, Landesgericht für Strafsachen, A11: LG I Vr 4794/38; www.auschwitz.at/anton-steinbrunner

7., Kaiserstraße 70 | 15., Beckmanngasse 76

„Freundin zwecks Kino und Theater gesucht“ Elisabeth „Lisbeth“ Langer *4.4.1913 – ?* Marie „Fritzi“ Kerschbaumer *28.8.1901 – ?*

Oft entschied der Zufall, ob man in der NS-Zeit ins Netz der Verfolgung geriet oder nicht. Anfang März 1942 entdeckte die Geheime Staatspolizei Lienz bei der Postzensur einen Brief, der auf ein gleichgeschlechtliches Verhältnis der Briefschreiberin Elisabeth Langer mit der Empfängerin, deren wahre Identität nie ermittelt werden konnte, hinwies. In der Anzeige des Kriminalbeamten werden zwei Grundlagen der NS-Verfolgung gleichgeschlechtlicher Handlungen zwischen Frauen deutlich. Einerseits das im ehemaligen Österreich weiterhin geltende österreichische Strafgesetzbuch von 1852, das im Gegensatz zur reichsdeutschen Strafgesetzgebung auch weibliche Homosexualität verfolgte, andererseits das sonst vor allem bei homosexuellen Männern verbreitete Stereotyp der Verführung Jugendlicher zu gleichgeschlechtlicher Unzucht, da Langer als Erzieherin arbeitete, was die Gestapo Lienz als besonders verwerflich empfand.

Da die Briefschreiberin im siebenten Bezirk in Wien lebte, wurde der Fall zur weiteren Verfolgung an die Kriminalpolizei in Wien weitergeleitet, woraufhin die im besetzten Sudetengau in Hermannstadt (Heřmanovice) geborene und erst seit November 1941 in Wien lebende Elisabeth „Lisbeth“ Langer einvernommen wurde. Ich bin sexuell normal veranlagt, betonte sie. Da sie in Wien noch keinen Freundeskreis hatte, schaltete sie in der Zeitschrift *Wochenschau* ein Inserat mit dem Inhalt: ‚28 jährige Dame wünscht Freundin zwecks Kino und Theater unter Wien‘. Sie betonte mehrmals, dass sie sich noch nie gleichgeschlechtlich betätigt habe.

Diese Verteidigungsstrategie, die auch viele der Homosexualität beschuldigte Männer vor Gericht anwendeten, ging aber nur selten auf: Ihre vermeintliche oder tatsächliche Heterosexualität im Sinne einer Entlastung von den Vorwürfen der homosexuellen Veranlagung wurde im Laufe des Verfahrens meist weder weiter geprüft noch ernsthaft in die Beweiswürdigung aufgenommen, selbst wenn heterosexuelle Partner namhaft gemacht wurden.

Im Zuge einer Hausdurchsuchung wurden in Langers Wohnung Briefe einer weiteren Frau beschlagnahmt, die bald als Marie „Fritzi“ Kerschbaumer ausfindig gemacht wurde. Sichtlich verlicbt, schrieb sie an Langer: Fühle Dich noch immer und möchte bald wieder Deine Zärtlichkeit und Küsse fühlen. Weitere Schreiben zeigen Kerschbaumers Sehnsucht nach einer Beziehung, die Langer aber nicht erwidern wollte. Sie war eher auf ein Abenteuer aus. Das Osterwochenende 1942 verbrachten die beiden Frauen in Polizeihaft. Lisbeth Langer leugnete trotz der recht eindeutigen Briefe weiterhin standhaft: Ich bleibe dabei, weder früher noch in jüngster Zeit mit einer Person gleichgeschlechtliche Beziehungen unterhalten und damit widernatürliche Unzucht betrieben zu haben. Nach Langers Verhör wurde Marie Kerschbaumer vorgeführt, die ganz anders antwortete: Die Langer kenne ich seit 2 Wochen und habe 2mal mit ihr widernatürliche Unzucht betrieben. Auch nach diesem Geständnis Kerschbaumers leugnete Langer weiterhin jede sexuelle Beziehung.

Die Hauptverhandlung fand relativ zeitnah am 22. Mai 1942 in nicht öffentlicher Sitzung statt. Beide Frauen hatten sich eine anwaltliche Vertretung gesucht und beide erklärten sich für nicht schuldig, wenn auch mit ganz unterschiedlichen Begründungen. Marie Kerschbaumer hätte bei der Polizei nur gestanden, weil sie Ruhe haben und nicht eingesperrt werden wollte. Sie bestätigte erneut ihre heterosexuelle Orientierung,

Wien, 22. 3. 1942

21

Liebling!

Ich hoffe dass Du gut ge-
schlafen und sende Dir recht
herzliche Morgengrüsse und
Küsse.
Trachte dass wir uns früher
sehen können. Habe Sehn-
sucht nach Dir.
Fühle Dich noch immer und
möchte bald wieder Deine
Zärtlichkeit und Küsse
fühlen. Denke ~~an~~ um 1/45 h

23

war ich schon daheim. Als ich im Bettchen gelegen, über-mannte mich ein heftiges Verlangen nach Dir.

Du wirst es gewiss möglich machen, dass wir uns früher treffen.

Innige Küsse

Dein

Fritzlein

← ↑ Bilder S. 103/104
Liebesbrief von Marie Kerschbaumer an Elisabeth Langer, der bei Gericht als Beweismittel verwendet wurde. Das Zeugnis der Verliebtheit Kerschbaumers wurde gegen sie verwendet.

zu Zärtlichkeiten mit Langer sei es nur gekommen, weil sie betrunken gewesen war.

Elisabeth Langers Verteidigungsstrategie zielte wohl auf Anraten ihres Anwalts auf die unterschiedliche Rechtsprechung im Altreich und der Ostmark ab. Sie hätte doch im Reich draussen [...] öfters Annoncen in diese Richtung gelesen und auch von anderen gehört, daß das unter Frauen dort nicht strafbar ist, sondern nur unter Männern. Der deutsche § 175 wurde zwar in der NS-Zeit verschärft, Frauen wurden aber im Gegensatz zum österreichischen § 129 Ib nicht verfolgt. Auch wenn sie in der Verhandlung weiter ihre Bekanntschaften mit Männern betonte, gab sie auch Aussagen zu Protokoll, die als Schuldeingeständnis gewertet werden konnten: Wenn ich eine Ahnung gehabt hätte, daß das hier strafbar ist, obwohl es im Reich draussen nicht bestraft wird, trotzdem es ein Reich ist, so hätte ich so etwas nie getan.

Die Anwälte plädierten auf milde bedingte Bestrafung, wohingegen die Staatsanwaltschaft für beide Angeklagten eine Strafe von je 3 Monaten schwerem Kerker forderte. In nun öffentlicher Sitzung verkündete der Richter ungewöhnlich harte Urteile. Im Fall Elisabeth Langers verhängte er sogar eine höhere Strafe als von der Staatsanwaltschaft gefordert, nämlich fünf Monate schweren Kerker. Marie Kerschbaumer wurde mit drei Monaten schwerem Kerker bestraft.

Im Falle Langers wies der Richter vor allem deren Verteidigung zurück, wonach die Verfehlung im Altreich nicht bestraft würde, da die Straftat im Geltungsbereich des österreichischen Strafrechts begangen wurde Interessant ist die Feststellung, dass auch ihre intimen Verhältnisse mit Männern eine gleichgeschlechtliche Betätigung nicht aus[schließen], da es bekanntermassen auch bisexuelle Naturen gibt. Der Fall von Langer und Kerschbaumer zeigt damit, dass es den NS-Richtern nicht um die Verfolgung sexueller Identitäten ging, wobei unerheblich war, ob diese homo-, bi- oder transsexuell waren, sondern um sexuelles Verhalten, das als strafwürdig erkannt wurde, und da insbesondere um die konkrete Herstellung der Straftat.

Beide Frauen gingen in Berufung, deren Begründung zwar vom Oberlandesgericht Wien abgewiesen wurde, die aber zu einer Reduktion des Strafmaßes führte. Der Verweis von Langers Anwalt auf die unterschiedliche Strafbarkeit wurde erneut zurückgewiesen, allerdings wurde die im erstinstanzlichen Urteil zu wenig gewürdigte Alkoholisierung der beiden Angeklagten, die offenbar die sittliche Hemmungsfähigkeit [...] erheblich beeinträchtigt hatte, als strafmildernd gewertet. Marie Kerschbaumer wurde zu zwei Monaten schwerem Kerker verurteilt saß ihre Haft vom 30. Juli bis 30. September 1942 in der Haftanstalt am Hernalser Gürtel 6–12 ab. Elisabeth Langer konnte sich nach Vorlage eines ärztlichen Attests, das ihr Haftunfähigkeit bescheinigte, der Vollstreckung ihrer auf drei Monate reduzierten Kerkerhaft entziehen. Ihre Kerkerstrafe wurde schließlich von der Oberstaatsanwaltschaft Wien mit Bewährungsfrist bis 30.6.1946 unter der Bedingung guter Führung während dieser Zeit und der Auflage eines kriegswichtigen Arbeitseinsatzes ausgesetzt.

Quelle WStLA, Landesgericht für Strafsachen, A11: LG I Vr 768/42

7., Siebensterngasse 46 | 6., Otto-Bauer-Gasse 5*

Der Blumenverkäufer und der Privatbeamte

Engelbert Sedlatschek *11.7.1914 – 18.2.2002*

Josef Weisseneder *9.1.1910 – ?*

Im Zuge seiner Vernehmung bei der Gestapo im April 1939 gestand der 23-jährige Felix K., dass er den Tänzer und Blumenverkäufer Engelbert „Bertl" Sedlatschek im März des Vorjahres über seinen Freund Josef Weisseneder im Prater kennengelernt hatte: Ich ging nach der Bekanntschaft mit ihm in das Cafe Burg in der Burggasse und hernach mit ihm nach Hause. [...] Ich habe mit Sedlacek zusammen in seinem Bett genächtigt, wobci es zu wechselseitiger Onanie gekommen war. Die Ermittlungen zogen sich offenbar hin, denn Sedlatschek wurde erst am 30. September 1939 von der Gestapo festgenommen. Er war 25 Jahre alt, lebte bei den Eltern in einer Parterrewohnung im Durchhaus zwischen Siebensterngasse und Burggasse und musste mit seinem Verdienst als Hausierer auch seine Eltern unterstützen – da mein Vater sehr wenig verdient, wie Sedlatschek aussagte. Als Kind aus armen Verhältnissen war sein Bildungsweg nach fünf Klassen Volks- und zwei Klassen Hauptschule zu Ende. Er musste zum Familieneinkommen beitragen und begann eine Lehre bei einem Kürschnermeister in der Kirchengasse 5, die er nach drei Monaten krankheitshalber wieder aufgeben musste. Danach war er in einem Café als Markörlehrling beschäftigt. Dieser altösterreichische Begriff für Oberkellner war bei der Gestapo anscheinend unbekannt, denn die Schreibweise wurde später im Protokoll handschriftlich korrigiert. Nach viermonatiger Lehrzeit wurde ich von der Besitzerin wegen Arbeitsmangel entlassen. In der Folge ging ich dann, da ich keinen anderen Posten bekam, mit Blumen hausieren.

Wir wissen natürlich nicht, ob alle Angaben, die Engelbert Sedlatschek als Beschuldigter gegenüber den Gestapobeamten machte, tatsächlich stimmen, aber er beschönigte ihnen gegenüber weder seine Armut noch seine kleinkriminelle Vergangenheit. Im Alter von 16 Jahren wurde er erstmals festgenommen: da ich einen Mantel eines Zimmerherrn, der bei meiner Mutter auf Untermiete wohnte, entwendete und im Versatzamt versetzte. Er wurde ins Jugendgericht eingeliefert, seinen Angaben entsprechend aber nicht verurteilt, sondern auf sechs Monate in die Besserungsanstalt nach Kaiserebersdorf abgegeben. Von dort kam er in die Restauration Aspangbahnhof als Kellnerlehrling, wurde nach etwa einem Jahr neuerlich wegen Verdacht des Diebstahls festgenommen und zu einer Strafe von 14 Tagen verurteilt, gegen die er jedoch Berufung einlegte, da ich tatsächlich nichts gestohlen habe, wie er beteuerte. Abermals kam er nach Kaiserebersdorf in die Korrektion. Nach zwei bis drei Monaten wurde er wieder entlassen, da er von der Anklage freigesprochen wurde.

Engelbert Sedlatschek war jetzt etwa 18 Jahre alt. Nach dieser Zeit ging ich wieder mit Blumen hausieren. Während dieser Zeit trat ich auch öfters als Tänzer auf Dilettantenbühnen und bei der Wiener Filmgesellschaft als Statist auf. Unter anderen trat ich auch mehrmals mit der Reichsgräfin Triangi auf. Beatrix Cita Reichsgräfin Triangi von und zu Latsch und Madernburg, die auch nach Abschaffung der Adelstitel in Österreich auf ihrem angeheirateten Titel bestand, war eine schillernde Persönlichkeit des Wiener Kulturlebens und ein Wiener Original. Als Beatrix Samek 1868 in Brünn in eine jüdische Familie geboren, wurde ihre erste Ehe mit einem Fabrikanten nach

7. Straße
der Julikämpfer
18
CAFÉ
NSDAP Gau Wien O.G. Spittelberg
Hier spricht der
KAFFEE
VIKTORIA
MONTAG

Die Bühne
Nº 15
BEATRICE, CITA, ALBANO, ANTONIA
REICHSGRÄFIN TRIANGI
VON UND ZU LATSCH UND MADERNBURG, BARONIN VON
MADERNO-RIEDHORST, TRIENTINER EDELDAME,
VERWITWETE RINDSKOPF, GEBORENE SAMEK
WIEN, III., RENNWEG 94
ERSCHEINT JEDEN DONNERSTAG
CHEFREDAKTEUR: HANS LIEBSTOECKL
THEATER·KUNST·MODE·FILM·GESELLSCHAFT·SPORT
PREIS: 1 SCHILLING
FOTO: WILLINGER
KLISCHEE: R. SEYSS

← Bild S. 108
Ein Wiener Original: Reichsgräfin Triangi auf dem Cover der Faschingsnummer der *Bühne* im Jahr 1925.

↑ Bild S. 107
In einer Turnhalle gegenüber dem Café Viktoria Ecke Stiftgasse/Siebensterngasse startete der gescheiterte Putsch der Nationalsozialisten im Juli 1934. Ihnen zu Ehren wurde die Siebensterngasse in Straße der Julikämpfer umbenannt.

der Geburt ihrer Tochter Lidia bald geschieden. Für eine geplante zweite Ehe in Paris wechselte sie zum katholischen Glauben. Um einen bulgarischen Kaufmann heiraten zu können, konvertierte sie zur serbisch-orthodoxen Kirche. Für die dritte Ehe mit dem Zeitungsverleger Albano Reichsgraf Triangi zu Latsch und Madernburg in Wien wurde sie evangelisch. Nach dessen Tod Mitte der 1920er Jahre trat sie in Vergnügungsetablissements, Gasthäusern und Vorstadtsälen vor die Öffentlichkeit. Ihre schrillen Auftritte, bei denen sie Flöte spielte, tanzte und sang, erregten nicht nur Aufsehen, sondern auch Spott und Häme, die sie mit Beschimpfungen und Ohrfeigen fürs Publikum quittierte. Auch im Alltag zog sie grell geschminkt und auffällig gekleidet durch die Stadt und wurde zum Hassobjekt antisemitischer Hetzschriften wie des *Stürmer*. Im Februar 1940 wurde sie von der Gestapo verhaftet und in der Heilanstalt Steinhof interniert, wo sie am 28. April 1940 offiziell an Lungenentzündung starb. Ihre Tochter Lidia wurde 1942 nach Izbica deportiert und dort ermordet.

Zwischen April 1932 und Juli 1933 gastierte die Reichsgräfin Triangi viele Wochen lang im Café Paulanerhof im vierten Bezirk in der Schleifmühlgasse 2. Anfang November 1933 verübten Nazis einen Tränengasanschlag auf die im Souterrain des Kaffeehauses befindliche `Tanzdiele, in der homosexuelle Männer zu verkehren pflegen. Gegen 11 Uhr abends erschienen in diesem Souterrainlokal drei junge Burschen, die beim Eingang stehen blieben und […] nach wenigen Minuten eilig das Lokal [verließen]. Kaum waren sie auf der Gasse, als sich das Lokal mit dichtem Tränengasqualm füllte. Unter den Gästen entstand eine furchtbare Panik`. Zeitlich könnte es sich ausgehen, dass Engelbert Sedlatschek dort mit der exzentrischen Künstlerin auftrat. Er war ein 18, 19 Jahre alter junger Mann, dunkelblond, 170 Zentimeter groß und von `gerader Körpergestalt`, wie es 1939 in der Übergabenote der Gestapo an das Gefangenenhaus des Landesgerichts über ihn hieß.

Als Blumenverkäufer kam er auch `in verschiedene Lokale, die damals mit Vorliebe von Homosexuellen besucht wurden`. Auf einer dieser Lokalrunden lernte er Josef Weisseneder kennen, mit dem er keine sexuelle Beziehung gehabt habe, wie Sedlatschek beteuerte. Weisseneder hatte hingegen in seinem Gestapoverhör einen `Burschen mit Vornamen Bertl erwähnt, der zu dieser Zeit in der Siebensterngasse […] wohnte. Er sei mit diesem einmal nach Hause gegangen, wo es zwischen uns beiden unter seinem Haustor zu einer Unzuchtshandlung […] kam`. Spitzname und Adresse würden passen, aber die Gestapo zog aus dieser Information erstaunlicherweise keine Schlüsse. Ging sie sonst jeder noch so kleinen Spur nach, wurde hier die Beziehung zwischen „Bertl" und „Joschi" im weiteren Verfahren nicht mehr erwähnt. Vielleicht lag es auch daran, dass die Siebensterngasse kurz nach dem „Anschluss" in „Straße der Julikämpfer" umbenannt worden war, die an die „Helden" des gescheiterten Naziputschs im Juli 1934 erinnern sollte, der in einer Turnhalle der Stiftskaserne seinen Ausgang nahm und mit der Ermordung von Bundeskanzler Engelbert Dollfuß endete. Die Kasernengasse, in der Josef Weisseneder wohnte, wurde erst nach dem Zweiten Weltkrieg in Otto-Bauer-Gasse umbenannt.

Im Gegensatz zu Sedlatschek hatte Weisseneder als `Privatbeamter`, der seit 1931 durchgehend bei einer Firma in der Schmalzhofgasse im sechsten Bezirk beschäftigt war, ein regelmäßiges

Die Tanzdiele im Keller des Café Paulanerhof war in den 1930er Jahren ein beliebter Treffpunkt für Homosexuelle, um 1910.

Einkommen. Neben anderen Beziehungen gestand Josef Weisseneder auch, dass er mit Franz Sedlak → S. 157 1933/34 durch ungefähr eineinhalb Jahre befreundet war. Weisseneder wurde in einem eigenen Verfahren im Mai 1939 zu zwei Monaten schwerem Kerker verurteilt, nach Verbüßung seiner Haftstrafe an die Gestapo rücküberstellt und im Sommer 1939 im Auftrag der Gestapo Wien ins KZ Mauthausen eingewiesen. Seine Häftlingskarte in Mauthausen trägt den Vermerk § 175, die Nummer des „reichsdeutschen" Paragrafen, der Homosexualität inkriminierte. Als Rosa-Winkel-Häftling war er einem Arbeitskommando der § 175 Häftlinge zugewiesen und musste im „Wiener Graben", dem Steinbruch von Mauthausen, Zwangsarbeit leisten. Er überlebte fast fünf Jahre KZ-Haft, nachweislich wurde er am 5. Juni 1944 ins Nebenlager Gusen und am 13. Februar 1945 wieder zurück nach Mauthausen überstellt und dort am 5. Mai 1945 von den alliierten Truppen befreit. Danach verliert sich seine Spur.

Im heute noch neben dem prominenten Eckhaus bestehenden Durchhaus von der Siebensterngasse zur Burggasse lebte im fünften Hof Engelbert Sedlatschek mit seinen Eltern. Seit dieser Aufnahme von 1914 hat sich wenig verändert, nur hieß die Siebensterngasse 1939 Straße der Julikämpfer und das Café am Platz Helenenhof.

Als Blumenverkäufer und damit Kenner der Wiener Lokalszene empfahl Engelbert Sedlatschek anderen homosexuellen Männern Treffpunkte, wie er der Gestapo erzählte. Nachdem das Café Marokkanerstüberl im dritten Bezirk wegen der homosexuellen Umtriebe gesperrt worden war, hätte ihn ein Bekannter gefragt, wo er jetzt hingehen könne, um mit Homosexuellen zusammen zu kommen. Sedlatschek gab bereitwillig Auskunft: Ich nannte ihm dann das Cafe Burg in der Burggasse und die Dalmatiner Weinstube beim Gartenbaukino. Auch das Café Veronika/Gasthaus Neumann am Spittelberg stand auf seiner Empfehlungsliste. Die Gestapobeamten hatten ihr Urteil über Sedlatschek schnell gefällt. In ihrem Schlussbericht an die Staatsanwaltschaft hielten sie fest: Nach der Sachlage zu schließen, dürfte sich Sedlatschek […] als Strichjunge betätigt haben.

Engelbert Sedlatschek war schon in seiner Einvernahme bei der Gestapo grundsätzlich geständig: Ich gebe zu, daß ich mich früher homosexuell betätigte, da ich damals sehr viel in diesen Kreisen verkehrte, vor Gericht bekannte er sich schließlich schuldig und bereute die Tat, was bei der Bemessung des Strafmaßes als mildernd gewertet wurde. Durch sein eigenes und durch das Geständnis von Felix K. galt er als überführt und wurde zu zweieinhalb Monaten schwerem Kerker verurteilt. Die Staatspolizeileitstelle hatte aber schon vor der Anklageerhebung beim Landesgericht einen Rückstellungsantrag gestellt, sodass Engelbert Sedlatschek, dessen Strafe mit der Verwahrungs- und Untersuchungshaft bereits verbüßt war, wenige Tage vor Weihnachten 1939 direkt aus dem Gerichtssaal in das Polizeigefangenenhaus an der Rossauer Lände zur Verfügung der Gestapo überstellt wurde. Nach den Feiertagen, die er in Polizeihaft verbrachte, wurde Anfang Jänner 1940 ein Verfahren eingeleitet, da ihm nach Ansicht der Staatsanwaltschaft die Wehrwürdigkeit abzuerkennen wäre. Ein Einzelrichter entschied jedoch nicht im Sinne der Staatsanwaltschaft: Engelbert Sedlatschek ist als wehrwürdig noch anzusehen, da er offenbar durch die Gesellschaft, in der er sich zur Tatzeit befand, zu den strafbaren Handlungen bewogen wurde.

Diese Beurteilung ist interessant, weil der Einfluss des sozialen Umfelds auf die Handlungen des Beschuldigten betont wird. Dem Dienst in der Wehrmacht wurde offenbar auch eine erzieherische Funktion zugeschrieben. Ob Engelbert Sedlatschek tatsächlich in die Wehrmacht eingezogen wurde, konnte nicht ermittelt werden, ebenso wenig, ob andere Vorbeugemaßnahmen gegen ihn ergriffen wurden. Er überlebte die NS-Zeit. Ein Stempel auf seiner Urteilsschrift zeigt, dass das Urteil mit Beschluß des Landesgerichts Wien am 21. März 1958 getilgt wurde. Er starb 2002 in Wien und wurde am Zentralfriedhof bestattet.

Quellen WStLA, Landesgericht für Strafsachen, A11: LG I Vr 4707/39; „Tränengasanschlag im ‚Paulanerhof'", in: Wiener Sonn- und Montags-Zeitung, 6. November 1933, S. 5

* Die Siebensterngasse hieß in der NS-Zeit Straße der Julikämpfer, die Otto-Bauer-Gasse vor 1949 Kasernengasse.

7., Lindengasse 11

In den Selbstmord getrieben

Leopold Ruf 30.10.1885 – 14.4.1940

Am späten Abend des 4. Juni 1938, es war ein kühler, wechselhafter Pfingstsamstag, lernte der 53-jährige Leopold Ruf nächst der Hochschaubahn im Prater einen Soldaten kennen und besuchte mit ihm eine Gastwirtschaft, in der sie sich bei einigen Gläsern Bier bis fünf Uhr früh die Nacht um die Ohren schlugen. Der Soldat meldete ihn danach seinen Vorgesetzten, weil er den Verdacht hatte, dass sich Ruf in landesverräterischer Weise verhalten hätte. Bald wurde aber klar, dass sich Ruf nicht für Tanks/Panzer interessierte, sondern für den Soldaten. Die Gestapo Wien wurde informiert und übernahm den Fall.

So wurde Leopold Ruf am Morgen des 14. Juli um sieben Uhr Früh bei einer Durchsuchung seiner Wohnung in der Lindengasse von zwei Gestapobeamten mit einem Liebhaber überrascht. Der 20-jährige, aus Graz stammende Karl T. hatte bei Ruf übernachtet. Beide wurden verhaftet und ins Gestapogefängnis am Morzinplatz gebracht. Dort wurde der seit 1929 arbeitslose Handelsangestellte

Geschäftszahl Ns.Gef. 8/39/6.
Wien, am 2.Oktober 1939.

Bedingte Entlassung.

Ruf Leopold

geboren am 30.10.1885 in Wien,

zuständig nach Wien,

Religion: röm.kath. Familienstand: ledig, Beruf: Handelsangestellter

zuletzt wohnhaft in Wien, VII.,Lindengasse 11/11,

wird, nachdem er - xxx - - Jahre, 14 Monate, 18 Tage der mit dem Urteil

des Land -gerichtes Wien (I) vom 16.1.1939

GZ.7 b Vr 5989/38 wegen xxx §§ 129 Ib StG.

verhängten 15 (fünfzehn) Monate Kerker II Strafe[1])

verbüßt hat, am 2. Oktober 1939 gemäß § 12 des Gesetzes vom 23. Juli 1920, StGBl. Nr. 373, zur Probe entlassen.

Die Probezeit endet am 2. Oktober 1942.

Der Entlassene xxxxxx ist der Gestapo Wien zu überstellen und hat xxxxxxxxxxxxxxxxxxxxxxx jeden Wechsel des Aufenthaltsortes der Strafvollzugsbehörde bei dem Land - gerichte Wien (I). anzuzeigen.

Strafvollzugsbehörde
beim Land gericht Wien
Wien VIII., Landesgerichtsstrasse 11

[Unterschrift]

Zur Beachtung: Die bedingte Entlassung gibt dem Verurteilten Gelegenheit, sich durch rechtschaffenes und arbeitsames Verhalten die Erlassung der restlichen Strafe zu verdienen. Rechtfertigt er durch sein Verhalten das in ihn gesetzte Vertrauen, so wird die bedingte Entlassung nach Ablauf der Probezeit endgültig; seine ganze Freiheitsstrafe gilt dann als an dem Tage verbüßt, an dem er bedingt entlassen worden ist. Dagegen ist die bedingte Entlassung zu widerrufen und der Rest der Freiheitsstrafe zu vollziehen:

1. wenn der Entlassene den Weisungen der Strafvollzugsbehörde trotz förmlicher Mahnung aus bösem Willen nicht nachkommt oder sich beharrlich der Schutzaufsicht entzieht;
2. wenn er sich dem Trunk, Spiel oder Müßiggang ergibt oder sich die Mittel zu seinem Unterhalt anders als durch rechtschaffene Arbeit zu verschaffen sucht;
3. wenn er aufs neue eine strafbare Handlung begeht.

← Bild S. 114
Nach Verbüßung der Haft erfolgte die bedingte Entlassung Leopold Rufs. Er wurde an die Gestapo Wien rücküberstellt.

↑ Bild S. 113
Bei der Hochschaubahn im Prater traf Leopold Ruf auf den Soldaten, der ihn nach einer durchzechten Nacht anzeigte, um 1930.

Ruf – er lebte von der Unterstützung seines Bruders und geringen Einnahmen aus der Untervermietung seines Kabinetts – über mehrere Wochen immer wieder verhört.

Zunächst gab Leopold Ruf zu, dass er bisexuell veranlagt sei, räumte aber ein: Ich neige zwar mehr zu Männern und habe mich seit frühester Jugend [...] zum gleichen Geschlecht hingezogen gefühlt. Meine erste gleichgeschlechtliche Handlung habe ich meines Wissens im Alter von ca. 17 Jahren vorgenommen. Nachdem ihm auch eine Verurteilung nach § 129 Ib aus dem Jahr 1932 vorgehalten wurde, verteidigte er sich damit, dass die Strafe bereits getilgt sei, und er bestritt ganz entschieden, dass ich mich in den letzten Jahren, zurückliegend bis in das Jahr 1932, gleichgeschlechtlich betätigt habe.

Den jungen, in seiner Wohnung festgenommenen Mann hatte er bereits im vorigen Jahr im Prater kennengelernt und ihn, da dieser eine Übernachtungsmöglichkeit gesucht hatte, bei sich übernachten lassen. Trotz wiederholter Vorhaltungen bestritt Leopold Ruf aber ganz entschieden, mit dem jungen Mann gleichgeschlechtliche Handlungen irgendwelcher Art vorgenommen zu haben.

Bei der Hausdurchsuchung wurden die Adressen weiterer Männer gefunden, die in der Folge von der Gestapo gesucht, einvernommen und fast alle auch angeklagt wurden.

Leopold Ruf wurde im Jänner 1939 zu der verhältnismäßig hohen Strafe von 15 Monaten schwerem Kerker verurteilt. Zwar wurden das Geständnis, die widernatürliche Veranlagung [und] die Unbescholtenheit als mildernd gewertet, strafverschärfend wirkten aber die Wiederholung der verbrecherischen Handlungen mit mehreren Personen durch einen längeren Zeitraum, die Verleitung und insbesonders die Verleitung eines Jugendlichen. Leopold Ruf wurde als Jugendgefährder eingestuft und nach Verbüßung seiner Haft am 2. Oktober 1939 an die Gestapo Wien rücküberstellt, die nun Vorbeugemaßnahmen gegen ihn einleitete.

Am 25. Dezember 1939 wurde Ruf in das Konzentrationslager Sachsenhausen eingeliefert – zu einem Zeitpunkt, als gerade ein neuer Kommandant die Lagerleitung kommissarisch übernommen hatte. SS-Oberführer Hans Loritz eilte der Ruf eines rücksichtslosen und brutalen Schlägers voraus. Unter seiner Führung nahmen ab Anfang 1940, einem harten Winter mit bis zu minus 25 Grad, die Misshandlungen der Häftlinge, gezielt auch der Homosexuellen, drastisch zu. „Gezielte Tötungsmethoden wie das Übergießen mit kaltem Wasser und danach stundenlanges Stehen im Freien" trafen alle Häftlinge, homosexuellen Häftlingen wurde zudem eine Sonderbehandlung zuteil. Homosexuelle „kamen automatisch in die Strafkompagnie und verblieben dort, bis sie entweder auf Transport in ein anderes Lager kamen oder in Sachsenhausen starben". Denn die Homosexuellen mussten in der Tongrube des Außenlagers Klinkenwerk bei Oranienburg oder anderen Strafkommandos Zwangsarbeit leisten, was in den meisten Fällen zu ihrem baldigen Tod führte. Viele 175er-Häftlinge wurden außerdem von der Lager-SS misshandelt, kastriert und zu Tode geprügelt.

Laut einer schriftlichen Anzeige des Lagerkommandanten des Lagers Sachsenhausen an das zuständige Standesamt in Oranienburg war Leopold Ruf am 14. April 1940 gegen 4 Uhr verstorben. Als Todes-

In den ihn betreffenden Strafakten am Wiener Landgericht wurde Leopold Rufs Tod vermerkt.

Bild S. 117 →
Eintrag im Sterbebuch des Standesamts Oranienburg, in dem „Freitod durch Erhängen" als Leopold Rufs Todesursache im KZ Sachsenhausen angegeben wurde.

ursache wurde `Freitod durch Erhängen` angegeben. Ob es sich dabei um die tatsächliche Todesursache handelte, muss offenbleiben, doch vermutlich setzte Leopold Ruf seinem Leben ein Ende, um dem Martyrium des KZs Sachsenhausen zu entkommen.

Quellen und Literatur WStLA, Landesgericht für Strafsachen, A11: LG I Vr 5989/38; Bestätigung des Eintrags von Leopold Rufs Tod im Sterbebuch des Standesamts Oranienburg Arolsen vom 7. 7. 1948, in: Archiv des Internationalen Zentrums für NS-Opfer/Arolsen Archives, Document 1.1.38.1_4131915; Joachim Müller/Andreas Sternweiler (Hg.): Homosexuelle Männer im KZ Sachsenhausen, Berlin 2000

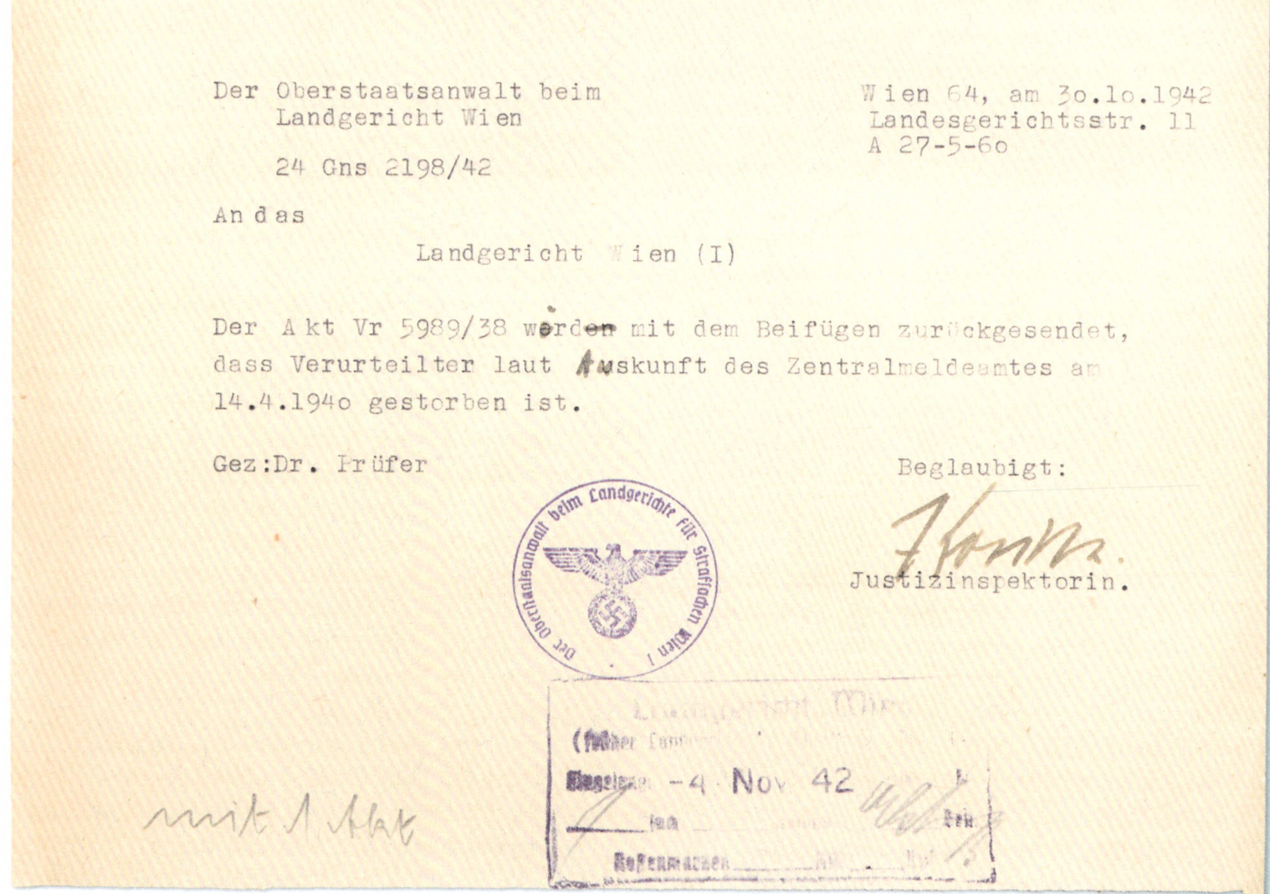
Der Oberstaatsanwalt beim
Landgericht Wien

24 Gns 2198/42

Wien 64, am 30.10.1942
Landesgerichtsstr. 11
A 27-5-60

An das

Landgericht Wien (I)

Der Akt Vr 5989/38 wird mit dem Beifügen zurückgesendet, dass Verurteilter laut Auskunft des Zentralmeldeamtes am 14.4.1940 gestorben ist.

Gez:Dr. Prüfer

Beglaubigt:

Justizinspektorin.

Der Oberstaatsanwalt beim Landgerichte für Strafsachen Wien I

Landgericht Wien
Eingelangt -4 Nov 42

mit 1 Akt

464

Nr. 1929 C 1

Oranienburg, den 15. April 194o

Der Angestellte Leopold Ruf - - - - - - - - - - -
- - - - - - - - - - - - - - - - - katholisch - - - - -
wohnhaft in Wien, Lindengasse 11 - - - - - - - - - - -
ist am 14. April 194o gegen 4 Uhr - - - - - - - - - -
in Oranienburg im Lager Sachsenhausen verstorben. -

Der Verstorbene war geboren am 3o. Oktober 1885
in Wien -
(Standesamt - - - - - - - - - - - - - - - -Nr. - - - -)

Vater: unbekannt - - - - - - - - - - - - - - - -
Mutter: unbekannt - - - - - - - - - - - - - - - -
Der Verstorbene war nicht verheiratet. - - -

Eingetragen auf schriftliche Anzeige des Lagerkommandanten des Lagers Sachsenhausen in Oranienburg.

~~Vorgelesen, genehmigt und unterschrieben.~~

Der Standesbeamte
- - - Griep - - -

- -

Todesursache: Freitod durch Erhängen.

Die Übereinstimmung der obigen Abschrift mit den Eintragungen im Sterbebuch wird hiermit beglaubigt.

Oranienburg, den 7. Juli 1948
Der Standesbeamte

8., Wickenburggasse 22 | 6., Dominikanergasse 11

Im Margaretenbad erwischt

Alois Maurerberger 17.6.1877–? | Leopold Schodl 14.11.1892–23.6.1959

An seinem 52. Geburtstag am 14. November 1944 wurde Leopold Schodl festgenommen, weil er mit dem 67-jährigen Alois Maurerberger im Margaretenbad vor mehreren Leuten […] durch onanistische Bewegungen wiederholt Unzucht wider die Natur getrieben hatte. Kriminalsekretär Karl Seiringer hatte diesmal in dem wegen homosexueller Umtriebe bereits mehrfach bekannt gewordenen „Margaretenbad" (Dampfbad I.Kl.) in Wien V., Strohbachgasse 9, dienstliche Beobachtungen durchgeführt. Detailbesessen hielt er die sexuellen Handlungen der beiden Männer im Protokoll fest.

Maurerberger arbeitete als Hotelportier im Hotel Jägerhof auf der Wiedner Hauptstraße gleich neben der Rauchfangkehrerkirche, Schodl war Hausarbeiter im Wiedner Krankenhaus auf der Favoritenstraße. Ich war früher geschlechtlich absolut normal veranlagt und habe nur mit Frauen verkehrt. 1923 habe ich geheiratet. Meine Frau ist nach einem Jahr

← Bild S. 118
Im Hotel Jägerhof neben der in den 1960er Jahren abgerissenen Rauchfangkehrerkirche arbeitete Alois Maurerberger bis zu seiner Verhaftung.

↓ Bild unten
Der „Wiener Graben" genannte Steinbruch im KZ Mauthausen, in dem tausende Menschen zu Tode geschunden wurden, nach 1945.

gestorben. Seither lebe ich wieder alleine, verteidigte sich Alois Maurerberger. Er besuche das Badehaus regelmäßig, vor etwa zwei Jahren hätte ihn dort ein unbekannter, älterer Mann zur gleichgeschlechtlichen Betätigung angegangen. Seither habe er mit insgesamt ca 15 unbekannten, älteren Männern verkehrt. In einer weiteren Einvernahme wenige Tage später reduzierte er die Zahl auf sechs bis sieben Männer. Einige der von ihm eingestandenen Begegnungen mit anderen Männern galten bei der Anklage als verjährt, da sie mehr als fünf Jahre zurücklagen.

Auch Schodl gab an, dass er früher geschlechtlich absolut normal veranlagt war. Er begründete sein Verhalten: Vom November 1914 bis Jänner 1921 war ich in russischer Gefangenschaft.

Dort ist es im Lager unter Kameraden zum Onanieren gekommen. Zurück in Wien hatte er bis 1935/36 mit Männern geschlechtlich nichts zu tun gehabt, seither jedoch einige Male. Er hätte sich in sämtlichen […] Fällen passiv verhalten und habe keinen Mann berührt, versuchte er seine Handlungen zu entschuldigen, bekannte sich aber schuldig. Er hätte außerdem wegen einer luetischen Ansteckung […] eine gewisse Scheu eines neuerlichen Verkehres mit Frauen gehabt. Als Untersuchungshaft verhängt wurde, bat er um eheste Enthaftung, da er am 5/11 44 ausgebombt wurde und den Fall regeln will. Die Staatsanwaltschaft stimmte einer Enthaftung gegen Gelöbnis zu.

Die Hauptverhandlung am 7. Dezember 1944 dauerte gerade einmal 40 Minuten. Zur Anklage wegen des Verbrechens der Unzucht wider die Natur kam auch eine wegen Übertretung der öffentlichen Sittlichkeit nach § 516 StG hinzu, die in beiden Fällen als straferschwerend gewertet wurde, da in einer Badeanstalt derartige Handlungen zweifellos die Schamhaftigkeit gröblich verletzten und öffentliches Ärgernis erregten. Alois Maurerberger wurde zu einem Jahr Zuchthaus, Leopold Schodl zu sechs Monaten Gefängnis verurteilt.

Mit diesem Urteil kam vor allem Alois Maurerberger glimpflich davon, hatte doch der Ankläger eine Bestrafung […] als gefährlicher Gewohnheitsverbrecher mit 2 ½ Jahren Zuchthaus beantragt. Neben der wesentlich höheren Strafe hätte die Anklage als „Gewohnheitsverbrecher" auch weitere Folgen haben können: Etwa zehn als „Gewohnheitsverbrecher" in Wien verurteilte Männer wurden kastriert. Zwar war für eine gerichtlich angeordnete „Entmannung" gesetzlich „Freiwilligkeit" vorgeschrieben, wie Untersuchungen zeigen, wurden die Verurteilten aber durch Einschüchterung und Androhung von KZ-Haft zur Einwilligung gezwungen.

Das Gericht schloss sich der Auffassung des Anklägers im Fall von Alois Maurerberger aber nicht an. Sein ganzes Auftreten und die Art seiner Verantwortung lassen darauf schliessen, dass er nicht dem Tätertyp eines gefährlichen Gewohnheitsverbrechers entspricht. […] Da es sich um einen bisher unbescholtenen Mann handelt, ist zu erwarten, dass die Strafe eine bessernde Wirkung ausüben wird. Um diese zu erzielen, reichte dem Gericht die Strafe von einem Jahr Zuchthaus. Leopold Schodl blieb bis Kriegsende auf freiem Fuß, Alois Maurerberger wurde am 5. April 1945 enthaftet.

Im September 1945 begannen die Behörden der jungen Republik wieder mit Ermittlungen. Erst zwei Jahre später erfolgte im Oktober 1947 der Beschluss, dass der Strafrest bei beiden Männern – bei Maurerberger sieben Monate und neun Tage, bei Schodl fünf Monate und 21 Tage – im Zuge der Befreiungsamnestie vom 6. März 1946 in eine bedingte Verurteilung unter Festsetzung einer Probezeit von drei Jahren umgewandt wurde. Der endgültige Strafnachlass erfolgte im Oktober 1950.

Quelle WStLA, Landesgericht für Strafsachen, A11: LG I Vr 2268/44

8., Hamerlingplatz 10

Der „liebe Poet“
Alfred Grünewald *17.3.1884 – 9.9.1942*

IX

Wir zittern, wenn wir uns die Hände reichen.
Im schnellen Pulsschlag unsre Worte stocken.
Noch immer sind wir wunderlich erschrocken,
und grüßen uns doch längst mit zarten Zeichen.

O Bangnis frühen Glückes ohnegleichen!
Ich streiche leise über deine Locken.
Da klingen deines Lachens klare Glocken.
Ich aber fühl mich bis ins Herz erbleichen.

Kann solche Lust nach andern Freuden zielen?
Spürt unsre Liebe nicht schon Gottesnähe?
Ist nicht Natur uns hold und unsern Spielen,

als ob ihr selber großes Glück geschähe?
Vom Tag bekränzt, vom Dunkel sanft umschlungen,
bezwingen wir die Welt und sind bezwungen.

15

↑ Bild S. 121
„Sonett Nr. IX" aus Alfred Grünewalds bekanntestem Gedichtband *Sonette an einen Knaben* (1920).

Das Sonett Nr. IX aus Alfred Grünewalds größtem literarischem Erfolg *Sonette an einen Knaben* von 1920 offenbart sein Sehnen nach der idealen, knabenhaften Schönheit. Die poetischen und zart erotischen Sonette wurden von der Kritik nicht ausschließlich als homoerotische Lyrik rezipiert, sondern vielmehr als „Offenbarungen reiner Gefühle" gelobt. Nur von der homosexuellen Presse wurde ihm seine Uneindeutigkeit als Schwäche ausgelegt. Auch privat war der „liebe Poet", wie ihn seine Freund:innen nannten, zurückhaltend und still, vielleicht auch etwas verschroben, immer in schottischem Karo, mit Mascherl und weichem Filzhut gekleidet. „Kassiber – aus der strengen Haft seiner Seele hinausgeschwindelte Lebenszeichen", nannte der Freund und Dichter Oskar Jan Tauschinski Grünewalds Lyrik. Er, der jugendliche Liebhaber von Grünewalds Schriftstellerfreundin Alma Johanna Koenig, sollte in der Nachkriegszeit mehrmals versuchen, an das Werk des Vergessenen zu erinnern. Vergeblich. Bis heute ist Alfred Grünewald als Literat aus dem kulturellen Gedächtnis getilgt.

1884 wurde er als Alfred Werner Grünwald in eine gutbürgerliche Kaufmannsfamilie geboren. Fredo, wie er in der Familie gerufen wurde, besuchte das Brigittenauer Gymnasium und studierte nach der Matura Architektur und sollte eine Zeit lang bei Adolf Loos arbeiten. Als Dichter versah er seinen Nachnamen mit einem „e" und nannte sich Grünewald. Neben seinen Gedichten versuchte er auch als Dramatiker zu reüssieren, blieb aber ziemlich erfolglos: Sein Stück *Walpurga und Agathe* wurde zwar am Burgtheater aufgeführt, allerdings nur drei Mal. Erfolgreicher war er zunächst als Lyriker. Sogar der kritische Karl Kraus druckte eines seiner Gedichte in der *Fackel* ab, die Presse nahm von seinen Publikationen ebenfalls Notiz, wenn auch der unverhohlen homoerotische Ton von manchen Kritiker:innen hämisch kommentiert wurde. Zu einem Gedichtband, in dem auch albtraumartige Nachtstimmungen beschrieben wurden, schrieb ein Rezensent: „Durch diese Spukwelt schreitet dann wohl unberührt vom Greuel ein lockiger Knabe, wie bei anderen Dichtern die Geliebte."

Trotzdem blieb Grünewald vor Anfeindungen wegen seiner Homosexualität sicher, auch seine Familie und seine Freund:innen nahmen daran keinen Anstoß. Das nationalsozialistische Hetzblatt *Der Stürmer* verhöhnte zwar zu Grünewalds 50. Geburtstag im Jahr 1934 die „konfusen Redeweisen" in den *Sonetten an einen Knaben* und drohte, dass es bald „verpönte Autoren geben wird", schenkte aber der Homosexualität des Dichters weiter keine Beachtung. Als Alfred Grünewald am 13. März 1938, dem Tag des „Anschlusses", einen Selbstmordversuch mit dem Schlafmittel Veronal verübte, wurde er von seiner Nachbarin, die später seine Wohnung übernehmen sollte, gerettet. Oskar Jan Tauschinski schilderte, wie Grünewald just in jenem Moment erwachte, als Adolf Hitlers „Anschluss"-Rede aus den Lautsprechern der Volksempfänger plärrte.

Kaum hatte er sich erholt, wurde er nach dem Novemberpogrom ins KZ Dachau deportiert, von dort aber im Jänner 1939 unter der Auflage, das Deutsche Reich unverzüglich zu verlassen, wieder freigelassen. Nur welches Land sollte einem mittellosen Dichter, der immer ein literarischer Außenseiter war, Exil bieten? Grünewald schaffte dennoch die Flucht über die grüne Grenze von Vorarlberg in die Schweiz und weiter nach Südfrankreich. Vorerst in Sicherheit, begann er trotz bitterster Armut wieder zu arbeiten, wie vor Kurzem aufgefundene Arbeiten aus seinem weit verstreuten Nachlass zeigen. Zeitweise in französischen Internierungslagern einsitzend, lebte er hauptsächlich in Marseille, nur wenige Weggefährt:innen waren ihm geblieben, die Möglich-

Porträt von Alfred Grünewald mit der für ihn typischen Fliege, 1929.

Cover von Alfred Grünewalds Gedichtband *Sonette an einen Knaben* mit einer Zeichnung von Georg Ehrlich.

keiten, als deutschsprachiger Dichter im Exil zu publizieren, waren für ihn praktisch inexistent.

Als Liebender blieb er ein Suchender, sich sehnsüchtig nach seinem Liebesideal – jungen, androgynen Männern – verzehrend. Ein enger Freund berichtete von seiner letzten namenlos gebliebenen Liebe aus Marseille: „Er verliebte sich in einen jungen Burschen von ungefähr zwanzig; mit den paar Sous, die er hin und wieder durch ein Feuilleton verdient, kauft er diesem – anstatt sich selbst zu sättigen – Kinobillets." Ende August 1942 lieferte ihn das französische Vichy-Regime an die Nazis aus, die ihn im Lager Drancy, dem zentralen Auffanglager für französische Jüdinnen und Juden, internierten. Von dort wurde Alfred Grünewald nach Auschwitz deportiert, wo er unmittelbar nach seiner Ankunft am 9. September ermordet wurde.

Quellen und Literatur Alfred Grünewald: Sonette an einen Knaben, Wien/Prag/Leipzig 1920; Volker Bühn: Alfred Grünewald. Werk und Leben, Köln/Weimar/Wien 2016

8., Alserstraße 43

Gemeinsam aus dem Leben geschieden

Margarethe Gerngross *12.4.1891 – 2.9.1939* und Ilse Friedmann *22.2.1903 – 2.9.1939*

„Wie, wann Wo! WARUM?! Das KANN ja nicht wahr sein!" – schrieb Kerstin Strindberg aus Stockholm am 26. Jänner 1940 an ihre Freundin Lina Loos nach Wien. Ein gemeinsamer Bekannter hatte ihr kurz zuvor mitgeteilt: *„Lina war am Grab Ilses"*. Es *„ueberrannte mich diese Todesnachricht wie eine Lawine von Fassungslosigkeit"*, schrieb sie weiter. *„Ist Gretl G noch in Wien?"* und *„Willst Du Gretel grüßen?"* Sie wusste offenbar noch nicht, dass auch Margarethe „Gretl" Gerngross tot war. Die beiden Freundinnen Ilse und Gretl hatten sich am 2. September 1939 in der Pension Althan in der Alserstraße erhängt.

Anfang der 1930er Jahre hatten sie einander kennengelernt: die Schauspielerin und Schriftstellerin Lina Loos, Tochter des stadtbekannten Cafetiers Carl Obertimpfler, der das Grand Café Casa Piccola am Beginn der Mariahilfer Straße führte, und erste Frau des Architekten Adolf Loos, und Kerstin Strindberg, der Tochter des schwedischen Schriftstellers August Strindberg und der Salzburger Schriftstellerin Frida Uhl-Strindberg.

Die bei ihrer Großmutter im oberösterreichischen Saxen aufgewachsene Kerstin Strindberg

↑ Bild S. 125
Der Einkaufspalast an der Mariahilfer Straße: Postkarte des Kaufhauses Gerngross, um 1927.

Bild S. 127 →
Eine Seite eines Briefs von Kerstin Strindberg aus Stockholm an Lina Loos in Wien, in dem sie den Selbstmord ihrer Freundinnen reflektiert.

kannte Gretl Gerngross offenbar aus ihrer Kindheit und Jugend. Mehrmals sprach Strindberg Lina Loos gegenüber von ihrer langjährigen Freundschaft mit Gretl. Margarethe Gerngross wurde als achtes und jüngstes Kind von Alfred (Abraham Hirsch) Gerngross und seiner Frau Elisabeth 1891 in der Zieglergasse geboren. Alfred Gerngross war in den 1870er Jahren aus seinem Geburtsort Forth bei Erlangen in Bayern mit seinem Bruder Hugo nach Wien gekommen und hatte im siebenten Bezirk in der Kirchengasse 2 eine „Vermischtwarenhandlung" eröffnet, die bis in die 1920er Jahre von ihm und seinen Nachkommen zu einem der größten und mondänsten Kaufhäuser Wiens ausgebaut wurde. Schon früh waren die Eigentümer als Paradebeispiele „jüdischer Kapitalisten" Ziel nationalsozialistischer Attacken, bereits 1932 wurde ein Anschlag mit Tränengas und Stinkbomben verübt. Unmittelbar nach dem „Anschluss" wurde das Kaufhaus „arisiert". Der großteils mit Mitgliedern der Familien besetzte Aufsichtsrat wurde entlassen, so auch Margarethe Gerngross.

Ilse Friedmann, deren Grab Lina Loos besucht hatte, wurde 1903 in München als Tochter des Münchner Kaufmanns Sigmund Friedmann und seiner Frau Hedwig, geb. Gerngross geboren, Gretl Gerngross und sie waren Cousinen. 1924 kam sie nach Wien, wo sie ihr Universitätsstudium in Philosophie abschloss. Ilse Friedmann ging wohl nie einer geregelten Arbeit nach. In ihrem Testament vom Jänner 1939 hielt sie fest, dass sie von Gretl Gerngross *„vollständig erhalten wurde"*, und selbst das Sparbuch, das sie einer Freundin vermachte, bestand *„aus einer mir von obiger Cousine gemachten Schenkung"* aus dem Jahr 1937. Die beiden Frauen lebten zusammen in einer großbürgerlichen Wohnung am Getreidemarkt 2, mit Blick auf die Secession, das Verkehrsbüro und den Karlsplatz. Diese mussten sie nach dem „Anschluss" und der Enteignung des Warenhauses verlassen. Sie zogen in die kleine, billige Pension Althan im neunten Bezirk in der Alserstraße 43.

Beide Frauen waren konfessionslos. Ilse Friedmann wurde ihrer eigenen Darstellung nach schon konfessionslos erzogen. Margarethe Gerngross vollzog ihren Austritt aus der Israelitischen Kultusgemeinde in Wien Anfang 1930, als sie schon einige Jahre mit Ilse Friedemann zusammenlebte. Nach den Nürnberger Gesetzen dennoch als „jüdisch" klassifiziert, unterlagen sie der Flut an diskriminierenden Vorschriften, die in kurzer Zeit über die jüdische Bevölkerung Wiens hereinbrachen. Am 1. Jänner 1939 trat die Verordnung in Kraft, die Männer und Frauen jüdischer Herkunft zwang, die Beinamen „Israel" und „Sara" zu führen.

Diese Fakten lassen sich aus den Dokumenten, die überliefert sind, extrahieren. Wenig wissen wir über das alltägliche Leben von Gretl Gerngross und Ilse Friedmann, denn es sind keine persönlichen Dokumente von ihnen erhalten. Als *„weitläufig gebildete Frau, die das Italienische wie ihre Muttersprache beherrschte"*, war sie eine Vertraute des österreichischen Schriftstellers Egon Friedell. Vom *„lieben gescheiten Igerl, vom wilden Igerl"*, schrieb Kerstin Strindberg in der Koseform, doch viel Biografisches über Ilse Friedmann lässt sich auch von ihr nicht erfahren. Ebenso wenig über Margarethe Gerngross. Einige Sätze in den Briefen Kerstin Strindbergs geben vage Eindrücke: Gretl sei in Jugendtagen ihre *„beste, strengste Erzieherin zur Wahrhaftigkeit"* gewesen, schrieb sie in Erinnerung an ihre Freundin. Dass die Beziehung mit Ilse Friedmann innig war, kann man aus einer anderen Passage schließen: *„Sie war ganz mit Ilse und der Familie verflochten, ganz und gar nur Familie."*

Beckbrännerbacken 4 30.III.1940

Liebste Lina! Dein Brief und dann noch ein ergänzender anderer vom Katrinenhofhocker, die haben genügt um mich total zu dermatschen. Also im Verein haben die beiden Mädchen sich auf die Reise gemacht und wie die Abreise sich vollzogen hat, das schwebt mir seither wie ein Albtraum vor Augen. Das ist wohl das bitterste und grauenhafteste Buchende, das nicht einmal der Vater in seinen gespenstischesten Augenblicken hätte erfinden können. Ich bin seither kein Mensch mehr, denn ich sehe sie ununterbrochen vor mir und da ich auch Ohren habe, höre ich sämtliche Gespräche die vorher stattgefunden haben werden: sachliche, entsetzlich sachliche sogar, physikalische Fragen haben sie gestellt und beantwortet und technische Hindernisse erwogen und gelöst, diese zwei ganz und gar nicht bewanderten in derartigen Dingen wie: wieviel hält die Schnur aus? Es ist mir derart unbegreiflich dass sich kein anderer Weg ergeben haben sollte, dass ich eher an völlig zermürbte Nerven glaube, als an die tatsächliche Unmöglichkeit es anders enden zu lassen. Wo ist denn Gretels Schwester und der kleine Sohn? d.h. jetzt wird er ja auch schon ein halbwüchsiger Junge sein? Und Emma! Emma müsste es doch für die beiden gerichtet haben, denn sie ist ja gut dran so viel ich weiss. Nein Lina hats denn gar nichts anderes gegeben als DAS! Ich seh so viel andere die sich weder Mut noch Leben nehmen sondern weiterleben. Anders allerdings ist es wenn man schon vorher nicht richtig gelebt hat, ja dann ist es nicht weit bis dahin wo die beiden jetzt sind. Aus! – Vor Wochen hab ich erst die ganzen Kinderbriefe wiederbekommen, die sie mir seit meinem 13. Lebensjahr geschrieben hat. Sie war meine beste, strengste Erzieherin zur Wahrhaftigkeit. Die Kisten in denen ich diese Briefe aufgehoben und gesammelt hatte, kamen hier an und ich wusste nichts von ihr, als dass ich DAS nicht erwartete! Sie war ganz mit Ilse und der Familie verflochten, ganz und gar nur Familie und dann noch Emma. Ja gabs denn gar niemanden mehr aus der Familie für den sie sich aufheben musste? DAS wäre ja die einzige Lebensaufgabe für sie gewesen. Ich bin so entsetzt über die zwei, dass ich mich oft direkt roh aufwecken muss, sonst mein ich es ist ein böser Traum der mich ersticken will. Dass Du das alles mitmachen musst, ohne von Deiner Kraft hergeben zu können, d.h. ohne dass die zwei sich an Dir ein Beispiel genommen hätten und an Deinem Beispiel neuen Mut gefasst hätten! Das Einsamwerden ist die stärkste Kraftprobe im Leben, hab ich immer gefunden und wenn ich Dich jetzt diese Kraftprobe lösen seh, (– denn ich seh Dich doch ganz ganz deutlich leben!) – dann muss ich nur den Hut abnehmen und alle Achtung sagen. Alle Achtung! –

Also was tun wir mit der Päckchenschickerei?! Mein Gesuch um Kaffe lief, während dessen bekamen wir hier Kafferansonierung und Ausfuhrverbot! Es ist dass ich grün wurde, als das in den Zeitungen stand! Ebenso Theeverbot. Nur Fette, Geselchtes z.B. sind erlaubt. Früchte werden bereits sehr ungern zugegeben, – ich hoffe nur dass sie mir die getrockneten Marillen, Feigen, Datteln erlauben, die ich im Gesuch angeführt hab. Reis suchte ich auf alle Fälle an, denn da kannst Du Dir einen Früchtereis machen, den darfst Du bei Nierenbeschwerden bestimmt essen! Auch Rosinen hab ich angesucht! Ich erwarte die Antwort der Behörde in c.a. 10 Tagen. Sie lassen sich entsetzlich Zeit mit dem Antworten und sollen auch immer die Hälfte nicht genehmigen. Ich probiere es nun gleichzeitig mit diesem Brief durch einen guten alten Freund in Arosa, dass er Dir vielleicht von dort leichter den Kaffe schicken kann. denn meinen Gesuchs=Kaffe bekomm ich bestimmt nicht genehmigt! Wir kriegen bereits selber sehr sparsame Quantitäten. Stell Dir vor: auch ich hab immer mit den Nieren zu tun. Vor 5 Jahren hatte ich mal einen Stein, – das war noch wie ich im Garten in D. herumarbeitete. Er ging ganz schön ab, aber jetzt, seit einem halben Jahr hat sich die Nierengegend wieder fatal ge=

Der Schriftsteller Franz Theodor Csokor, der ebenso mit den Frauen befreundet war, schilderte die Hintergründe. *„Ilse Friedmann, eine Verwandte Egon Friedells, erhängte sich, als ihr die Deportation drohte, mit ihrer Kusine Grete Gerngross an einer über den höchsten Fensterriegel ihres Zimmers geworfenen starken Schnur. Beide Frauen hatten überlange Kleider angelegt, so daß man ihre in der Luft schwebenden Beine nicht gewahrte, sondern meinte, sie stünden eng nebeneinander am Fenster."* Dieses schreckliche Bild passt auch zur Reaktion Kerstins Strindbergs in einem Brief an Lina Loos von Ende März 1940: *„Das ist wohl das bitterste und grauenhafteste Buchende, das nicht einmal der Vater [August Strindberg] in seinen gespenstischsten Augenblicken hätte erfinden können."* Bitter hielt sie fest: *„Im Verein haben die beiden Mädchen sich auf die Reise gemacht."* Vereint blieben sie auch im Tod, sie liegen gemeinsam bestattet in einem Grab auf dem Döblinger Friedhof.

Quellen und Literatur

Kerstin Strindberg an Lina Loos, 26. 1. 1940, in: Wienbibliothek im Rathaus, Handschriftensammlung, I.N. 127.857

Kerstin Strindberg an Lina Loos, 30. 3. 1940, in: Wienbibliothek im Rathaus, Handschriftensammlung, I.N. 127.855

Totenbeschau-Befund Margarethe Gerngross, in: WStLA, Totenbeschreibamt JA 31172/1939

Totenbeschau-Befund Dr. Ilse Friedmann, in: WStLA, Totenbeschreibamt JA 31173/1939

Verlassenschaftsakt Dr. Ilse Friedmann, in: WStLA, Amtsgericht Innere Stadt 14A 224/40

Eigenhändiger Lebenslauf von Ilse Friedmann, in: Archiv der Universität Wien, Rigorosenakt AT-UAW_Phil_Rig_Akt_9285_Ilse_Friedmann_05

Franz Theodor Csokor, Leopoldine Rüther (Hg.): Du silberne Dame du. Briefe von und an Lina Loos, Wien/Hamburg 1966

Georg Gaugusch: Wer einmal war. Das jüdische Großbürgertum Wiens 1800–1939, Bd. 1: A–K, Wien 2011

8., Lederergasse 5 | Hof am Leithaberge

Als Staatsfeind verhaftet, als Homosexueller ermordet

Franz Abel *21.1.1882 – 6.11.1941* | Johann O. *15.10.1918 – ?*

Nachl.ges.am 11.11.1941 an Ortspolizeibehörde Malkwitz

FLOSS.

~~Schutzhäftling~~
~~Vorbeugungshäftling~~ A b e l , Franz Haft-Nr. 2554. 175

Beruf: Redakteur geboren am: 21.1.92. in: Malkwitz

Anschrifts-Ort: Schwester:Alma Hampel,Ziegelei Malkwitz,Ostholstein Straße Nr.

Eingel. am: – 6. APR. 1940 Uhr von K.L.Sh. Verstorben am: 6.11.1941 Uhr nach

Bei Einlieferung abgegeben:

1 Hut/~~Mütze~~	1 Kragen	Brieftasche mit	Rasiermesser/Klingen
1 Mantel ~~Sommer~~ Winter	1 Binder	Div. Papiere	1 Bürste
1 Rock	Hosenträger	Inv.-Vers.-Karte	
1 Hose	Leibriemen	Bleistift Federhalter	Koffer/Aktentasche
1 Weste	Sockenhalter	Messer Schere	Pakete
1 Pullover	1 P. Mansch.-Knöpfe	1 Geldbörse	Wertsachen:
2 Hemden	1 Kragenknöpfe	Schlüssel	Uhr mit Kette
2 Unterhosen	Halstuch	Feuerzeug/hölzer	Armbanduhr
1 P. Schuhe	Taschentuch	Tabak Pfeife	Ringe
1 P. Strümpfe	Handschuhe	Kamm Spiegel	
	1 Handtuch		

K. L. S. FOTO No. 3

Abgabe bestätigt: Franz Abel

Effektenverwalter:

Franz Abel wurde unmittelbar nach dem „Anschluss“ am 16. März 1938 wegen staatsfeindlicher Einstellung festgenommen. Er war Schriftleiter von Beruf und hatte als solcher 1935 das Buch *Heimatschutz in Österreich. Sein Werden und die Juli-Ereignisse* verfasst. Als austrofaschistischer Funktionär eingestuft, war er Opfer der ersten Verhaftungswelle der neuen Machthaber. Am 17. Juni wurde er ins KZ Dachau überführt. Ein paar Wochen davor hatte er zugegeben, dass er mit dem Kellnergehilfen Johann O. eine homosexuelle Beziehung unterhalten hatte, jedoch stand seine Verhaftung vermutlich nicht in unmittelbarem Zusammenhang damit, denn die Verhaftungslisten waren schon vor dem „Anschluss“ in Berlin erstellt worden.

Anfang Juli wurde auch der 20-jährige Johann O. festgenommen. Die beiden Männer kannten einander aus dem Hotelrestaurant Weißer Hahn-Hubertushof in der Josefstädter Straße gleich neben dem Theater in der Josef-

↑ Bild S. 129
Effektenkarte von Franz Abel aus dem KZ Flossenbürg. Rechts oben ein rotes Dreieck und die Zahl 175, die ihn als homosexuellen Häftling ausweisen.

stadt, wo Johann O. in die Kellnerlehre ging und Franz Abel Stammgast war. Zunächst leugnete Johann O. gleichgeschlechtliche Kontakte, vielmehr hätte ihn Franz Abel, als er wegen schlechten Geschäftsgangs abgebaut wurde, mit Schreibarbeiten beauftragt.

Nachdem aber Abels Zimmerwirtin versicherte, dass ihr Untermieter `zweifellos homosexuell veranlagt` sei, brach Johann O. im Gestapoverhör ein und gestand eine sexuelle Beziehung vom Herbst 1936 bis Jänner 1938. `Es kam zwischen ihnen fast regelmässig 2-3 mal im Monat zu einem widernatürlichen Verkehr […], wofür O. von Abel ca. S 200.- bis 250.- pro Monat bekam.` Johann O. schränkte sein Geständnis allerdings ein: `Ich erkläre trotz allem, dass ich nicht homosexuell veranlagt bin und dass ich vom Abel, ich war damals erst 18 Jahre alt, zu diesen Unzüchtigkeiten verführt wurde.` Auch Franz Abel gestand: `Der treibende Teil bei dieser Handlung war ich.`

In Abwesenheit von Franz Abel wurde Johann O. Anfang September 1938 zu drei Monaten schwerem Kerker verurteilt. Nach Verbüßung seiner Haftstrafe wurde er am 2. Oktober 1938 an die Gestapo rücküberstellt, es sind aber keine Vorbeugemaßnahmen nachweisbar. Erst Ende April 1939 wurde Franz Abel aus dem KZ Dachau nach Wien überstellt, damit ihm am Landesgericht der Prozess gemacht werden konnte. Zu diesem Zeitpunkt war Johann O. als Kellner in einem Hotel am Semmering beschäftigt. Franz Abel bekannte in der Hauptverhandlung, dass `er nicht homosexuell, sondern bisexuell veranlagt` sei, was bei der Urteilsfindung allerdings unerheblich war, da nicht die Veranlagung, sondern die gleichgeschlechtlichen sexuellen Handlungen zählten, wobei `die Verführung eines 18-Jährigen` bei der Strafbemessung als erschwerend gewertet wurde. Schließlich wurde er zu sechs Monaten schwerem Kerker verurteilt.

Nach der Verbüßung seiner Haftstrafe am 28. Oktober 1939 wurde Franz Abel jedenfalls nicht freigelassen, sondern wieder in ein Konzentrationslager überstellt. Allerdings nicht zurück nach Dachau, sondern ins KZ Sachsenhausen, wo er am 26. November aufgenommen wurde. Von dort wurde er wiederum am 6. April 1940 in das KZ Flossenbürg überstellt. In den dortigen Unterlagen ist eine ärztliche Bescheinigung des SS-Standortarztes Gerhard Schiedlausky erhalten, die gleichzeitig die Todesmeldung Franz Abels ist: `Am 6. November 1941 um 18,20 Uhr verstarb im Häftl.-Krankenbau des K.L. Flossenbürg der […] anerkannte Schutzhäftling (§ 175) Nr. 2554 Abel, Franz […] an Herzinsuffizienz.`

Quellen WStLA, Landesgericht für Strafsachen, A11: LG I Vr 4929/38; Zugangsbuch Konzentrationslager Dachau, Arolsen Archives, Sig. 805460001; Individuelle Häftlingsunterlagen Konzentrationslager Flossenbürg, Arolsen Archives, Sig. 01010803 001.017

9., Porzellangasse 19 | 12., Tivoligasse 52

Bei einer „Überholung“ festgenommen
Gustav Gschaider 11.3.1889–? | Martin B. 4.1.1916–?

Bei einer „Überholung“ (Razzia) des Pissoirs im Resselpark am Karlsplatz wurde am 1. Juni 1943 der 54-jährige Dipl.-Ing. Gustav Gschaider festgenommen, nachdem er von Kriminalbeamten dabei beobachtet worden war, wie er mit einem jungen Soldaten wechselseitig onanierte. Der Kriminalpolizei war die „Loge“ im Resselpark als beliebter Treffpunkt homosexueller Männer bekannt, weshalb sie auch regelmäßig Beobachtungen durchführte. In den in seinem Wohnhaus in der Porzellangasse 19 befindlichen Heimat-Lichtspielen lief an diesem Abend die deutsche Komödie *Meine Frau Teresa* von Arthur Maria Rabenalt. Im Burgtheater stand Raoul Aslan in der Rolle des Pylades in Gerhart Hauptmanns Drama *Iphigenie in Delphi* auf der Bühne.

Nicht nur befanden sich die Wohnungen des Burgtheater-Stars Raoul Aslan und des Chemikers Gustav Gschaider in großer räumlicher Nähe – man musste von Gschaiders Haus nur die berühmte Strudelhofstiege erklimmen, um vor Aslans Haus in der Strudelhofgasse 13 zu landen –, die Männer waren auch beide homosexuell. Und doch hätte ihr Schicksal in der NS-Zeit

↑ Bild S. 131
Die Porzellangasse in den 1930er Jahren. Im Haus mit der Leuchtschrift des Heimat-Kinos (links im Bild) lebte Gustav Gschaider bis zu seiner Verhaftung.

nicht unterschiedlicher sein können. Ganz Wien wusste, dass der Schauspieler Aslan mit seinem jüngeren Kollegen Tonio Riedl in einer Beziehung lebte. Auch die NS-Machthaber waren darüber informiert, aber als Künstler genoss Aslan, wie seine berühmten Kollegen Gustaf Gründgens, Schauspieler und Theaterdirektor in Berlin, der Opernsänger Max Lorenz oder der Schriftsteller Richard Billinger, einen besonderen Schutz. Solange sie mit ihrer sexuellen Orientierung kein öffentliches Ärgernis erregten, waren sie vor Strafverfolgung weitgehend geschützt. Im Gegensatz zum „einfachen" Homosexuellen Gustav Gschaider, der nach seiner Verhaftung eine schwere Kerkerstrafe und weitere Gewaltmaßnahmen bis zur Einweisung in ein Konzentrationslager befürchten musste.

Gustav Gschaider entstammte einer bedeutenden Kaufmannsfamilie in Steyr und hatte an der Technischen Universität in Zürich studiert. Nach Abschluss des Studiums begann er, als Techniker beim Gummi- und Reifenhersteller Semperit zu arbeiten, wo er bis zum Tag seiner Festnahme 28 Jahre lang beschäftigt blieb. Er ist einer der wenigen Akademiker, die sich unter den verfolgten Homosexuellen in der NS-Zeit finden lassen, und zählt auch zu den wenigen wohlhabenden Verfolgten. Er besaß mehrere Liegenschaften in Oberösterreich, einen Hausanteil in Wien und ein beträchtliches Barvermögen von 150.000 Reichsmark.

Bei der Befragung durch den Kripobeamten Karl Gierlinger, die sich über mehrere Tage hinzog, gab Gschaider zu, dass er `abnormal veranlagt` sei und nie in seinem Leben `mit einer Frau einen normalen Geschlechtsverkehr vollzogen` hätte. Im Protokoll der ersten Vernehmung gab Gschaider an, dass er `in den letzten 37 Jahren mit mindestens 1000 (Eintausend) Männern auf verschiedene Weise geschlechtlich und in verschiedenen Städten und Orten verkehrt` habe. `Meines Erinnerns nach dürfte ich ungefähr 1500-mal auf diese Weise mich betätigt haben.` Dieser Aussage wird er später in der Hauptverhandlung wohl auf Anraten seines Anwalts widersprechen. Diese Zahl habe ihm der vernehmende Kriminalbeamte in den Mund gelegt: `Ich möchte betonen, dass ich während der 37 Jahre oft und oft gegen meine gleichgeschlechtliche Einstellung angekämpft und mich beherrscht habe, manchesmal ist aber doch die Natur stärker gewesen als ich.`

Es ist anzunehmen, dass Gschaider – wie auch viele andere – nicht freiwillig Geständnisse über sein Sexualleben machte und ehemalige Liebhaber auslieferte. Eine Ahnung der Verhörmethoden ermöglicht die Vernehmung seines Freundes, des 27-jährigen Gärtners Martin B., über den Gschaider in seiner ersten Vernehmung sagte, dass er ihn sehr, sehr gern habe – `ich liebe ihn, da er ein netter Kamerad ist.` Martin B. bestritt zunächst entschieden jede gleichgeschlechtliche Beziehung: `Ich bin normal veranlagt und verkehre geschlechtlich nur mit Frauen.` Nach Stunden des Verhörs, das immer wieder unterbrochen wurde, bekannte er plötzlich, dass er gelogen habe, und gab zu, sowohl mit Männern als auch mit Frauen zu verkehren. Dieser Meinungsumschwung legt psychische und physische Einschüchterungen und Misshandlungen in den Vernehmungspausen nahe.

Gustav Gschaider wurde schließlich zu einer Zuchthausstrafe von 18 Monaten verurteilt, Martin B. erhielt ein Jahr Zuchthaus. Beide sollten danach an die Kripo rücküberstellt werden, da Vorbeugemaßnahmen vorgesehen waren. Martin B. wurde aber am 11. Juni 1944 nach Verbüßung seiner Haftstrafe entlassen. Es gibt keine Hinweise darauf, dass eine Rückstellung an die Kriminalpolizeileitstelle erfolgt ist.

Bereits vor der Hauptverhandlung übersandte Gschaiders Arbeitgeber Semperit an dessen Anwalt ein umfassendes Arbeitszeugnis, in dem die Geschäftsleitung betonte, dass über Gschaiders Lebensführung nie etwas Nachteiliges bekannt war. Später unterstützte das Unternehmen den Antrag auf Gschaiders vorzeitige Haftentlassung aktiv und erklärte: Gschaider ist […] zur Erfüllung der uns obliegenden kriegswirtschaftlichen Aufgaben in der Reifenproduktion unentbehrlich, wir haben auch keine Möglichkeit, ihn durch jemand anderen zu ersetzen. Tatsächlich wurde Gschaiders Strafe im Oktober 1943 vorerst bis Kriegsende aufgeschoben. Eine Aktennotiz belegt, dass Gschaider die aufgeschobene Zuchthausstrafe von 13 Monaten und 20 Tagen im Zuge der Befreiungsamnestie von 1946 nachgelassen wurde. Sie galt ab 17. Februar 1948 als verbüßt, wobei eine Bewährungsfrist bis Februar 1951 festgelegt wurde. Am 27. März 1951 erfolgte schließlich der endgültige Strafnachlass. Das weitere Schicksal von Martin B. konnte bislang nicht geklärt werden.

Gustav Gschaider hätte es sich als verfolgter Homosexueller, der ja auch in der Nachkriegszeit vor Verhaftung, Denunziation und Vernichtung seiner bürgerlichen Existenz nicht sicher war, wohl kaum träumen lassen, dass etwas mehr als 30 Jahre nach seiner Verurteilung der offen schwule Theatermacher Hans Gratzer in die Heimat-Lichtspiele einziehen und sein Schauspielhaus mit *Der Balkon*, einem Stück des ebenfalls offen schwul lebenden französischen Dichters Jean Genet, eröffnen würde. In seiner zweiten Spielzeit inszenierte Gratzer 1980 die österreichische Erstaufführung des Stücks *Bent* von Martin Sherman, das von homosexuellen KZ-Häftlingen handelt und maßgeblich auf den Erinnerungen des Wieners Josef Kohout → S. 136 beruht, der seine Erfahrungen in der KZ-Haft in dem unter dem Pseudonym Heinz Heger 1972 veröffentlichten Bericht *Die Männer mit dem rosa Winkel* verarbeitet hatte und der ebenfalls im neunten Bezirk lebte.

Quelle und Literatur WStLA, Landesgericht für Strafsachen, A11: LG I Vr 1272/43; Petra Paterno: Lichterloh. Das Wiener Schauspielhaus unter Hans Gratzer 1978 bis 2001, Wien 2013

Programmheft zur österreichischen Erstaufführung des Stücks *Bent* von Martin Sherman im Schauspielhaus, 1980.

9., Schwarzspanierstraße 18

„Auf der Flucht erschossen"

Alois Bruckner *2.2.1912 – 20.12.1944*

Mein guter Gatte, unser bester Vati, Schwiegersohn, Bruder, Schwager, Onkel u. Neffe

Obergefr. Alois Bruckner

hat Mittwoch, den 20. Dezember 1944 um 20^{30} Uhr auf tragische Weise im Alter von 33 Jahren den Tod gefunden.

Die militärische Trauerfeier mit feierl. Einsegnung findet am Dienstag, den 16. d. M. um 9 Uhr beim Ehrenmal am Wr. Zentral-Friedhofe (Halle 1, II. Tor) statt.

Die Beisetzung erfolgt dortselbst im Familiengrabe.

Die hl. Seelenmesse wird Freitag, den 19. Jänner 1945 um 7 Uhr in der Votivkirche gelesen werden.

Wien, den 11. Jänner 1945. IX. Schwarzspanierstr. 18.

Antonia Bruckner, Gattin **Heinz** u. **Christa,** Kinder

und sämtliche Angehörigen.

Gemeinde Wien, städt. Leichenbestattung, XIV. Linzer Straße 121 / Fernruf: B 3 34 12, U 3 90 03
Druck: Johann Zellmayer's Söhne, Wien. XIV. Penzinger Straße 67

Alois Bruckner geriet durch das Geständnis des Mitbeschuldigten Karl Schwarzmüller in den Fokus der Verfolgungsbehörden. Da der ehemalige Küchenchef des Hotels Regina im September 1941 bei einer Wehrmachtseinheit in Brünn stationiert war, wurde das Verfahren zunächst vom Wehrmachtsgericht der Division 177 geführt, doch später an das Landgericht Wien abgegeben. Bruckner, der zum Zeitpunkt seiner Einvernahme im Oktober 1941 verheiratet und Vater eines sieben Monate alten Kindes war, gab zu, dass er während eines Heimaturlaubs im Sommer Schwarzmüller im Rathauspark kennengelernt hatte, mit ihm ins Gespräch gekommen war und ihn schließlich in den Türkenschanzpark begleitet hatte, wo sie auf einer Parkbank sitzend gemeinsam onanierten.

Bruckner versuchte seine gleichgeschlechtlichen Handlungen mit Schwarzmüller als Ausrutscher darzustellen: Ich kann mir heute

← Bild S. 134
Parte von Alois Bruckner, der im Rathauspark von einem Panzerschützen auf der Flucht erschossen wurde.

selbst nicht erklären, wie ich dies tun konnte. Ich war nie abnormal veranlagt und habe auch keine abnormalen Triebe gehabt. [...] Ich habe meine Tat schon bereut, als ich mich von Schwarzmüller im Türkenschanzpark verabschiedet habe. Ich bin mit meiner Frau glücklich verheiratet und hänge an meinem Kinde. Dem widersprechen Briefe von Bruckner, die im Zuge der Hausdurchsuchung bei Schwarzmüller gefunden wurden. Als endlich ein Brief von „Carli" in Brünn eintraf, antworte Bruckner überschwänglich: Oh möge diese unsre Neigung von Tauer sein, damit ich wieder Schaffens und Lebensfreude habe [...] Soofft ich die Augen nur schliße, sehe ich meinen ‚Karl' den Großen schlanken mit dem Gottlichen Mund, den Sehlenvollen Augen, ja das meinst Du ja so schöhn Liebe auf den 1. Blick, das ist es. Ach könnt ich Dich fassen und küssen wie ich es wollte, an Deinen Küssen vergehen wollte.

Vor Gericht gelang es ihm, die Verdachtslage zu entkräften: Meine Ehe ist glücklich. Ich hätte als Mann in dieser Situation, da meine Frau damals krank war, auch etwas anderes tun können, aber die Liebe zu meiner Frau war so groß, daß ich sie nicht mit einer anderen Frau betrügen wollte. [...] Meine Frau hatte mit unserem Buben eine sehr schwere Geburt und musste geschnitten werden, und da wollte ich ihr nicht näher treten. In diesem Verfahren von 1941 zeigt der Richter Milde und verurteilte Alois Bruckner zu vier Monaten Gefängnis auf Bewährung.

Am 20. Dezember 1944, er hatte erneut Heimaturlaub, ging Brucker abends in den Rathauspark und traf dort auf den in Wien stationierten Panzerschützen Gerhard Adlung, den er ansprach und zum gemeinsamen Spaziergang u. Sitzen auf einer Bank einlud. Dann hat er Adlung am Oberschenkel abgegriffen. Adlung wollte Bruckner wegen der homosexuellen Annäherung festnehmen. Bruckner ergriff die Flucht. Adlung schoß ihm mit der Dienstpistole nach und verletzte ihn tödlich. Der Todesschütze wurde zur weiteren Amtshandlung der Heeresstreife Groß Wien zugeführt. Ob seine Tat Konsequenzen hatte, ist nicht bekannt. Alois Bruckners kurzes Leben endete im Rathauspark.

Quelle WStLA, Landesgericht für Strafsachen, A11: LG I Vr 2361/42

9., Zimmermannplatz 1

Der Mann mit dem rosa Winkel
Josef Kohout *25.1.1915–25.3.1994*

Ein wegen homosexueller Handlungen festgenommener Unteroffizier behauptete im Verhör, er sei von einem Josef Kohout in eine Wiener Wohnung in der Praterstrasse eingeführt worden, in der 10 bis 12 Männer anwesend waren, wobei von 2 nackten Männern lebende Bilder gestellt wurden. Diese Information reichte der Gestapo für eine Festnahme des Postvertragsangestellten Kohout Mitte April 1939. Vor 5, 6, oder 7 Jahren – also im Alter zwischen 17 und 19 Jahren – hätte er sich mit einem ihm heute nicht mehr bekannten Manne […] homosexuell betätigt, bekannte der junge Mann im ersten Verhör. Seither nicht mehr. Ein Geständnis, das ungefährlich war, da für dieses Verbrechen bereits die Verjährungsfrist eingetreten war. Der ihn beschuldigende Unteroffizier wäre in seiner Militärzeit zwischen 1936 bis 1938 sein Vorgesetzter gewesen, und er hätte ihn tatsächlich auch in der Freizeit getroffen, sie seien ins Kino oder in ein Gasthaus gegangen. Und er

← Bild S. 136
Josef Kohout um 1946/47, etwa zwei Jahre nach seiner Rückkehr aus der KZ-Lagerhaft.

konnte sich auch erinnern, dass in der Wohnung im 2. Bezirk mehrere Burschen [...] anwesend [waren], die Tee tranken und Gramaphon [sic] spielten.

Unter dem Einfluss der Haftbedingungen und vermutlich auch Drohungen und Gewalt seitens der Gestapo revidierte Josef Kohout schon am nächsten Tag seine Aussagen, die nur zum Teil der Wahrheit entsprochen hätten. Denn er hatte außerdem von November 1938 bis zu seiner Festnahme mit meinem Freund Karl Schwarz eine Beziehung gehabt, die er von anderen Begegnungen abgrenzte: Ich habe im allgemeinen ständige Freunde nie gehabt, es waren nur vorübergehende Bekanntschaften. An die Namen der vielleicht 10 bis 15 Männer, mit denen er sich homosexuell betätigt hatte, konnte er sich nicht erinnern. Bei Karl Schwarz sprach er von seinem Freund.

Als auch dieser verhaftet und zum Verhör gebracht wurde, bezeichnete er Josef Kohout als Verführer, denn er hätte sich nur mit ihm homosexuell betätigt. Vielleicht bin ich durch das weibische Benehmen des Kohout so beeinflusst worden, dass ich mich zu diesen Dummheiten habe hinreißen lassen. Im Schlussbericht der Gestapo an das Landesgericht, der auch Einblick in ihre Ermittlungsmethoden gibt, wird Josef Kohout durchwegs negativ dargestellt: Er sei ein ausgesprochener Strichjunge, der auch bei seiner Vernehmung keine Reue zeigte. Kohout ist in Kreisen von Homosexuellen sehr gut bekannt, er wurde an Hand eines Lichtbildes von ihm von Homosexuellen, welche in verschiedenen Bezirken ihren Wohnsitz haben, sogleich erkannt. Kohout ist Stammgast in der Dalmatiner-Weinstube im ersten Bezirk am [Park-]Ring, dem Treffpunkt der Homosexuellen.

Auch wenn Josef Kohout den Vorwurf, ein Strichjunge zu sein, entschieden zurückwies – ich bin nie am Strich gegangen und habe nie Geld genommen von Homosexuellen –, war das Urteil über ihn schon vor der Gerichtsverhandlung gefällt. Während er vorerst in Untersuchungshaft blieb, wurde Karl Schwarz aus zunächst nicht nachvollziehbaren Gründen noch vor der Anklageerhebung an die Gestapoleitstelle abgegeben. Es wurde zwar Anklage gegen ihn erhoben, bei der Hauptverhandlung schien er allerdings weder als Angeklagter noch als Zeuge gegen Kohout auf. Auf der Ladung, die ans Landesgericht zurückging, findet sich der handschriftliche Vermerk des Postbeamten: lt. Auskunft d. Portiers [...] eingerückt. Das Gericht nahm es kommentarlos zur Kenntnis, dass ihm nach der Anklageerhebung ein Angeklagter abhandenkam – ein einzigartiger Vorgang. Josef Kohout sollte später in seiner Autobiografie *Die Männer mit dem rosa Winkel* behaupten, dass sein Liebhaber einen hochrangigen Nazi als Fürsprecher gehabt habe. Tatsächlich war es vermutlich der „Gnadenerlaß des Führers und Reichskanzlers für die Wehrmacht“ vom 1. September 1939, gemäß dem ein Eintritt in die Wehrmacht vor Strafe schützen konnte, der Karl Schwarz vor der Verhandlung bewahrte.

Mehr als vier Jahre später, Ende 1943, fragte das Landgericht Wien beim Wehrmeldeamt Wien nach dem Verbleib von Karl Schwarz. Ende April 1944 meldete schließlich der General des Transportwesens beim Oberkommando der Heeresgruppe Nordukraine, dass die Anfrage an die zuständige Heeresgruppe weitergeleitet wurde, einen Monat später wurde bekannt gegeben, dass das Verfahren gegen den Oberleutnant d. Res.

Karl Schwarz zuständigkeitshalber dem Gericht der 254. Infanterie-Division abgegeben wurde. Am 27. Jänner 1945 suchte das Landgericht Wien beim Gericht der Division 409, Zweigstelle Marburg a. d. Lahn, bei dem das Verfahren inzwischen gelandet war, um Bekanntgabe des Ausgangs an. Danach verliert sich in den Kriegswirren jede Spur von Karl Schwarz.

Josef Kohout wurde zu sieben Monaten schwerem Kerker verurteilt und nach Verbüßung der Haft Mitte November 1939 an die Gestapo rücküberstellt. Mitte Jänner 1940 wurde er nach einer fast zweiwöchigen Überstellungsfahrt mit einer Reihe anderer Wiener Häftlinge ins Konzentrationslager Sachsenhausen bei Berlin eingeliefert. Dort musste er als Erkennungszeichen einen rosa Stoffwinkel auf seiner Häftlingsuniform tragen, um von den Aufsehern und anderen Häftlingen sofort als Homosexueller erkannt zu werden.

Zu dieser Zeit war Sachsenhausen eines der schlimmsten Lager für Homosexuelle. In einem eigenen Block von den anderen Häftlingen isoliert, mussten sie in einer Strafkompagnie im Klinkerwerk Zwangsarbeit verrichten. In den Tongruben zu Tode geschunden, von Kapos, den Aufsehern eines Blocks, brutal misshandelt, gezwungen, bei Eiseskälte stundenlang nackt Appell zu stehen, „wütete die teuflische Vernichtungsmaschinerie der SS unter uns Schwulen und lichtete die Belegschaft unseres Blocks", wie Kohout später in seiner Autobiografie berichten sollte. Die historische Forschung ist sich heute einig: „Sofern sie nicht in ein anderes Lager kamen, wurden die Homosexuellen in Sachsenhausen zwischen 1940 und August 1942 bis auf wenige Ausnahmen gezielt ermordet."

Doch Josef Kohout hatte Glück: Anfang April 1940 wurde er ins KZ Flossenbürg überstellt. Schon in Sachsenhausen hatte er ein Verhältnis mit einem Kapo begonnen, der im Gegenzug für sexuelle Dienstleistungen eine schützende Hand über ihn hielt und ihn mit zusätzlichen Essensrationen versorgte. „Verurteile mich deshalb, wer mag. Warum sollte ich da eine Chance, die mich zwar menschlich degradierte, mir aber das Leben rettete, nicht nützen?", fragte er später in seinem Lebensbericht. Es ist heute schwer einzuschätzen, wie verbreitet Lagerhomosexualität tatsächlich war. Der österreichische KZ-Häftling Hermann Langbein beschrieb sie als „Ersatz-Homosexualität", in der sich Kapos meist junge Burschen, „Puppenjungen" genannt, hielten und sexuell missbrauchten. Sexuelle Beziehungen zwischen Häftlingen dürften zwar eher die Ausnahme gewesen sein, da die meisten der misshandelten und entkräfteten Männer dazu physisch kaum in der Lage gewesen wären. Andererseits gehörten enge Freundschaften, die wohl auch körperliche Beziehungen einschlossen, zum Alltag der Häftlinge.

Auch im KZ Flossenbürg fand Josef Kohout einen Kapo, der ihn halbwegs gut behandelte. Es gelang ihm schlussendlich sogar selbst zum Kapo aufzusteigen und einem kleinen Arbeitstrupp von 27 Mann vorzustehen. Er wurde damit zum einzigen schwulen Kapo, den wir in der Geschichte der Konzentrationslager kennen, auch wenn seine Selbstbezeichnung als „schwuler Capo von Himmlers Gnaden" etwas übertrieben sein mag. Josef Kohout gelang es jedenfalls, fast fünf Jahre im KZ Flossenbürg als Rosa-Winkel-Häftling zu überleben. Am 24. April 1945 wurden er und seine Mithäftlinge auf einen Todesmarsch nach Dachau geschickt, trafen aber bereits vor Ankunft ihres Ziels auf amerikanische Truppen, die sie befreiten.

Nach dem Krieg war Kohout in Wien Angestellter in der Herstellung von Leder- und Schuhpflegemitteln sowie in der Textilindustrie. Er bemühte sich bereits 1946 um eine Entschädigung

Unter dem Pseudonym Heinz Heger wurde 1972 der erste umfassende Bericht eines homosexuellen KZ-Häftlings veröffentlicht.

seitens der Republik Österreich bzw. um eine Anerkennung der Haftzeit als Beitragsersatzzeit für die Pension, was ihm aber beides abschlägig beschieden wurde, da er als Rosa-Winkel-Häftling keinerlei Anrecht darauf hatte. Unter dem Pseudonym „Heinz Heger" erschien 1972 Kohouts Lebensgeschichte, *Die Männer mit dem rosa Winkel.* Erstmals wagte ein homosexueller Mann, von seinem Schicksal als Verfolgter des NS-Regimes zu berichten. Obwohl das Pseudonym eigentlich das des Autors Hans Neumann war, der Kohouts Erzählungen folgend das Buch verfasst

Der rot wirkende rosa Winkel mit der Häftlingsnummer von Josef Kohout aus dem KZ Flossenbürg.

hatte, wurde es in der Öffentlichkeit stets mit der Person verbunden, deren Qualen in den Konzentrationslagern Sachsenhausen und Flossenbürg erzählt wurden: mit Josef Kohout.

Ab den 1980er Jahren wurde er bei seinem Anliegen nach Anerkennung als Opfer des Nationalsozialismus von der Homosexuellen-Initiative (HOSI) Wien sowie der österreichischen Volksanwaltschaft unterstützt. 1992 erhielt er zwar als vermutlich einziger Rosa-Winkel-Häftling die Haftzeit im Konzentrationslager als Ersatzzeit auf seine Pension angerechnet, bis zu seinem Tod 1994 wurde ihm aber die vollständige, rechtmäßige Anerkennung als NS-Opfer verweigert.

Erst 2005 wurden Homosexuelle von der Republik Österreich offiziell als Opfer der NS-Verfolgung anerkannt. Im Sommer 2010 wurde eine kleine Grünfläche am Zimmermannplatz im neunten Wiener Gemeindebezirk, an dem Josef Kohout aufgewachsen war und wo er bis zu seinem Tod gewohnt hatte, im Gedenken an ihn und sein Schicksal als homosexuelles NS-Opfer Heinz-Heger-Park genannt. Kohouts KZ-Winkel, der einzig nachweisbar erhaltene Winkel eines homosexuellen KZ-Häftlings, wird heute im United States Holocaust Memorial Museum verwahrt.

Quelle und Literatur WStLA, Landesgericht für Strafsachen, A11: LG I Vr 1951/39; Heinz Heger: Die Männer mit dem rosa Winkel, Hamburg/Gifkendorf 1972; Joachim Müller, Andreas Sternweiler: Homosexuelle Männer im KZ Sachsenhausen, Berlin 2000; Kurt Krickler: Heinz Heger. Der Mann mit dem rosa Winkel, in: Aus dem Leben, Sonderheft Lambda Nachrichten, Juni 2001, S. 42–44

10., Favoritenstraße 144

In Berlin verhaftet

Johann Krach *20.6.1901– 28.2.1945*

Ende April 1938 befand sich der Hilfsarbeiter Johann Krach als Angehöriger der SA-Standarte 100, Sturm 16 Wien, auf einem 14-tägigen „Kraft durch Freude"-Urlaub in Berlin. Als er mehrmals die Bedürfnisanstalt am Alexanderplatz in Berlin aufsuchte, um dort, wie er aussagte, einen Partner zu finden, der mir zu einem geschlechtlichen Genuss verhilft, erregte er Aufsehen. In einer Zeit von etwa 45 Minuten suchte er die Anstalt viermal auf, hieß es im Bericht der Berliner Gestapo. Er verblieb in der Anstalt bis zu 15 Minuten ohne zu urinieren. Durch sein Benehmen in der Bedürfnisanstalt erweckte er den Anschein, als ob er sich Männern zum Zwecke der wid.[ernatürlichen] Unzucht anbot. Detailliert beschrieben sind die Anbahnungsrituale in einer „Loge", wie im Wiener Szenejargon öffentliche Toilettenanlagen genannt wurden, in denen sich Männer zum Sex oder zumindest zu dessen Anbahnung trafen.

Krach zeigte den neben ihm stehenden Männern sein Geschlechtsteil, wobei er Onaniebewegungen machte. Auf sein Verhalten wurde ein anderer Mann aufmerksam, der

27 a Vr 5033/38 5

Geheime Staatspolizei
Staatspolizeileitstelle Wien

II S 1 40/38.
Bitte in der Antwort vorstehendes Geschäftszeichen und Datum anzugeben.

Wien I, den 26. August 1938.
Morzinplatz 4
Fernsprecher A 17-5-80

2
Staatsanwaltschaft Wien I
Eingelangt am 30. Aug. 38
........fach mit .... Beilagen
.... Abschriften

An die
Staatsanwaltschaft Wien I,
Wien VIII.
Landesgerichtsstr. 11.

2 Vr 3377/38
7

Betrifft: Homosexuelle Betätigung des Johann K r a c h.

Vorgang: Ohne.

Anlage: Urschriftlich Akt geheftet Bl.1-10.

Am 30.4.1938 wurde der Hilfsarbeiter Johann K r a c h, am 20.6.1901 in Wien geboren und zuständig, katholisch, ledig, Wien X. Favoritenstrasse 144/7 wohnhaft, während einer KdF. Reise, in Berlin am Alexanderplatz, wo er sich in bedenklicher Weise in einer Befürnisanstalt herumtrieb, angehalten und nach Feststellung seines Nationales entlassen.

Von der erfolgten Anhaltung wurde der hiesigen Dienststelle Mitteilung gemacht und Krach nach seinem Eintreffen in Wien am 4. August l. J. in seiner Wohnung, Wien X. Favoritenstrasse 144/7, von h.ä.Krb. wegen Verdachts homosexueller Betätigung festgenommen und dem Polizeigefangenhause, Wien IX. Rossauerlände 7, überstellt.

324
Der Festgenommene ist geständig, in den Jahren 1931 bis 1938 mit 6 ihm unbekannten Männern gleichgeschlechtliche Handlungen begangen zu haben.

4/8. 16h
Krach wird gemäss § 129 Ib St.G. der Staatsanwaltschaft Wien I zur Anzeige gebracht und gleichzeitig dem Landesgericht Wien I eingeliefert.

Ich bitte um Nachricht über den Ausgang des Verfahrens und Uebersendung einer Urteilsabschrift nebst Begründung, sowie um Rücküberstellung des Krach nach Strafverbüssung ins Polizeigefangenhaus, Wien IX. Rossauerlände 7.

Im Auftrage:

gez. Häusserer.

Beglaubigt:

Kanzleiangestellte.

↑ Bild S. 141
Der Reumannplatz mit dem Amalienbad 1935. Ein paar Häuserblocks stadtauswärts wohnte Johann Krach.

↑ Bilder S. 142/143
Bereits im Strafantrag der Gestapo an die Staatsanwaltschaft wurde die Rücküberstellung des Beschuldigten gefordert.

ihm bei dem Verlassen der Anstalt folgte. Die Beamten verloren allerdings das Paar im Menschengewühl am Alexanderplatz aus den Augen. Später sollte Krach eingestehen, dass er mit dem Betreffenden auf einer Kaufhaustoilette in der Nähe onaniert hatte. Er war danach wieder auf den Alexanderplatz gekommen, wo er zwecks Feststellung seiner Personalien nach der Bahnhofswache abgeführt wurde. Da er schon auf der Bahnhofswache homosexuelle Verfehlungen zugegeben hatte, wurde er unter Bewachung nach Wien gebracht, wo die Gestapoabteilung II/S am Morzinplatz die Ermittlungen übernahm.

Ich gebe vorweg zu, dass ich bisexuell veranlagt bin, da ich seit meiner Geschlechtsreife sowohl mit Frauen als Männern verkehrt habe. Im Protokoll stand ursprünglich homosexuell, was allerdings durchgestrichen und durch bisexuell ersetzt wurde, was darauf hindeutet, dass der Beschuldigte aktiv gegen die Bezeichnung aufgetreten ist. Seit 1931 hätte er mit sechs Männern gleichgeschlechtliche Kontakte gehabt, er konnte aber keine Namen nennen: Dies waren ausschliesslich nur Gelegenheitsbekanntschaften und war unser Beisammensein nur immer auf eine verhältnismässig kurze Zeit beschränkt. Meist erhielt er für seine sexuellen Dienstleistungen eine Kleinigkeit, ein Glas Bier und ein Paar Würstel.

Krachs Leben war von Armut geprägt, 38-jährig wohnte er noch bei seiner Mutter, Vater und Stiefvater waren bereits verstorben. Nach abgebrochener Lehre schlug er sich mit Hilfsarbeiterjobs durch und war von 1926 bis 1931 in einer Metallwarenfabrik in Frankreich beschäftigt. Da seine Arbeitsgenehmigung nicht verlängert wurde, war er von 1931 bis kurz vor seiner Verhaftung arbeitslos, als er auf Vermittlung der NSDAP eine Anstellung in einem Wiener Kabelwerk bekam. Während seiner Arbeitslosigkeit habe er sich oft des Nachts auf Märkten herumgetrieben, um sich mit Hilfsarbeiten Geld zu verdienen. Bei dieser Gelegenheit habe er die Bekanntschaft eines Mannes gemacht, der ihn zu gleichgeschlechtlichen Handlungen veranlasste, versuchte Johann Krach sein Verhalten im Protokoll zu erklären. In einem anderen Fall wurde er von einem Mann beim Buschkino im Prater angesprochen oder in der Bedürfnisanstalt im Rathauspark.

Johann Krach wurde wegen des Verbrechens der Unzucht wider die Natur nach § 129 Ib StG. und Übertretung gegen die öffentliche Sittlichkeit nach § 516 StG angeklagt. In beiden Anklagepunkten schuldig gesprochen, erhielt er vier Monate schweren Kerker, verschärft durch einen Fasttag monatlich, als Urteil. Als erschwerend wurde gewertet, daß diese an öffentlich zugänglichen Stellen begangenen unzüchtigen Handlungen durch das zufällige Hinzukommen dritter Personen hätte[n] in weiteren Kreisen bekannt werden können.

Nach Verbüßung der Haft wurde er an die Gestapo rücküberstellt. Sein weiteres Schicksal ist unbekannt. 1951 wurde Johann Krach für tot erklärt und ausgesprochen, daß derselbe den 28. Februar 45 nicht überlebt hat.

Quelle WStLA, Landesgericht für Strafsachen, A11: LG I Vr 5033/38

11., Hasenleitengasse 8 | 9., Galileigasse 3

Ein Anruf mit Folgen
Hermine Woytek *2.12.1909–?*
Wilhelmine Burdak *1.12.1909–27.5.1982*

Am 25. Mai 1942, um 8 Uhr 30 Minuten, wurde die hiesige Kripodienststelle von einem unbekannten Manne fernmündlich angerufen: Mit einer Denunziation begann an einem Pfingstmontag das Verfahren gegen die Weberin Hermine Woytek und die Krankenpflegerin Wilhelmine Burdak. Der Denunziant gab an, dass die Burdak [...] fast zweimal wöchentlich bei der Woytek nächtigen [soll]. Die Beiden sollen gemeinsam in einem Bette schlafen und bei dieser Gelegenheit den Geschlechtsakt durch wechselseitige Onanie durchführen. Da der Anrufer auch mitteilte, dass Wilhelmine Burdak gerade wieder bei Hermine Woytek erschienen sei, wurden die Kripobeamten sofort aktiv. Eine halbe Stunde nach dem anonymen Anruf waren beide Frauen verhaftet, in die Kriminalpolizeiliche Dienststelle beim Polizeiamt Simmering überstellt und zum Verhör gebracht worden.

Beide gestanden sofort, doch unterschieden sich die Formulierungen deutlich. Hermine Woytek, die in den Akten auch Woitek oder Wojtek geschrieben wurde, sagte aus: Ich gebe zu, dass ich mit der Wilhelmine Burdak

↑ Bild S. 145
Die Menschen in der Hasenleiten-Siedlung wurden durch einen Zaun vom Rest der Bevölkerung abgegrenzt.

gegenseitige Wechselonanie betrieben habe. Im Gegensatz dazu gab Wilhelmine Burdak zu Protokoll: Ich gebe zu, dass ich mit der Hermine Woitek [...] ein Liebesverhältnis gehabt habe. Bezieht sich das eine Geständnis auf eine sexuelle Handlung, spricht die Beschuldigte im zweiten von einem Gefühl. Da es in der Verhörsituation darum ging, als widernatürlich definierte gleichgeschlechtliche Handlungen zu beweisen, ist es nicht verwunderlich, dass Woytek diese nennt, zumal davon auszugehen ist, dass diese auch vom verhörenden Beamten angesprochen wurden.

Umso ungewöhnlicher ist es daher, dass Wilhelmine Burdak auch in der weiteren Folge des Verhörs lange die emotionalen und zärtlichen Aspekte der Beziehung in den Vordergrund rückte. Die beiden Frauen hatten sich 1933 an einem gemeinsamen Arbeitsplatz kennengelernt. Sie hätten sich angefreundet, erzählte Burdak, und seien sich nähergekommen: Wir küssten uns gegenseitig auf den Mund, Wange und in die Ohren, sie schmiegten ihre Körper aneinander, wobei Burdak ihre Hand um den Hals um den Oberkörper der Woytek geschlagen hatte. Nur gelegentlich sei es dabei auch zur Onanie gekommen.

Beide Frauen bemerkten, dass sie keineswegs lesbisch veranlagt sind und auch keine Beziehungen zu anderen Frauen hatten. Am nächsten Tag wurden beide Frauen in der Kriminalpolizeileitstelle noch einmal verhört und blieben grundsätzlich bei ihren Aussagen, die sie vor dem Beamten in Simmering getätigt hatten. Wenige Punkte ergänzten sie, und auch bei diesen zeigte sich eine unterschiedliche Auffassung ihrer Beziehung. In den letzten Jahren sei es nur sehr selten zu einer widernatürlichen Betätigung gekommen, betonte Hermine Woytek. Sie hätte vom Frühjahr 1939 bis Mai 1940 eine Männerbekanntschaft gehabt und [habe] mit ihm auch geschlechtlich verkehrt. Wilhelmine Burdak, die schon in der ersten Einvernahme ausgesagt hatte, dass ihr Verhältnis immer mehr erkaltet sei, gab nun an, dass sie noch nie mit einem Manne einen Geschlechtsverkehr durchgeführt hätte. Und noch einmal blitzen Emotionen durch die technokratische Sprache der Protokolle: Ich habe mich, um das Verhältnis mit der Woytek zu lösen, zum Einsatz für die Krankenpflege auf einem Lazarettschiff gemeldet. Sie hatte im August 1941, etwa zehn Monate vor dem Verhör, ihren Beruf als Federnschmückerin aufgegeben und sich beim Roten Kreuz gemeldet, um Abstand zu ihrer Beziehung zu Hermine Woytek zu gewinnen.

Beide Frauen wurden aus der Haft entlassen und auf freiem Fuß angezeigt. Das Gericht verurteilte sie zu je vier Monaten strengem Arrest, der Strafvollzug wurde mit einer Bewährungsfrist von drei Jahren ausgesetzt. Am 2. August 1945 erteilte das Landesgericht Wien den endgültigen Strafnachlass.

Quelle WStLA, Landesgericht für Strafsachen, A11: LG I Vr 1142/42

Verfolgung von weiblicher Homosexualität und Transsexualität

Da der Paragraf 129 Ib geschlechtsneutral formuliert war, wurden in Österreich homosexuelle Handlungen sowohl zwischen Männern als auch zwischen Frauen strafrechtlich verfolgt, was eine Besonderheit im Vergleich der europäischen Rechtsordnungen darstellte. Der Anteil der verfolgten Frauen belief sich dabei sowohl vor als auch nach der NS-Zeit mit leichten Schwankungen auf unter fünf Prozent. Dies liegt darin begründet, dass lesbische Sexualität zumeist in privatem Rahmen stattfand, wohingegen sich Männer häufig an öffentlichen Orten trafen. Auch wurden über Frauen, die wegen § 129 Ib angeklagt waren, viel geringere Strafen verhängt als über Männer, was sich auch in der NS-Zeit nicht änderte. Generell erhöhte sich nach dem „Anschluss" das Strafmaß, sodass es zu einer Verdoppelung gegenüber vor 1938 kam. Waren vor der Machtübernahme der Nationalsozialisten Strafmaße von sechs Wochen bis drei Monate schwerer Kerker häufig, erhöhten sich diese auf durchschnittlich sechs Monate. Kamen Frauen vor 1938 meist mit einer bedingten Verurteilung davon, verhängten NS-Richter nun auch unbedingte Kerkerstrafen. Trotzdem blieb das Strafmaß weit unter jenem der Männer. Frauen blieben insbesondere von „Vorbeugemaßnahmen", also KZ-Haft, verschont. Einzelne vom NS-Regime als „asozial" kategorisierte und verfolgte Frauen, sogenannte Schwarze-Winkel-Häftlinge, wurden auch wegen „Unzucht wider die Natur" nach § 129 Ib verurteilt, doch lässt sich aus ihrer Homosexualität – zumindest nach den erhaltenen Wiener Strafakten – kein eigenständiger Verfolgungsgrund mit KZ-Folge ableiten.

Im Gegensatz zur männlichen Homosexualität wurde weibliche aber nicht als Bedrohung für den gesunden Volkskörper gesehen, und auch keine seuchenartige Verbreitung mit der Gefahr der Ansteckung wurde befürchtet. Frauen wurde in einem patriarchal dominierten System wie der NS-Gesellschaft grundsätzlich keine eigenständige Sexualität zugestanden. Dieser Haltung verlieh der österreichische Strafrechtsprofessor und vormalige Rektor der Universität Wien, Wenzel Graf Gleispach, Ausdruck, wenn er 1935 gegen die Ausweitung des reichsdeutschen § 175, der nur männliche Homosexualität verfolgte, auf lesbische Frauen aussprach, weil weibliche Homosexualität bei der verhältnismäßig sehr bescheidenen Rolle der Frau im öffentlichen Leben keine gesellschaftliche Relevanz habe.

Trans-Personen wurden damals, da es die Begriffe Transsexualität oder Transidentität noch nicht gab, als Transvestiten oder Transvestitinnen bezeichnet. Aktuelle Forschungen legen nahe, dass in der NS-Zeit keine generelle Verfolgung von Trans-Personen stattfand, ja sogar Personenstandsänderungen möglich waren. Voraussetzung dafür war, dass die Betroffenen keine Berührungspunkte zu einem homosexuellen Umfeld hatten und kein Verdacht bestand, dass sie „Unzucht wider die Natur" praktizierten. Waren diese Voraussetzungen nicht erfüllt, wurden sie wegen gleichgeschlechtlicher Handlungen angezeigt und als homosexuelle Männer bzw. homosexuelle Frauen verfolgt.

12., Hetzendorfer Straße 131 | 12., Malfattigasse 22

Drei Freunde im Visier der Kripo

Leopold Müller *30.10.1892 – ?* | Mathias Schuh *4.6.1876 – ?* und Leopold Feitendorf *3.10.1886 – ?*

Bei einer über dienstlichen Auftrag durchgeführten Ueberwachung Mitte November 1944 im Esterházybad beobachtete der Kripo-Beamte Karl Seiringer den 58-jährigen Hilfsarbeiter Leopold Feitendorf bei sexuellen Handlungen im Dampfbad. Seit Tagen wurden die innerstädtischen Bezirke Wiens von Luftangriffen heimgesucht, die Kriminalpolizei machte weiter ihren Dienst in der Verfolgung Homosexueller. Leopold Feitendorf wurde festgenommen und sagte im Polizeiverhör aus, dass er mit weiteren unbekannten Männern im Esterházy-, aber auch im Römer- und Margarethenbad onaniert habe. Namentlich gab er nur seinen 68-jährigen Vermieter Mathias Schuh als Sexualpartner an, der umgehend verhaftet wurde. Schuh wies im Verhör aber jede sexuelle Verfehlung entschieden zurück. Feitendorf blieb bei seiner Behauptung. Im Zuge einer Gegenüberstellung nannte er einen „Naschmarkt-Poidl" als weiteren Liebhaber von Schuh.

So zog der Fall seine Kreise. Zum ursprünglich Verhafteten waren rasch zwei weitere Verdächtige dazugekommen, denn der „Poidl" war bald als Leopold Müller ausgeforscht, der als

← Bild S. 148
Mit der Straßenbahnlinie 62 fuhr Leopold Müller täglich in die Arbeit am Naschmarkt. Station Karlsplatz, 1932.

Magazineur am Naschmarkt arbeitete. Der 52-Jährige gestand im von Karl Seiringer geführten Polizeiverhör, dass er Schuh im Margarethenbad kennengelernt hatte. Da Mathias Schuh sehr arm sei, habe er ihm Obst und Gemüse vom Markt gebracht. Bei dieser Gelegenheit ging er mich zur gleichgeschlechtlichen Betätigung an. Wie bereits erwähnt, ist er nicht mein Fall. Ich wollte ihn aber nicht zurückweisen, und so haben wir uns gegenseitig ‚einen' heruntergerissen.

Leopold Müller, ein einfacher Marktarbeiter, war den Verhörmethoden Karl Seiringers nicht gewachsen: Ich bin von Jugend an homosexuell und habe mich geschlechtlich seither nur mit Männern betätigt. […] Ich habe die Männer gelegentlich in Gaststätten, auf der Strasse und am Naschmarkt, wo ich seit meiner Jugend beschäftigt bin, kennen gelernt. Folgenschwerer waren für Müller aber folgende Aussagen: Mit diesen Männern ist es stets nur ein bis 2 mal zu geschlechtlichen Handlungen gekommen. Seit ca 15 Jahren gehe ich in das ‚Margarethenbad', innerhalb dieser 15 Jahre habe ich mich im genannten Bade durchschnittlich mit ca 25 bis 30 Männern das sind insgesamt 350 Männer, geschlechtlich betätigt. Vor dem Untersuchungsrichter, als Karl Müller auch ein Anwalt zur Seite stand, widerrief er allerdings: Der Beamte hat mir alles vorgesagt, und ich habe es ihm nachgesagt bezw. ‚ja' gesagt.

Trotzdem hatte seine Aussage Folgen. Mit der 1941 durchgeführten „Änderung des Reichsstrafgesetzbuches" (§ 1) konnten „gefährliche Gewohnheitsverbrecher" und „Sittlichkeitsverbrecher" vor ein Sondergericht gestellt werden, das als Höchststrafe die Todesstrafe vorsah. Weil Leopold Feitendorf bereits acht Vorstrafen hatte und nun das dritte Verfahren wegen gleichgeschlechtlicher sexueller Handlungen gegen ihn stattfand und Leopold Müller mit geschätzten 350 Männern Sex gehabt haben soll, galten sie als „Gewohnheitsverbrecher". Ihre Verfahren wurden also an das Sondergericht Wien abgegeben, das sie aber wieder an das Landesgericht zurückverwies. Für beide ein Glück, denn das Wiener Sondergericht sprach nachweislich mehrere Todesurteile wegen des Verbrechens der „Unzucht wider die Natur" aus.

Der „Naschmarkt-Poidl" gab in seinen Verhören auch viele biografische Details preis: Er war das elfte von zwölf Kindern eines Fleischhauers, der bereits starb, als Leopold sechs Jahre alt war. Er sei dann Kutscher geworden und habe bei verschiedenen Leuten als Bettgeher gewohnt. Nach vier Jahren als Soldat im Ersten Weltkrieg begann er, am Naschmarkt als Magazineur zu arbeiten, und war in diesem Umfeld offenbar auch bekannt, wie die rasche Identifizierung anhand seines Spitznamens durch die Kripo zeigt. Auch sein Arbeitgeber dürfte mit ihm zufrieden gewesen sein, denn er kümmerte sich darum, dass Leopold Müller beim Verfahren ein Anwalt zur Seite stand.

Während meiner Militärdienstzeit im Weltkrieg habe ich [den] jetzt 74 jähr. am 14. Nov. 1944 verstorbenen Johann Görg […] kennen gelernt. Mit Görg habe ich mich wiederholt gleichgeschlechtlich betätigt, weil er gleichfalls homosexuell veranlagt war. Ich bin auch im Jahre 1932 zu ihm gezogen und seither wohne ich bei ihm. In den letzten 5 bis 6 Jahren habe ich

Naschmarktstand beim
Bärenmühldurchgang mit
Hitlerbild und Hakenkreuz.

aber mit ihm geschlechtlich nichts mehr zu tun gehabt, weil er schwer krank war. Nur etwas mehr als eine Woche vor seiner Verhaftung hatte Leopold Müller seinen Zimmerherrn und Lebenspartner verloren, mit dem ihn eine fast 30-jährige Freundschaft verbunden hatte. Auf Ersuchen der Erben Johann Görgs wurde er aus der Untersuchungshaft in dessen Wohnung vorgeführt, damit für die Verlassenschaft seine Besitztümer von jenen Görgs ordnungsgemäß getrennt werden konnten. Offenbar war das Alltagsleben der beiden Männer so eng verwoben, dass eine offensichtliche Trennung ihres Hab und Guts nicht möglich war.

Über den persönlichen Hintergrund von Leopold Feitendorf erfahren wir fast nichts. In einem kleinen Dorf bei Teplitz-Schönau (Teplice) im Sudetenland geboren, lebte er, eigenen Aussagen zufolge, erst seit 1941 ständig in Wien. Drei Jahre davor war er in Linz wegen homosexueller Beziehungen zu 18 Monaten schwerem Kerker verurteilt worden und nach Verbüßung der Strafe zunächst nach Graz gezogen. Als Beruf ist im Protokoll Krankenpfleger eingetragen, doch zum Zeitpunkt seiner Verhaftung war Leopold Feitendorf als Hilfsarbeiter bei einer Wiener Firma beschäftigt. Noch weniger erfahren wir über die Biografie von Mathias Schuh. Der uneheliche Sohn eines Stubenmädchens war Pensionist der Reichsbahndirektion Wien und hatte damit ein regelmäßiges Einkommen. Er war verwitwet und Vater zweier erwachsener Kinder. Er leugnete sexuelle Kontakte sowohl mit Feitendorf als auch mit Müller. Trotzdem wurde Mathias Schuh zu sechs Monaten Gefängnis verurteilt. Ihm wurde die Verbüßung der Haft aber mit einer Probezeit von drei Jahren nachgesehen.

Die Ausschreibung der Hauptverhandlung gegen Leopold Feitendorf erfolgte für den 3. März 1945. Da der Staatsanwalt die Psychiatrierung des Angeklagten forderte, vertagte der Richter die Verhandlung zur Beibringung der Krankenakte aus Steinhof. Eine negative Auskunft über die geforderten Unterlagen langte noch ein, doch zu einer Wiederaufnahme des Verfahrens kam es vorerst nicht mehr. Die sowjetische Armee war zu diesem Zeitpunkt auf dem Vorstoß nach Wien. Mitte Juni 1945 wurde im befreiten Wien das Landesgericht wieder aktiv, um den Fall abzuschließen. Da Leopold Feitendorf untergetaucht war, wurde das Verfahren von Amts wegen zuerst auf Bewährung, im Mai 1959 endgültig eingestellt. Ende 1959 lehnte das Landesgericht Klagenfurt eine Tilgung dieses Verfahrens aus dem Strafregister von Leopold Feitendorf ab – eines Verfahrens, in dem er nie schuldig gesprochen worden war.

Auch im Verfahren gegen den „Naschmarkt-Poidl“ Leopold Müller stellte die Staatsanwaltschaft Mitte November 1945 einen Antrag auf Wiederaufnahme und begründete diesen damit, dass sie dem Geständnis Müllers vor dem Kripo-Beamten Seiringer mehr Glauben schenke als der Aussage vor dem Untersuchungsrichter. Wegen der besonderen Neigung des Angeklagten zu solchen Handlungen ist jedoch anzunehmen, dass er vor der Polizei die Wahrheit gesagt hat, weshalb auch entsprechend seinem ersten Geständnis die Anklage erhoben wird. Obwohl schließlich auch das Verfahren gegen Müller im Dezember 1946 im Zuge der Befreiungsamnestie mit einer fünfjährigen Bewährungsfrist endgültig eingestellt wurde, sind Leopold Feitendorf und Leopold Müller Beispiele für die bruchlose Fortsetzung der Verfolgung Homosexueller in der neu erstandenen Republik.

Quellen WStLA, Landesgericht für Strafsachen, A11: LG I Vr 2389/44, LG I Vr 3583/45 und LG I Vr 129/45; WStLA, Sondergericht, A1: SHv 3560/47

Rücküberstellung und KZ-Haft

Nach Auswertung aller erhaltenen Strafakten der Wiener Landesgerichte konnten bis dato etwa 1.500 männliche und 80 weibliche Beschuldigte vor einem nationalsozialistischen Wiener Gericht nachgewiesen werden. Davor wurden über 100 Männer aus Wien in ein Konzentrationslager eingewiesen, von denen nicht einmal 30 Prozent die KZ-Haft überlebten. Die Rosa-Winkel-Häftlinge waren zwar fast ausschließlich „deutsche Reichsbürger“ und damit „Arier“ nach den Nürnberger Gesetzen, doch hatten sie oft seitens der Wachmannschaften besondere Brutalität und vor allem auch seitens der Mithäftlinge keinerlei Solidarität zu erwarten. Dementsprechend gering waren ihre Überlebenschancen.

Ein Erlass von Heinrich Himmler vom 12. Juli 1940 legte fest, dass Homosexuelle, denen mehr als zwei Sexualpartner nachgewiesen werden konnten, die als Jugendverführer galten oder Männer, die der Prostitution beschuldigt wurden, in ein Konzentrationslager einzuweisen seien. In den Akten der Wiener Gerichte zeigt sich aber keine klare Umsetzung dieser Anordnung, sondern ein heterogeneres Bild. Im Zuge der Verfahren wurde von Behördenseite, entweder von der Gestapo- oder der Kripoleitstelle, ein Antrag auf „Rücküberstellung“ ausgestellt, der das zuständige Gericht aufforderte, den Beschuldigten oder die Beschuldigte nach Verbüßung der regulären Haftstrafe oder auch nach einem etwaigen Freispruch oder einer Einstellung des Verfahrens in das Polizeigefangenenhaus Rossauer Lände zur weiteren Verfügung der Gestapo oder Kriminalpolizei rückzuüberstellen. Es ist für Wien nur ein „Rücküberstellungsbescheid“ für eine nach § 129 Ib verurteilte Frau nachweisbar.

Die Rückstellung zur Gestapo oder Kripo konnte für die Betroffenen unterschiedliche Folgen haben. Auf welcher Grundlage diese beruhten, ist heute schwer nachvollziehbar. Manche wurden auf freien Fuß gesetzt, andere in die Wehrmacht eingezogen, wieder andere in ein Konzentrationslager eingewiesen. Es handelte sich dabei meist um Männer, die mehrere Sexualpartner hatten, als unverbesserlich oder als Jugendverführer galten.

In den Konzentrationslagern waren die homosexuellen Häftlinge isoliert, für alle erkennbar mit einem rosa Winkel gekennzeichnet, wenn sie nicht in einen eigenen Block gesperrt wurden. So sind in den Lagern Mauthausen, Sachsenhausen, Buchenwald, Flossenbürg oder Neuengamme oft zeitlich begrenzt eigene Blöcke für Rosa-Winkel-Häftlinge nachweisbar. In manchen Konzentrationslagern gab es eigene Arbeitskommandos mit Rosa-Winkel-Häftlingen, die oft auch als „175er“ nach dem reichsdeutschen Paragrafen bezeichnet wurden. So auch in Mauthausen. Im KZ Buchenwald wurden nachweislich medizinische Versuche an homosexuellen Häftlingen durchgeführt, mit denen eine „Heilung“ ihres sexuellen Begehrens erreicht werden sollte.

Die sogenannte freiwillige Entmannung war in manchen Fällen eine Möglichkeit, der Konzentrationslagerhaft oder einem angedrohten Todesurteil zu entkommen. Dabei stimmten die Beschuldigten einer Entfernung ihrer männlichen Keimdrüsen zu, um von ihrem „entarteten Geschlechtstrieb“ befreit zu werden. Aber auch in den Konzentrationslagern wurden diese Operationen durchgeführt.

Weil er als gefährlicher „Gewohnheitsverbrecher“ galt, wurde der 21-jährige Franz Doms → S. 42 vom Wiener Sondergericht zum Tod verurteilt und mit dem Fallbeil exekutiert. Mindestens vier weitere Todesurteile wurden nach den erhaltenen Quellen wegen Unzucht mit unter 14-Jährigen ausgesprochen und die Hinrichtungen am Wiener Landgericht vollzogen.

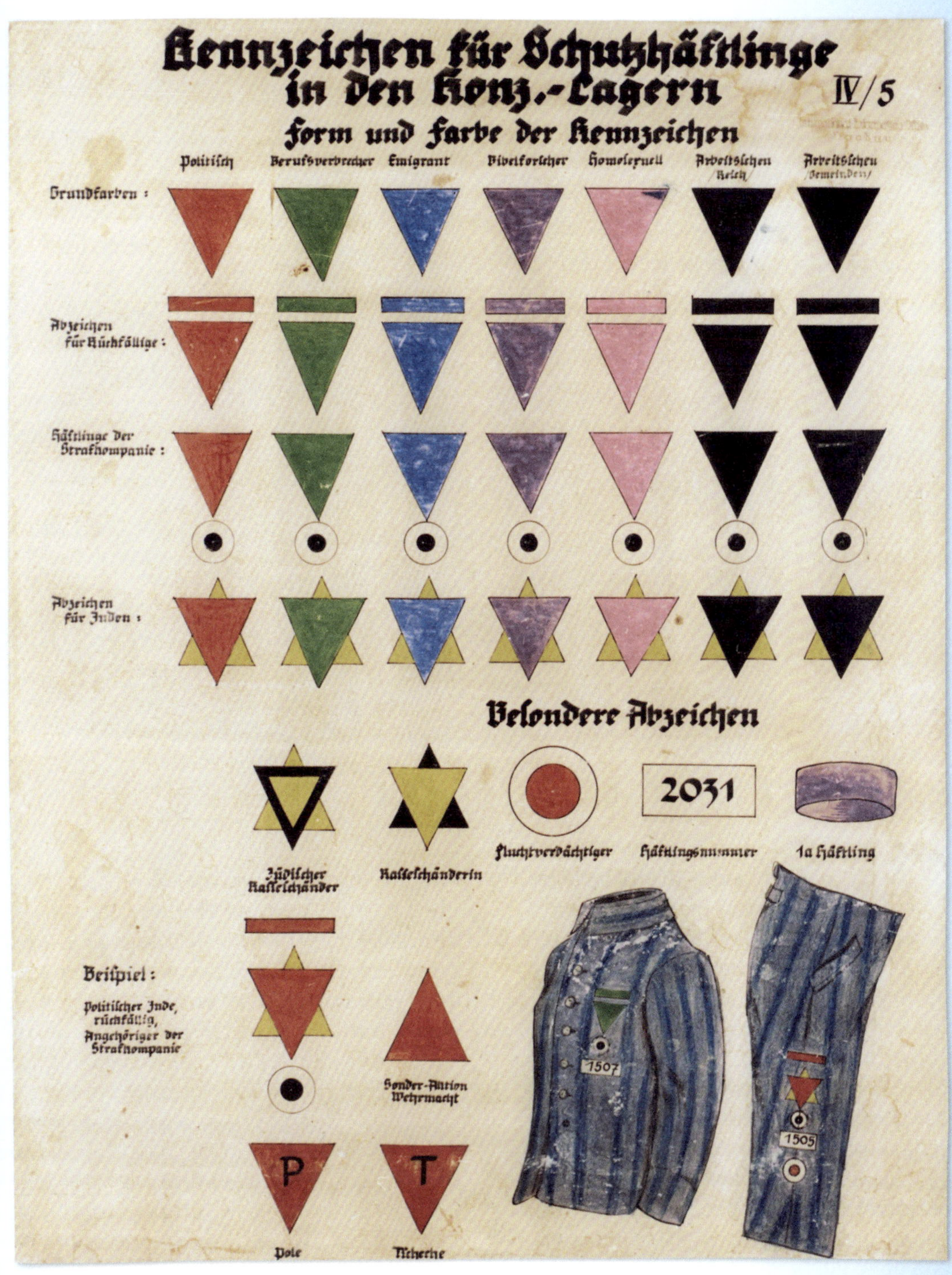

Tafel mit Erklärung der Kennzeichen für Schutzhäftlinge in Konzentrationslagern, Homosexuelle wurden mit einem rosa Winkel versehen.

13., Maxingstraße 4

Als „Berufsverbrecher" ermordet

Gustav Halbritter *29.3.1898 – 23.3.1942*

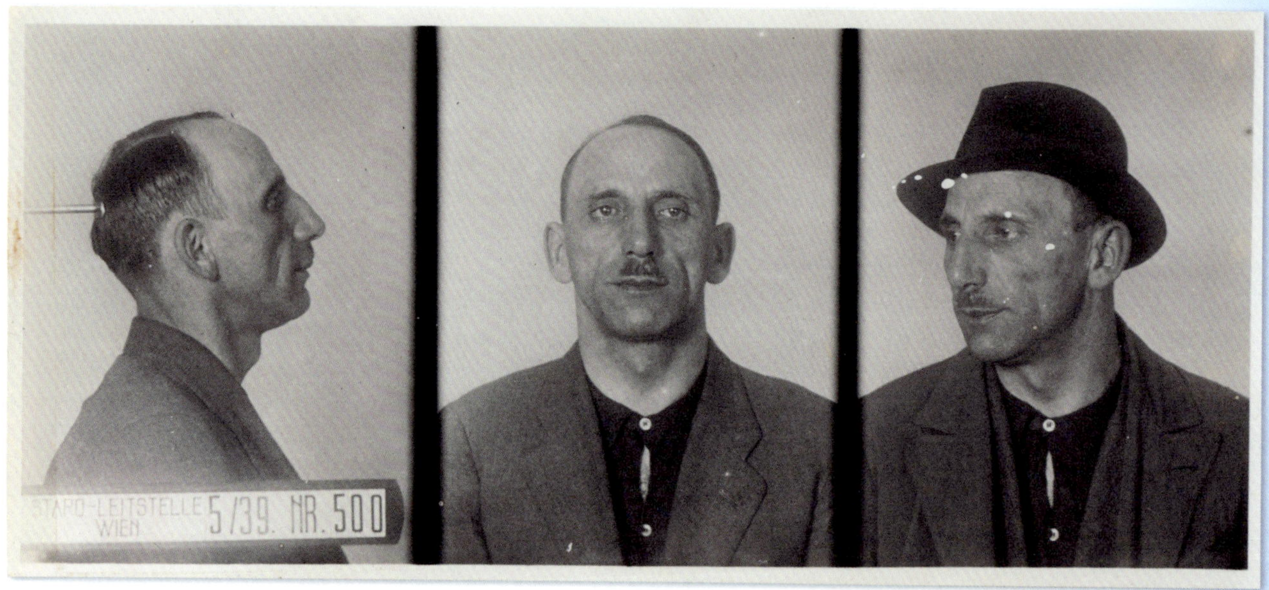

Der erst 17-jährige obdachlose Walter K. war im Mai 1939 als Strichjunge festgenommen worden und nannte in der Vernehmung mehrere Geschlechtspartner. Bei einem konnte er sich nur erinnern, dass er in einer Seitengasse in der Nähe des Hietzingerplatzes wohne. Bei einer Ortsbegehung mit den Gestapobeamten war das kleine Geschäftslokal in der Maxingstrasse, die im Verfahrensakt durchgängig falsch als Maximstrasse bezeichnet wurde, schnell gefunden. Es gehörte einem Stellenvermittlungsbüro und wurde in Untermiete von Gustav Halbritter bewohnt, den der junge Mann auch als Sexualpartner identifizierte.

Er sei homosexuell veranlagt und habe ungefähr seit Kriegsende bis heute widernatürliche Unzucht ausgeübt, gestand Gustav Halbritter sofort ein, war er doch wegen Unzucht wider die Natur und Diebstahls 4 mal bis zu 15 Monaten schweren Kerker vorbestraft. Im Verhör wurde er gezwungen seine sexuelle Biografie auszubreiten: Mit der gleichgeschlechtlichen Betätigung habe ich eigentlich schon während des Krieges mit einigen meiner Frontkameraden begonnen und ist mir das später so zur Gewohnheit geworden, dass ich mich auch nach dem Kriege vollständig vom normalen Geschlechtsleben abgewandt und nur mehr gleichgeschlechtlich verkehrt habe. Ob es sich bei dieser Darstellung um seine eigenen Worte handelte, ist schwer einzuschätzen, jedenfalls vermischt Gustav Halbritter zwei in der Zeit gängige aber sich eigentlich widersprechende Vorstellungen von Homosexualität. Einerseits gab er an, dass er homosexuell veranlagt,

← Bild S. 154
Foto des 41-jährigen Gustav Halbritter, das unmittelbar nach seiner Verhaftung im Mai 1939 von der Gestapo aufgenommen wurde.

↓ Bild unten
Auf der Karteikarte Gustav Halbritters aus dem KZ Dachau ist seine Überstellung ins KZ Ravensbrück am 8. April 1941 vermerkt.

sein Begehren also angeboren sei, andererseits sprach er davon, dass er sich an gleichgeschlechtlichen Verkehr gewöhnt hätte, also irgendwann einmal dazu verführt worden wäre.

Auch die Regelmäßigkeit der sexuellen Handlungen gestand er ein: `seit dem Jahre 1933 […] fast durchschnittlich jeden Monat einmal`, wobei seine Partner `durchwegs nur Gelegenheitsbekanntschaften oder Strichjungen waren`, von denen er keine Namen nennen konnte. Dass er meist Analverkehr als passiver, aufnehmender Teil praktizierte, wurde von den Beamten im Protokoll unterstrichen, um den Tatbestand hervorzuheben. Bei Gustav Halbritter wurde auch die Familiengeschichte untersucht, der Zusam-

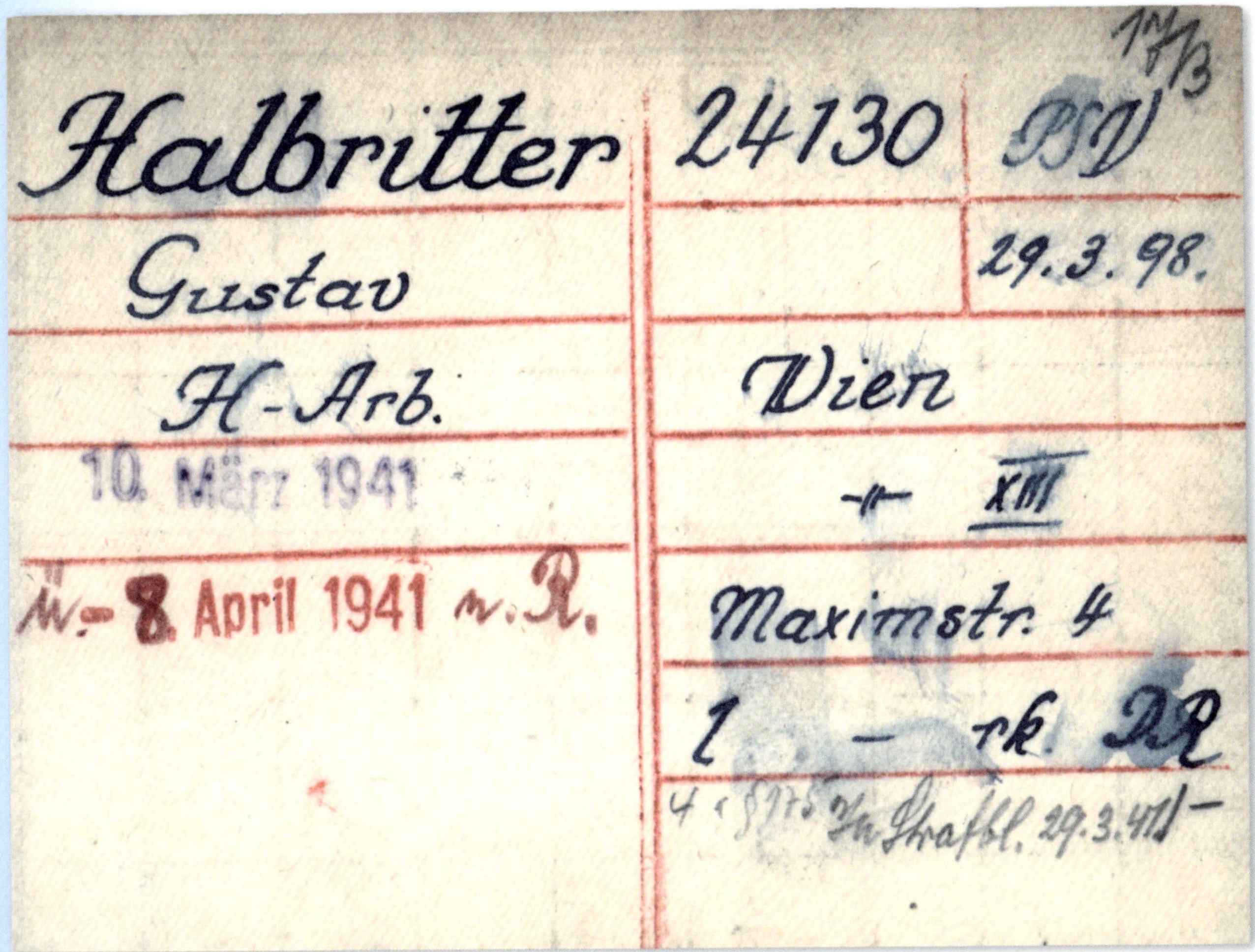
Halbritter 24130 PSV
Gustav 29.3.98.
H-Arb. Wien
10. März 1941 XIII
Ü.-8. April 1941 n. R. Maximstr. 4
l – rk. DR

menhang von Homosexualität mit sogenannten Erbkrankheiten galt den Nationalsozialisten als äußerst interessant. So sei seine Mutter an Verfolgungswahn gestorben, ein Bruder habe Selbstmord begangen. Es sei aber niemand Trinker gewesen, wie er beteuerte. Er selbst litt seit einer Infektion 1916 an chronischer Gonorrhoe.

Halbritter stammte als jüngstes von zwölf Kindern eines Wiener Sattlermeisters aus ärmlichen Verhältnissen und fand nach zwei Jahren an der Front im 1. Weltkrieg nie mehr wirklich Tritt. Nach einer Verurteilung wegen Veruntreuung war er meist arbeitslos und hatte 1939 erst seit etwa einem Jahr eine regelmäßige Stellung als Nachtportier im Hotel Fürstenhof am Neubaugürtel. Um Männer kennenzulernen ging er oft in den Prater und suchte die ihm als Treffpunkt der Homosexuellen bekannten Plätze auf. Ich ging mit den Männern meist tiefer in den Prater hinein [...]. In meine Wohnung, wo ich als Bettgeher wohnte, konnte ich niemanden mitnehmen. Nach seiner zurückliegenden Haftentlassung im Jahr 1932, so beteuerte er, hatte [ich] jedenfalls lange nichts, da es mir sehr lange schlecht gegangen ist, da ich arbeitslos war. Ich hatte oft nicht einmal Geld zum Leben, konnte mir daher solche Dinge nicht leisten. Im Gegensatz zur sonst oft brutal realistischen Beschreibung sexueller Handlungen in den Protokollen umschreibt hier Gustav Halbritter mit solche Dinge seine Begegnungen mit Strichjungen, deren Entlohnung mit ein paar Schillingen er oft nicht aufbringen konnte.

Halbritter wurde in nicht öffentlicher Verhandlung von einem zweiköpfigen Richtersenat und zwei Schöffen einhellig zu einem Jahr und acht Monaten schwerem Kerker verurteilt. Der Richter argumentierte das harte Urteil damit, dass Halbritter bereits dreimal wegen desselben Verbrechens verurteilt worden war und er den Angeklagten für nicht besserungsfähig hielt. Zur Verbüßung seiner Haftstrafe wurde er in die Strafanstalt Stein an der Donau eingeliefert, von wo er nach dem Haftende an die Kripoleitstelle Wien rücküberstellt wurde. Ab 10. März 1941 war er etwa einen Monat lang im Konzentrationslager Dachau und wurde dann nach Ravensbrück gebracht, wo er als Berufsverbrecher geführt wurde. Im Nummernbuch des Männerlagers Ravensbrück, in dem alle Häftlinge verzeichnet wurden, ist in der Spalte „Bemerkungen" mit Stempel das Datum 23. März 1942 eingetragen und handschriftlich durchgestrichen worden. An diesem Tag wurde Gustav Halbritter in die kaum 300 Kilometer entfernte Euthanasieanstalt Bernburg an der Saale gebracht und sofort nach Ankunft mit Kohlenstoffmonoxid in einer Gaskammer ermordet.

Quellen WStLA, Landesgericht für Strafsachen, A12: LG II Vr 1696/39; Schreibstubenkarten Dachau A–Z, Arolsen Document 10657764; Nummernbuch KL Ravensbrück – Männer, Arolsen Document 3767058; DÖW, Datenbank Shoah-Opfer

14., Kuefsteingasse 10 | 14., Kuefsteingasse 21

Freundschaft in der Nachbarschaft

Franz Sedlak *7.9.1904 – 13.3.1986?* | Franz „Jonny“ Pressl *3.6.1913 – 26.2.1945*

Franz Sedlak lebte bis zu seiner Verhaftung im Zusammenhang mit den Ermittlungen gegen Berthold Windisch → S. 54 in einem einfachen gründerzeitlichen Zinshaus in der Kuefsteingasse 10, die erst seit kurzer Zeit Teil des 14. Bezirks war. Anfang März 1939 gab es offenbar noch Beamte, die mit den seit 15. Oktober 1938 geltenden neuen Bezirksgrenzen von Groß-Wien wenig vertraut waren: Als sie die Adressen von Franz Sedlak und Franz Pressl aufnahmen, verorteten sie die Kuefsteingasse mal im 13., mal im 14. Bezirk, gehörten doch bis zur neuen Grenzziehung durch die Nationalsozialisten große Teile des heutigen Penzing zu Hietzing. Verhaftet wurde Franz Sedlak aber nicht in seiner Wohnung, sondern `in seinem Betriebsorte, ‚Hermes‘ Seidengasse 35.` Sedlak war seit 1932 `mit Ausnahme kleiner Unterbrechungen`

↑ Bild S. 157
Das Foto von Franz Pressl, das bei einer Hausdurchsuchung beschlagnahmt wurde, könnte in der Lobau entstanden sein.

Bild S. 159 →
Selbst unverfängliche Briefe wurden als Beweismittel beschlagnahmt. Franz Sedlak schrieb 1935 an Franz Pressl:

Lieber Franzi! / Warum trotz meiner / Bitte gar kein Lebens- / zeichen. Komme Sonntag / wie vereinbart ¾ 9 h nach / Fischau. Mit herzl[ichen] Grüssen / und Küssen dein Franz / 28/VI. 35

im Schuhgeschäft Hermes beschäftigt gewesen.

Ich gebe vorweg zu, homosexuell veranlagt zu sein, gestand Franz Sedlak am Beginn seiner Einvernahme und lieferte auch gleich einen Grund für seine Veranlagung. Er sei verführt worden und ein Opfer sexuellen Missbrauchs durch eine Autoritätsperson: Während meiner Lehrzeit kam ich abends gewöhnlich in das Kalasantina-Kloster [richtig: Kalasantiner] in der Reinlgasse, wo ich mit anderen jungen Burschen unter Aufsicht des Präfekten Anton Trummer Schach und andere Spiele spielte. Trummer forderte mich einmal auf, zu ihm in seine Klosterzelle zu kommen, wo mich dieser abküsste und später handgreiflich wurde. Eineinhalb Jahre lang dauerte dieser Missbrauch an, und Sedlak betonte, dass er durch den Pater zu Unzuchtshandlungen verführt wurde, die für mein weiteres Leben bestimmend waren. Ob die Schuldzuweisung Sedlaks an den verstorbenen Priester eine Schutzbehauptung war, die die Schuld für sein strafbares Begehren auf eine andere Person auslagern sollte, oder ob Sedlak selbst an seine Prägung durch die Verführung glaubte, ist aus seiner Aussage nicht eindeutig herauszulesen. Das Stereotyp, dass junge Männer zur Homosexualität verführt werden könnten, war weitverbreitet und nicht nur im Nationalsozialismus (und Jahrzehnte darüber hinaus) wirkmächtig. Auch die Opfer von „Verführung" teilten häufig dieses Weltbild, aber sie bewerteten es ganz unterschiedlich, was die vermeintlich dadurch ausgelöste Prägung ihres weiteren Lebens betraf. Von den nationalsozialistischen Machthabern wurden als „Jugendverführer" bezeichnete Männer allerdings mit besonderer Härte verfolgt. So nahm auch die Gestapo die Anschuldigungen gegen den Geistlichen besonders ernst und begann mit Ermittlungen, die erst eingestellt wurden, als Sedlaks Vermutung, dass Pater Trummer schon vor einigen Jahren verstorben war, bestätigt wurde.

Sedlak gab zu, dass er seit seinem 21. Lebensjahr regelmäßig gleichgeschlechtliche Beziehungen zu Männern hatte. Da manche dieser homosexuellen Kontakte bis ins Jahr 1925 zurückreichten, waren sie als Delikte schon verjährt und wurden strafrechtlich nicht mehr verfolgt. 1931/32 hatte er eine etwa sechsmonatige Beziehung zu Berthold Windisch. Viele seiner Partner, mit denen er mehr oder minder lange und intensive Beziehungen führte, lernte er im Gasthaus Neumann/Café Veronika am Spittelberg kennen, so auch Josef Weisseneder → S. 106, mit dem er eineinhalb Jahre befreundet blieb. Und auch seinen späteren Freund Ernst Braitschuh, der ebenfalls zum Freundeskreis von Berthold Windisch gehörte, lernte er in seinem Stammlokal kennen. Mit Sedlak, welcher zu dieser Zeit mit seinem Freund bös war, unterhielt ich durch ungefähr 14 Tage einen engeren Verkehr, gestand Braitschuh.

Im Frühjahr 1935 lernte Sedlak Franz „Jonny" Pressl kennen, der, obwohl gelernter Schneider, als Beamter beim Arbeitsamt in der Siebenbrunnengasse beschäftigt war. Ich forderte ihn zum Tanz auf, zum ersten gleichgeschlechtlichen Verkehr kam es aber erst zwei Monate später in Pressls Wohnung, die praktischerweise nur ein paar Häuser entfernt in der Kuefsteingasse 21 lag. Bei der obligaten Hausdurchsuchung der Gestapoabteilung II S wurden bei Franz „Jonny" Pressl belastende Fotografien und Liebesbriefe beschlagnahmt, die Ausgangspunkt für weitere Ermittlungen und die Aufdeckung seines Freundeskreises waren. Sedlak und Pressl blieben bis Juni

Lieber Franzl!

Warum trotz meiner
Bitte gar keine Lebens-
zeichen. Komme Sonntag
wie vereinbart 3/4 9 h nach
Sinkam. Mit herzl. Grüssen
und Küssen dein

[illegible]

28/VI. 35

1937 eng befreundet, wobei sie während dieser Zeit ungefähr 25 bis 30 mal gleichgeschlechtlich Verkehr hatten, wie Pressl aussagte.

Die Beschuldigten waren gezwungen, genaue Angaben zu den Sexualpraktiken und zur Zahl der sexuellen Begegnungen zu machen. Ob diese der Realität entsprachen, lässt sich heute schwer beurteilen, es ist aber anzunehmen, dass sie die Zahl möglichst gering hielten. Im Sommer 1937 lernte Pressl durch seinen Freund Sedlak Thaddäus „Thädy" Fritschka → S. 66 kennen, der nun auch ins Visier der Gestapo geriet. Franz Sedlak verschwieg im Gestapoverhör, dass Fritschka der Grund für die Trennung von Pressl war.

Die Verteidigungsstrategien der beiden Liebhaber unterschieden sich. Gab Franz Sedlak von Anbeginn seine homosexuelle Veranlagung zu, so verfolgte Franz Pressl einen anderen Weg: Ich gebe vorweg zu, mich homosexuell betätigt zu haben, gestand er, er habe zwar homosexuelle Handlungen ausgeführt, sei aber nicht homosexuell veranlagt. Sein Verteidiger sollte später für die Hauptverhandlung vor Gericht auch die Ladung zweier Zeuginnen beantragen, um zu beweisen, dass kein Anlass bestehe, an Pressls normale[r] Veranlagung zu zweifeln. Mit einer der Zeuginnen sei Pressl verlobt und unterhalte mit ihr seit längerer Zeit vollkommen normalen Geschlechtsverkehr. Dem Beweisantrag wurde nicht entsprochen, denn es ging dem Gericht nicht um den Beweis einer wie immer gearteten Veranlagung Pressls, sondern um die Feststellung begangener gleichgeschlechtlicher „Unzuchtshandlungen", die mit den Geständnissen als bewiesen galten. Pressl betonte seinen Willen zur Besserung: Im Sommer 1938 faßte ich den Entschluß, mich nie wieder homosexuell zu betätigen. Ich lernte damals ein Mädchen kennen, zu der ich derzeit Beziehungen unterhalte und die ich auch zu ehelichen beabsichtige. Tatsächlich heiratete Franz Pressl am 31. Mai 1940 und wurde im Dezember 1942 Vater eines Sohns.

Bei der Vernehmung durch den Untersuchungsrichter widerrief Pressl sein Geständnis: Ich selbst habe meine Angaben vor der Gestapo [...] nur deshalb gemacht, weil mir der vernehmende Beamte erklärte, ich solle gestehen, er werde schauen, dass ich auf freien Fuss gehen werde. Er wollte durch die Untersuchungshaft nicht seine Stellung gefährden. Vor dem Richter war er wie Sedlak geständig. Beide wurden verurteilt, Pressl zu sechs Monaten, Sedlak zu acht Monaten schwerem Kerker, beide wurden nach Verbüßung der Haft an die Gestapo rücküberstellt. Für beide sind keine weiteren Vorbeugemaßnahmen belegbar. Franz „Jonny" Pressl wurde zur Wehrmacht eingezogen und fiel am 26. Februar 1945 im Raum Königsberg/Preußen, wie in seinen Meldedaten vermerkt ist. Franz Sedlak starb wahrscheinlich im März 1986 in Wien.

Quellen WStLA, Landesgericht für Strafsachen, A12: LG II Vr 1211/39 und LG I Vr 100/39

15., Meiselstraße 43

„Ich bin nicht homosexuell veranlagt"
Leopold „Lea" Zajic *14.11.1909–?*

Ich kenne schon seit dem Jahre 1932 durch Lokale einen gewissen Lea, verriet der Schlossergehilfe Johann Pribitzer im Gestapoverhör. Der wirkliche Name war dem Beschuldigten zwar nicht bekannt, doch wusste er ungefähr, wo „Lea" wohnte. So dauerte es auch nicht lange, bis die Gestapo Leopold Zajic als „Lea" identifiziert hatte. Ich bin nicht homosexuell veranlagt, doch ich gebe zu, dass ich mich schon wiederholt gleichgeschlechtlich betätigt habe, räumte er bei seiner ersten Einvernahme ein. Schätzungsweise dürften es 15 bis 20 Personen gewesen sein, bei denen es sich nur um Gelegenheitsbekanntschaften handelte, die er grösstenteils auf der Strasse, einige aber auch in Lokalen, etwa dem Gasthaus Neumann am Spittelberg, kennengelernt hatte.

Zajic führte aus, dass die meisten Verfehlungen in die Zeit von 1935 bis 1937 fielen, als er als Schuhoberteilherrichter bei einer Lederwarenfirma in der Neubaugasse beschäftigt war. Auf dem Heimweg hätten ihn Männer in der Mariahilferstrasse angesprochen, mit denen er gewöhnlich den Esterhazypark auf[suchte], wo wir dann in einer abseits gelegenen Stelle den Unzuchtsverkehr ausführten. […] Auch im Klosett der Kaffeehäuser ‚Westbahnhof und Ritter' hatte er Geschlechtsverkehr. Wie viele andere erklärte Leopold Zajic sein Verhalten damit, verführt worden zu sein, er sei im Alter von 14 bis 15 Jahren […] in den Abendstunden von einem besser gekleideten Herrn, nachdem ich ihm Zigaretten geholt hatte, in einen Park geführt [worden], wo er dann mit mir zärtlich wurde. Er hätte offenbar eine besondere Anziehungskraft für homosexuell Veranlagte. Wenn sie ihn ansprachen, wurde er öfter von solchen Personen zuerst in eine Gastwirtschaft eingeladen und erst nachher, nachdem wir etwas alkoholisiert waren, ist es dann immer zu Unzuchtsverkehr gekommen.

Die Gestapo ermittelte im Fall von Leopold Zajic nicht weiter, schlussendlich wurden nur die sexuellen Handlungen mit Johann Pribitzer zur Anklage gebracht. Einer Verurteilung Zajics aus dem Jahr 1936 wegen Verletzung der Sittlichkeit und Schamhaftigkeit nach § 516 StG, weil er im Restaurant Neumann ein Lied pornographischen Inhalts sang, maßen die Gestapobeamten keine Bedeutung bei. Dabei eröffnete dieser Strafakt Einblick in eine Blüte der Wiener Subkultur der 1930er Jahre. Denn in der Nacht zum 29. März 1936 hatten zwei Freikorps-Studenten, die antiklerikalen, nationalsozialistischen Gruppen nahestanden, das kleine Lokal in der Stiftgasse 16 am Spittelberg betreten und trauten ihren Augen nicht: Bereits auf der Stiege begegneten sie junge[n] Burschen, die gegenseitig das entblößte Glied in der Hand hielten. Die Anzeiger gingen bis in das Lokal und trafen dort eine größere Anzahl von jungen Burschen, worunter ca fünf bis sechs Frauenkleider trugen. Sie erstatteten in der nahe gelegenen Polizeistation Anzeige.

Eine Woche später hielten drei Kriminalbeamte Nachschau und beschrieben dabei das Lokal, das von den späten 1920er Jahren bis zu seiner wahrscheinlichen Schließung um 1937 einer der lebendigsten und lebenslustigsten Orte der homosexuellen Subkultur Wiens war. Immer wieder tauchte das Gasthaus Neumann/Café

Die einzige Aufnahme des Hauses Stiftgasse 16 am Spittelberg aus dem Jahr 1901, in dem sich ab 1926 das Gasthaus Neumann/ Café Veronika befand.

Veronika in den Verhörprotokollen aus der NS-Zeit auf, wenn die Beschuldigten Begegnungen mit anderen Männern schilderten. Das Gasthaus hat einen im 1. Stockwerk gelegenen Saal, der ca. 40 Personen faßt. Zur Zeit der Beobachtung waren ca. 50 bis 60 Personen anwesend, die dicht gedrängt an den Tischen saßen, oder sich die Zeit durch Tanzen auf einer kleinen Tanzfläche vertrieben oder aber auf dem Gange sich paarweise aufhielten. In dem Saal wird Klavier gespielt. Zeitweise werden auch Vorträge sittenwidrigen Inhaltes von anwesenden Gästen zum Besten gegeben.

Einer dieser Gäste war Leopold Zajic, der unter den Anwesenden als ‚Lea' bezeichnet wurde. Zajic hat sich in femininen Gesten und femininen Ton in der Sprache, durch Tanzen als ‚Mädchen' besonders hervorgetan. Unter anderem hat Zajic in vorgerückter Stunde ein Gedicht ‚Die Schwestern' öffentlich zu Vortrag gebracht. Dieses Gedicht hatte unter anderem folgende Schlagwörter: ‚ein warmes Lokal', […] ‚die Langschwänze', Huren, ‚sattelfest', ‚ich lasse Dich in meinem Sattel reiten' u. s. w. Während des Vortrages des erwähnten Gedichtes hatte Zajic ein Stecktuch (Ziertaschentuch) in der Hand. Beim Vortrage hielt er dieses Tuch in der Gegend des Hosenlatzes und führte mit dem Taschentuch Bewegungen aus, die die Tätigkeit des Massierens resp. Onanierens andeuten sollten.

Leopold Zajic wurde an diesem Abend im Frühling 1936 festgenommen, in der Folge wurde bei ihm eine Hausdurchsuchung durchgeführt, bei der 21 Lichtbilder, allein in Frauenkleidern; 12 Lichtbilder, mit einer zweiten Person; 3 Lichtbilder, obszöne Aktstudien; 3 Aufsätze mit obszönem Inhalte; 1 Damenhandtasche mit verschiedenen Utensilien für Damentoilette gefunden wurden. Da ihm keine sexuellen Handlungen mit anderen Männern nachgewiesen werden konnten und die Kriminalbeamten offenbar auch nicht zu verschärften Verhörmethoden griffen, wie sie zwei Jahre später üblich wurden, wurde er nur wegen Verletzung des öffentlichen Anstandes mit 14 Tagen Arrest bestraft.

Bei der Hauptverhandlung am 22. Februar 1940 kam Leopold Zajic nicht mehr so glimpflich davon. Er wurde zu fünf Monaten schwerem Kerker verurteilt, wobei seine Vorstrafe wegen § 516 StG aus dem Jahr 1936 als erschwerend gewertet wurde. Als strafmildernd wurde seine Verführung in jugendlichen Jahren gewertet und die widrigen wirtschaftlichen Verhältnisse, wodurch Zajic den Homosexuellen, die ihn bewirteten, zum Opfer fiel. Nach Haftverbüßung wurde er an die Kripoleitstelle rücküberstellt, aus einer Aktennotiz geht hervor, dass Leopold Zajic ungeachtet der Vorstrafe für wehrwürdig erkannt wurde, was nahelegt, dass er in die Wehrmacht eingezogen wurde.

Quellen WStLA, Landesgericht für Strafsachen, A11: LG I Vr 4619/39 und LG I Vr 3572/36

15., Märzstraße 4

Eines akademischen Titels unwürdig

Dr. Karl Ernst Reichel *12.6.1882 – 20.2.1958*

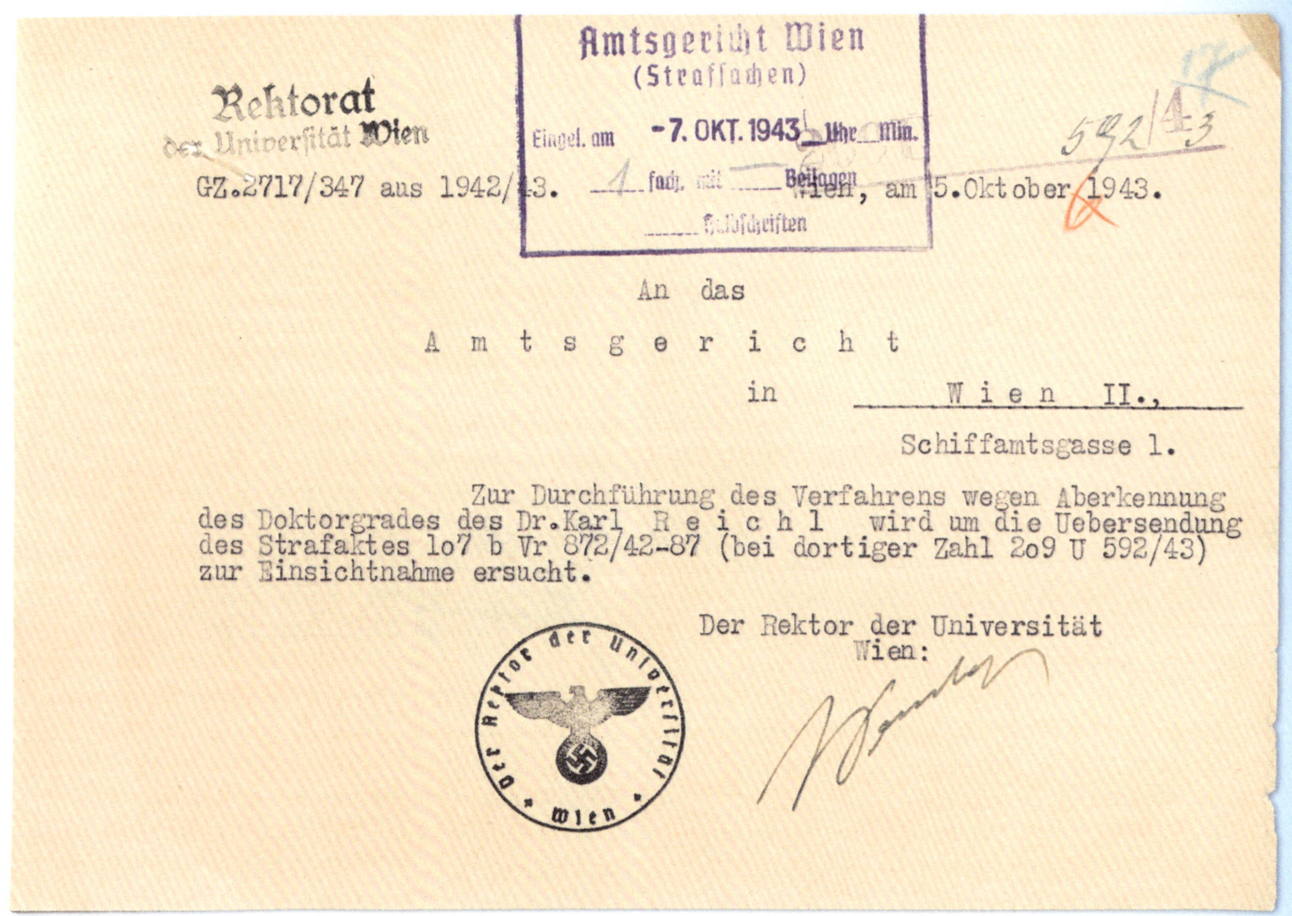

Rektorat der Universität Wien

Amtsgericht Wien (Strafsachen) Eingel. am -7. OKT. 1943 Uhr Min. 1 fach, mit Beilagen Halbschriften

592/43

GZ.2717/347 aus 1942/43. Wien, am 5.Oktober 1943.

An das

A m t s g e r i c h t

in W i e n II.,

Schiffamtsgasse 1.

Zur Durchführung des Verfahrens wegen Aberkennung des Doktorgrades des Dr.Karl R e i c h l wird um die Uebersendung des Strafaktes lo7 b Vr 872/42-87 (bei dortiger Zahl 2o9 U 592/43) zur Einsichtnahme ersucht.

Der Rektor der Universität Wien:

Der Rektor der Universität Wien

Am 30. April 1942 nahm Kriminaloberassistent Karl Seiringer ein Anzeigeprotokoll auf, in dem er seine Ermittlungen vom Vortag zusammenfasste: Ich habe am 29. April 1942 in der Zeit von 16.30 bis ca 17.20 in dem wegen homosexueller Umtriebe bereits vielfach bekannt gewordenen ‚Esterhazybade' in Wien VI., Gumpendorferstraße 59, dienstlich Beobachtungen durchgeführt. Es folgt eine mehrseitige, detailgenaue Beschreibung sexueller Handlungen mehrerer Männer im Warmwasserbassin. Gleichzeitig führte sein Kollege Kriminalassistent Georg Gavac Beobachtungen in der Dampfkammer durch, die er tags darauf ebenfalls penibel, mit allen sexuellen Details zu Papier brachte.

Nach nicht einmal einer Stunde im Bad hatten Seiringer und Gavac genug Beweismaterial gesammelt, um zehn Männer zu verhaften. Einer von ihnen war der 59-jährige Jurist Dr. Karl

← Bild S. 164
Schreiben des Rektorats der Universität Wien mit Bitte um Einsicht in das Verfahren gegen Dr. Karl Ernst Reichel, dem sein akademischer Titel aberkannt werden sollte.

Ernst Reichel, ein Zentralinspektor der Reichsbahndirektion Wien im Ruhestand. Er gestand in der Vernehmung sofort, dass er seit seiner frühesten Jugend homosexuell veranlagt sei und sich auch hin und wieder gleichgeschlechtlich betätigt habe. Seit ca 30 Jahren besuche ich mit Unterbrechungen hin und wieder das ‚Esterhazybad'", in den letzten Jahren ungefähr drei- bis viermal jährlich. Es sei aber nicht bei jedem Besuch zu sexuellen Handlungen gekommen. Zu seiner Verteidigung hielt Karl Reichel gegen Ende seiner Einvernahme fest: Ich bemerke, daß ich gegen meine Neigung stets energisch angekämpft habe und trotzdem meinem Triebe unterlegen bin.

Die zehn verhafteten Männer waren zwischen Anfang vierzig und Mitte sechzig, nur einer war Anfang dreißig. Karl Reichel war der einzige Akademiker. Er nahm sich den Rechtsanwalt Dr. Hans Gürtler als Verteidiger, Mitbesitzer des Hotels Sacher, der in diesen Jahren immer wieder homosexuelle Klienten hatte. In der von einem Einzelrichter geführten Verhandlung kam Karl Reichel schließlich mit der mildesten Strafe aller an diesem Verfahren beteiligten Männern davon. Er erhielt drei Monate schweren Kerker, verschärft durch ein hartes Lager. Die höchste gegen einen anderen Beschuldigten ausgesprochene Strafe betrug zwei Jahre schweren Kerker. Reichels mildes Urteil war dabei wohl nicht das Verdienst seines Verteidigers, denn Hans Gürtler vertrat auch den Mann, der zur Höchststrafe in diesem Prozess verurteilt worden war, ausschlaggebend war wohl, dass ihm nur eine einzige Tathandlung nachgewiesen werden konnte, während alle anderen Beschuldigten wegen sexueller Beziehungen zu mehreren Männern verurteilt wurden und zum Teil auch einschlägige Vorstrafen hatten, was sich erschwerend auf das Strafmaß auswirkte.

Am 18. Dezember 1942 um 17.45 Uhr wurde Karl Reichel aus der Haft entlassen. Die Kripo hatte schlussendlich auf seine Rückstellung verzichtet, obwohl sie ursprünglich für alle Beteiligten Vorbeugemaßnahmen angedroht hatte. Mit seiner Haftverbüßung hätte die Geschichte für Karl Reichel zu Ende sein können, doch hatte das Rektorat der Universität Wien schon vor Abschluss des Prozesses ein Verfahren wegen Aberkennung des Doktorgrades des Dr. Karl Reichl [sic] eingeleitet. Am 15. Oktober 1943 bestätigte der Dekan der Juristischen Fakultät den Verlust des akademischen Grades. Grundsätzlich war es nach fünf Jahren möglich, um Wiederverleihung der akademischen Würden anzusuchen, was Karl Reichel auch machte. Er begründete sein Gesuch im September 1948 auch mit seinem Alter von inzwischen 66 Jahren, weshalb er mit einem baldigen Ableben zu rechnen habe und nicht wünsche, dass durch das Fehlen des akademischen Titels in der Todesanzeige ein unliebsames Aufsehen entstehe. Seiner fast flehenden Bitte begegnete man in den universitären Gremien aber nur mit bürokratischer Verachtung: Da infolge der in den letzten Jahren eingetretenen Schliessung der Dampfbäder und der seither noch höchst mangelhaften Überwachung homosexueller Treffpunkte [...] ein abschließendes Urteil darüber nicht zu gewinnen [ist], ob der Gesuchsteller seither wirklich das einem akademischen Bürger entsprechende Benehmen zeigt, wurde sein Antrag abgewiesen.

Er ließ aber nicht locker und wandte sich mit einer Beschwerde an das Unterrichtsministerium,

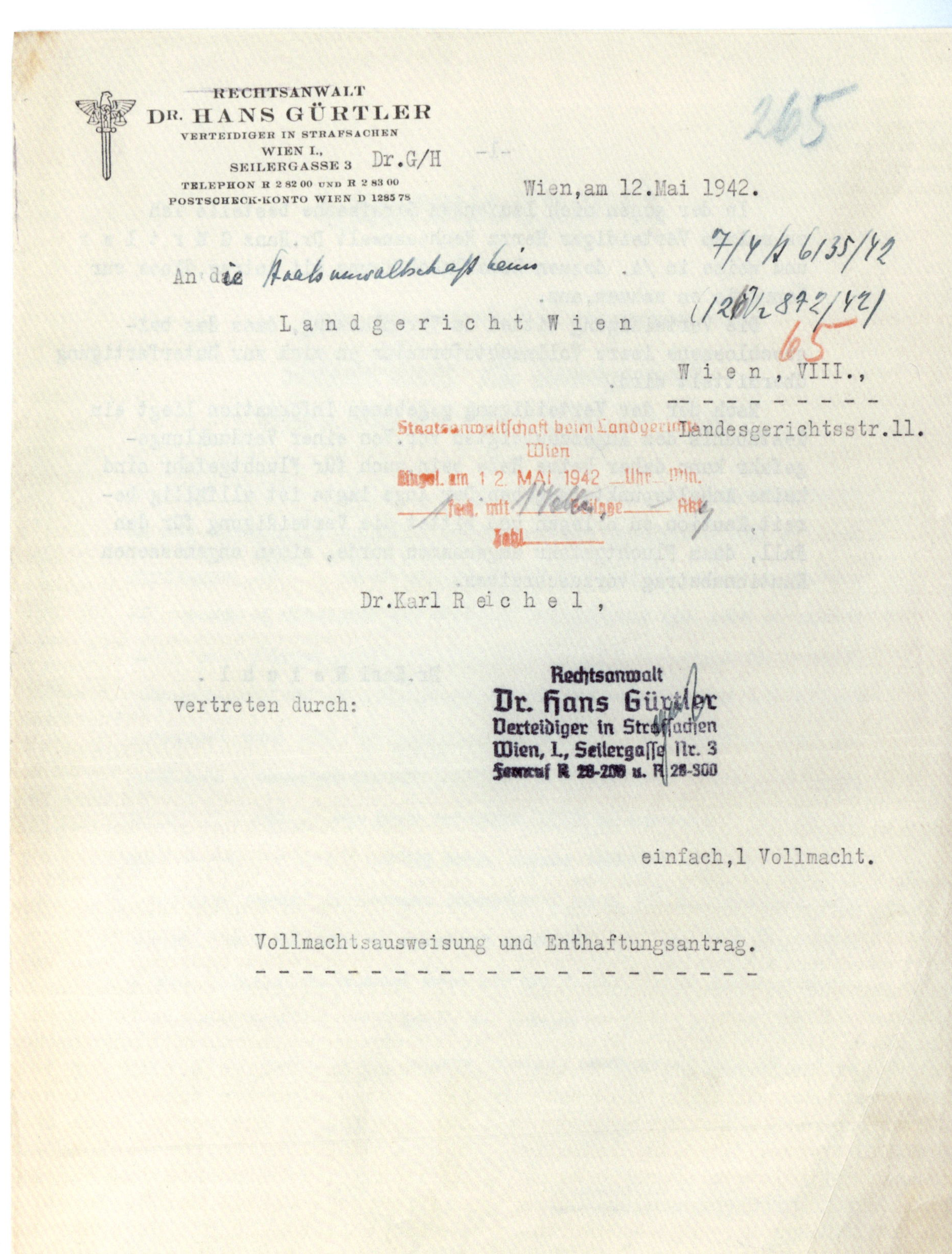

RECHTSANWALT
DR. HANS GÜRTLER
VERTEIDIGER IN STRAFSACHEN
WIEN I.,
SEILERGASSE 3
TELEPHON R 2 82 00 UND R 2 83 00
POSTSCHECK-KONTO WIEN D 1285 78

Dr.G/H -1-

265

Wien,am 12.Mai 1942.

7/4 H 6/35/42

An die Staatsanwaltschaft beim

(12 Vr 842/42)

65

Landgericht Wien

Wien, VIII.,

Landesgerichtsstr.11.

Staatsanwaltschaft beim Landgericht Wien
Eingel. am 12. MAI 1942 Uhr Min.
1 fach, mit 1 Vollm. Beilage Akt
Zahl

Dr.Karl Reichel,

vertreten durch:

Rechtsanwalt
Dr. Hans Gürtler
Verteidiger in Strafsachen
Wien, I., Seilergasse Nr. 3
Fernruf R 28-200 u. R 28-300

einfach,1 Vollmacht.

Vollmachtsausweisung und Enthaftungsantrag.

1260a Vr 872/42   189   7/4 St. 6135/42

32

Haft

Strafregisteramt
Kriminalpolizeileitstelle
Eing. 19. MAI 1942

Nach den Akten
nicht — bestraft

Auskunft aus dem Strafregister der Staatsanwaltschaft zu

Familienname: Reichel (bei Frauen Geburtsname)

Vornamen: Karl Ernst (Rufname unterstreichen)

Geburtsangaben: (Tag, Monat, Jahr) 12.VI.1882

Gemeinde: Stanislau

(evtl. Stadtteil)

Straße:

Verwaltungsbezirk: Stanislau

Landgerichtsbezirk: Stanislau

Land: Generalgouvernement

Familienstand: ledig — verheiratet — verwitwet — geschieden

Vor- und Familien-(Geburts-)Name des (bzw. früheren) Ehegatten:

Vor- und Familienname des Vaters: Johann

Vor- und Geburtsname der Mutter: Ernestine geb. Heyß

Stand (Beruf): Zentralinsp.d.Reichsb. ggf. des Ehemannes:

Wohnort ggf. letzter Aufenthaltsort: Wien, XV/101

Straße und Hausnummer: Märzstrasse 4/12

Staatsangehörigkeit: D.R.

Heimatgemeinde:

Heimatbezirk:

Im Strafregister ist folgende / sind keine Verurteilung (en) vermerkt:

Nr.	am	durch Aktenzeichen	wegen	auf Grund von	zu	Bemerkungen

Staatliche Kriminalpolizei
Kriminalpolizeileitstelle Wien
116

Strafregisteramt
bei der Kriminalpolizeileitstelle
Wien
Im Strafregister sind
keine Verurteilungen vermerkt
Wien, am 21. MAI 1942
Der Strafregisterführer:

Außerdem wäre noch anzufragen:
bei der StA. beim LG. in
beim Auslandsstrafregister in Berlin
beim Zentralstrafregister in Warschau

A. F. Str.
Vordruck Nr. 38. Ersuchen um Auskunft aus dem Strafregister (F).

↑ Bild S. 166
Der Mitbesitzer des Hotel Sacher und Anwalt Hans Gürtler übernahm die Verteidigung Karl Reichels.

↑ Bild S. 167
Der Strafregisterauszug Karl Reichels belegt, dass keine früheren Verurteilungen vorgemerkt waren.

aus Rücksichtnahme auf meine Verwandten und Freunde, die von meinem Mißgeschick bisher keine Kenntnis haben. Er argumentierte auch, dass die Strafbarkeit von Homosexualität in der Medizin und Rechtswissenschaft durchaus umstritten sei. Auf eine wissenschaftliche Diskussion ließ man sich aber an der Universität Wien nicht ein. So blieb auch der Dekan und Vorstand des Instituts für Kriminologie Roland Grassberger, der als entschiedener Gegner jeder Lockerung im Sexualstrafrecht auch als Gutachter für die ÖVP auftrat, fast acht Jahre nach der Verurteilung Reichels bei seiner moralischen Wertung, dass der Beschuldigte in besonders schamloser Weise öffentlich homosexuelle Unzucht getrieben habe und damit seine Unwürdigkeit zum Tragen des Titels eines Doktors der Rechte gegeben sei.

Karl Ernst Reichel starb 1958. Es gibt keine Hinweise, dass ihm sein akademischer Titel zu Lebzeiten wieder verliehen worden wäre, wie es auch keine Zeugnisse gibt, dass er es in seinen letzten Lebensjahren, entrechtet und gedemütigt, noch einmal versucht hätte. Für die Nachwelt gelang es ihm aber den schönen Schein zu wahren. Auf seinem Grabstein auf dem Wiener Zentralfriedhof steht: Dr. Karl Reichel.

Quellen WStLA, Landesgericht für Strafsachen, A11: LG I Vr 872/42; Archiv der Universität Wien; Herbert Posch: Akademische „Würde". Aberkennung und Wiederverleihung akademischer Grade an der Universität Wien im 19. Und 20. Jahrhundert, Diss. Univ. Wien 2009

16., Grundsteingasse 39

In Sachsenhausen ermordet

Friedrich Guzmann *30.8.1905–18.4.1940*

„‚Damenimitator' plündert einen Kaufmann", „Die ‚seidene' Dame, die ein Mann war", „Fräulein Friedrich Guzmanns Doppelleben": So lauteten Ende September 1935 in Wiener Tageszeitungen die Überschriften zu Berichten über die Verhaftung und den Prozess von Friedrich Guzmann. Gemeinsam mit einem Komplizen hätte er einen Geschäftsmann verführen und bestehlen wollen, so die reißerische Geschichte: Der ehemalige Bankbeamte Friedrich Guzmann führt ein merkwürdiges Doppelleben: Bei Tag ist er Herr, bei Nacht Dame weiß das *Neue Wiener Journal*. Er schlüpft jeden Abend in Damenkleider, geht auf dem Korso spazieren, kokettiert mit älteren Herren […] und führt einen in vorgerückter Morgenstunde in seine, nein ihre, Wohnung. Die Presse kostete den Fall sensationslüstern aus.

Mit acht Monaten schwerem Kerker fiel das Urteil streng aus, doch hatte Guzmann zu diesem Zeitpunkt bereits sieben Vorstrafen, zwei wegen Unzucht wider die Natur, weitere wegen Diebstahls, Körperverletzung und Angriffs auf einen Polizeibeamten. Nach wenigen Monaten in Freiheit fiel Guzmann im November 1937 einem Polizisten auf, der im Zuge einer Streifung nach gemeinschädlichen Personen in der Wollzeile von einer Frauensperson angesprochen und aufgefordert [wurde,] ihre Wohnung aufzusuchen. Zur Ausweisleistung aufgefordert, stellte sie sich als Rosa Goldmann vor. Da sie keinen Ausweis bei sich hatte, wollte sie der Polizist in ihre Wohnung begleiten, im dunklen Hausflur gelang ihr aber die Flucht in eine Wohnung. Nach weiteren Ermittlungen geriet Friedrich Guzmann in Verdacht, Rosa Goldmann zu sein, und wurde daher weiter polizeilich überwacht.

↑ Bild S. 169
20 Schilling bekam Friedrich Guzmann, wenn er einsamen Männern Gesellschaft leistete.

↓ Bild unten
Das *Neue Wiener Journal* berichtet 1935 über das Doppelleben des „Fräuleins“ Friedrich Guzmann, der in Damenkleidern mit älteren Herren kokettierte.

wurde die Verhandlung vertagt.

Fräulein Friedrich Guzmanns Doppelleben.

Originalbericht des „Neuen Wiener Journals“.

Der ehemalige Bankbeamte Friedrich Guzmann führt ein merkwürdiges Doppelleben: bei Tag ist er Herr, bei Nacht Dame. Er schlüpft jeden Abend in Damenkleider, geht auf dem Korso spazieren, kokettiert mit älteren Herren — für leicht Angeheiterte hat er eine besondere Schwäche — und führt einen in vorgerückter Morgenstunde in seine, nein, in ihre Wohnung. In der Wohnung wird, sobald das Paar sich bequem gemacht hat, das Licht abgedreht, die Dunkelheit im Zimmer wirkt Wunder, der betrunkene Don Juan bekommt Bettschwere, vergißt auf seine Freundin und als er dann erwacht, ist das Fräulein nicht mehr da. Und niemand weiß, wo das Fräulein ist, denn das Zimmer war nur für eine Nacht gemietet. Zu Hause bemerkt dann der enttäuschte Don Juan, daß ihm die Brieftasche gestohlen worden ist.

Am 25. Mai ist es anders gekommen. Da hatte sich der Weingroßhändler L. mit „Fräulein“ Friedrich Guzmann in dessen Gemächer zurückgezogen. Kaum hatte er sich aber, von der obligaten Bettschwere übermannt, zur Ruhe begeben, als plötzlich ein fürchterliches Krachen im Zimmer verriet, daß noch eine dritte Person da sein müsse. Es wurde sofort Licht gemacht und siehe da, aus dem Kasten stieg ein Herr, der sich durch eine unvorsichtige Bewegung verraten hatte. Fräulein Friedrich Guzmann kam nicht in Verlegenheit, ließ sich in tiefem Bariton als Mann erkennen und sagte, das Ganze sei nur ein Spaß gewesen...

Die drei Herren entfernten sich. In einem Gasthaus wollte der Weingroßhändler Zigaretten kaufen — seine Brieftasche war leer. Dadurch ernüchtert, schlug er Lärm, der Mann aus dem krachenden Kasten, er hieß Otto Kugler, konnte noch erwischt werden, die Dame Guzmann verschwand. Erst Ende August fand man die Dame Guzmann in Salzburg.

Friedrich Guzmann und seinem Helfer wurde vor dem Schöffensenat Dr. Jellinek in nicht öffentlicher Verhandlung der Prozeß gemacht. Guzmann bekam acht Monate, Kugler sieben Monate schweren Kerkers.

Friedrich Guzmann, der aus gutbürgerlichen Verhältnissen stammte und ursprünglich Bankbeamter war, wohnte in der Wollzeile 21 in einem Kabinett zur Untermiete. Er hatte schon längst seine bürgerliche Existenz verloren und ging keinem geregelten Beruf mehr nach. Es war der Vermieterin bekannt, dass Guzmann, der tagsüber Männerkleidung trug, abends in Frauenkleidern ausging, weil er ihr erzählt hatte, dass er `als Tänzerin auftrete`. In anderen Dokumenten wurde er als `Artist oder Damenimitator` bezeichnet. Zur Verhaftung war es gekommen, weil Guzmann einen Kaufmann in seine Wohnung eingeladen hatte und dabei beobachtet worden war. Als der Gast das Haus verließ, wurden beide festgenommen.

Erst nach Aufklärung erkannte der Kaufmann, dass die Frau, von der er sich, wie er offenherzig gestand, gegen Entgelt oral befriedigen ließ, ein Mann war. Friedrich Guzmann bestritt jede sexuelle Handlung, die 20 Schilling habe er bekommen, weil er dem Mann `Gesellschaft geleistet habe`. Über ihn wurde sogleich Untersuchungshaft verhängt, der auch nach Meinung der Polizei hinters Licht geführte Kaufmann wurde freigelassen. Da Guzmanns Verteidiger zur Hauptverhandlung am 18. März 1938 (also unmittelbar nach dem „Anschluss") nicht erschienen war, wurde die Verhandlung zwecks Zuweisung eines Armenvertreters, da Guzmann mittellos war, auf den 22. April 1938 vertagt.

In seinem ersten Verhör gab er an: `Ich gehe sehr häufig in Frauenkleidern, weil ich mich darin sehr wohl fühle`. An anderer Stelle bestätigte er: `Schon seit meiner Jugend gehe ich gerne in Frauenkleidern und bin ich in letzter Zeit fast immer in Frauenkleidern gegangen`. Zu seiner sexuellen Orientierung wollte er aber keine Auskunft geben: `Die Frage, ob ich geschlechtlich normal veranlagt bin, will ich nicht beantworten`. Unsittliche Handlungen mit Männern, die er angesprochen hatte, bestritt er.

Vor Gericht gestand er: `Ich bekenne mich schuldig`. Und er gab nun auch zu: `Ich bin schon seit meiner frühesten Kindheit homosexuell veranlagt`. Immer wieder hatte er seine Vorliebe für Frauenkleider betont, er gab sich wechselnde Frauennamen: „Rosa Goldmann", „Susi" oder „Johanna". Die *Illustrierte Kronen Zeitung* berichtete bereits im Oktober 1928 von einem Prozess wegen schwerer Körperverletzung, in den der Bankbeamte Friedrich Guzmann und ein Artist verwickelt waren. Zusammen mit einem Marktfahrer waren sie im März auf einem Ball, bei dem `Männer mit Männern getanzt haben` Alle drei `hatten den Ball in Frauenkleidern besucht. Sie tanzten dort mit einem jungen Mann und eiferten seinetwegen`. Guzmann wurde zu zwei Wochen Arrest auf Bewährung verurteilt. Aber welche Folgen hatte das Urteil? Hat er nach diesem Vorfall seine Anstellung bei der Bank verloren? Ganz offensichtlich war sein Auftreten in der Öffentlichkeit immer wieder nicht geschlechtskonform. Aber verstand er sich deswegen als homosexuell, wie er in seinem Geständnis aussagte? Oder war ihm diese Selbstdefinition in den Mund gelegt worden? Vom Richter wurde er im Urteil auch als `Transvestit` bezeichnet, eine damals gängige Bezeichnung für Trans*Personen. Es ist aber keine Äußerung Guzmanns dahingehend bekannt, dass er einen Geschlechtswechsel anstrebte.

Der Richter fällte ein strenges Urteil von zehn Monaten schwerem Kerker und begründete es damit, dass der `Angeklagte [...] homosexuell veranlagt [ist] und ein Transvestit, der sich mit Vorliebe in`

Lagerkarte Friedrich Guzmanns aus dem KZ Sachsenhausen, auf der er als „Artist“ geführt wird. Sein Tod infolge von Kreislaufschwäche ist handschriftlich vermerkt.

Frauenkleidern herumtreibt, Männer zum Zwecke des Geschlechtsverkehrs anspricht und sich für Unzuchtshandlungen bezahlen lässt. Außerdem war er nicht gut beleumundet, so beweist sein Vorleben eine eingewurzelte Abneigung gegen einen rechtschaffenen und arbeitsamen Lebenswandel. Die zusätzliche Verurteilung zur Unterbringung in einem Arbeitshaus setzte der Richter jedoch mit einer dreijährigen Frist auf Bewährung aus.

Friedrich Guzmann wurde zunächst im Landesgericht im achten Bezirk inhaftiert, später in die Haftanstalt Stein an der Donau überführt und von dort am 29. November 1938 nach Verbüßung seiner Haftstrafe auf freien Fuß gesetzt. Danach verliert sich seine Spur. Als 1941 die Bewährungsauflagen überprüft wurden, teilte die Kriminalpolizei der Staatsanwaltschaft Wien mit, dass Friedrich Guzmann am 18.4.1940 in Sachsenhausen gestorben ist. Als Todesursache wurde im Sterbebuch des Konzentrationslagers Kreislaufschwäche angegeben, eine klassische Scheineintragung, die in den nationalsozialistischen KZs einen natürlichen Tod vortäuschen sollte. Wie es dazu kam, dass Guzmann nach Sachsenhausen deportiert wurde, konnte nicht geklärt werden. Er ist am 11. April 1940 erstmals in Sachsenhausen nachweisbar. Eine Woche später war er tot. Er wurde nur 34 Jahre alt.

Quellen WStLA, Landesgericht für Strafsachen, A11: LG I Vr 733/38; Illustrierte Kronen Zeitung, 15. April 1935; Der Montag, 29. Juli 1935; Neues Wiener Journal, 28. September 1935; Karteikarte des Amts für die Erfassung von Kriegsopfern, in: Archiv des Internationalen Zentrums für NS-Opfer/Arolsen Archives, Berlin, Signatur 23120001, Dokument 130602919

Name: Guzmann Vorname: Friedrich
Geb.-Tag: 30.8.1905 Geb.-Ort: Triest
Beruf: Artist kath.
Inhaftiert: L. Sachsenhausen Nr.:
Nationalität:
Weitere Angaben:
† 18.4.1940, 13^{30} L. Sachsenhausen
T. U. Kreislaufschwäche
Amt für die Erfassung der Kriegsopfer

16., Gaullachergasse 33

Weitverzweigte Freundeskreise

Leopold Kahlkopf 24.12.1907–29.4.1940

Konzentrations-Lager Buchenwald

Familienname: Kahlkopf
Vorname: Leopold
geb. am 24.12.07 in Wien
Beruf: Magistratsbeamter
Religion: kathl. Staat: D.R.
verh., led., gesch., verw. ledig Kinder –
letzter Wohnort: Wien
Adr. d. nächsten Angehörigen: Vater Franz K. St. Andrä-Wördern N.D. Bahngasse 9

Homosexueller Häftling Nr. 7498

Schutzhaft angeordnet:
am: 3.8.39 durch (Behörde): Stapo Wien
Bisherige Parteizugehörigkeit: Vaterl. Fr. 32-38
Vorstrafen: 1 § 175 7Mt. schw. Kerker

Grund: homosexueller Betätigung

eingeliefert: 9.10.39
entlassen:
überführt: 15.4.40 n. Mauthausen
zurück:

I. T. S. FOTO Nr. 1766

Ko. 1
301238 |5 R. Borkmann, Weimar

Leopold Kahlkopf wurde am 4. Jänner 1939 von Gestapobeamten festgenommen und verhört. Ihm wurde eine lange Liste von Namen vorgelegt, die Oskar T. bei seinem Verhör am Vortag als Freunde und Sexualpartner Kahlkopfs genannt hatte. Der aus Klosterneuburg stammende 24-jährige Friseurgehilfe Oskar T. hatte gestanden, dass er als 17-Jähriger erstmals mit Kahlkopf Sex hatte. Im Jahr darauf führte ihn Kahlkopf zur Firmung, habe ihn aber auch des öftern in Gesellschaft von Männern geführt. Immer wieder war er in Kahlkopfs Wiener Wohnung zu Gast. Bei diesen Besuchen traf ich gewöhnlich mehrere Männer in der Wohnung des Leopold Kahlkopf. Er nannte eine Reihe von Namen – Männer, mit denen Kahlkopf, aber auch er selbst sexuelle Beziehungen gehabt hatte.

↑ Bild S. 173
Lagerkarte von Leopold Kahlkopfs aus dem KZ Buchenwald, auf der er als Homosexueller geführt wird. Angeführt ist auch die Überführung ins KZ Mauthausen, wo er keine zwei Wochen überleben sollte.

↓ → Bilder S. 174/175
Auf den braunen Kuverts im A5-Format der Erkennungsdienstlichen Kartei wurde neben der Personenbeschreibung ein Fingerabdruck des Beschuldigten festgehalten. Ins Kuvert eingeschlagen wurden der Photographierschein mit weiteren Angaben zur Person, Fotos aus drei unterschiedlichen Perspektiven und nur bei Homosexuellen auch ein Ganzkörperfoto. Leopold Kahlkopf war zum Zeitpunkt der Aufnahme 32 Jahre alt.

Leopold Kahlkopf gab zwar zu, die Männer zu kennen, er wüsste aber nichts von ihrer Homosexualität. Er stellte auch entschieden in Abrede, homosexuell veranlagt zu sein. Einen Tag später eröffnete er die Weiterverhandlung mit: Ich gebe nunmehr zu [...]. Was hatte ihn über Nacht bewogen, nun vor der Gestapo sein Sexualleben auszubreiten? Dabei wird – lässt man die abwertende Sprache der Protokolle außer Acht – ein sexuell aktiver homosexueller Mann Anfang/Mitte dreißig sichtbar, der einen breit gefächerten homosexuellen Freundeskreis hat und sich in seiner schwulen Nische eingerichtet hat. Als Kanzleiaspirant der Magistratsdirektion im Rathaus hatte er ein regelmäßiges Einkommen. Mit manchen Männern war er über Jahre befreundet, sie machten häufig Ausflüge oder besuchten [...] sehr oft verschiedene Kinos, man traf sich in Lokalen – etwa im Hubertuskeller, einem bekannten Homosexuellenlokal an der Mariahilfer Straße – oder organisierte einen Heurigenbesuch.

Kahlkopf lebte in einer längeren Beziehung mit Friedrich Wolf, der seit 1933 Mitglied der NSDAP war, er selbst hatte als NSDAP-Anwärter und Blockleiter der Ortsgruppe Brunnenmarkt ebenfalls ein Naheverhältnis zur Partei. Auch Wolf leugnete im ersten Verhör und war zur Wahrheit erinnert erst am nächsten Tag bereit, über seine gleichgeschlechtlichen Beziehungen Auskunft zu geben. Er hatte Kahlkopf im Sommer 1936 kennengelernt und war bald mit ihm zusammengezogen, sie teilten sich Untermietzimmer im siebenten, achten und 16. Bezirk. Auch er war gezwungen, intime Details über seine

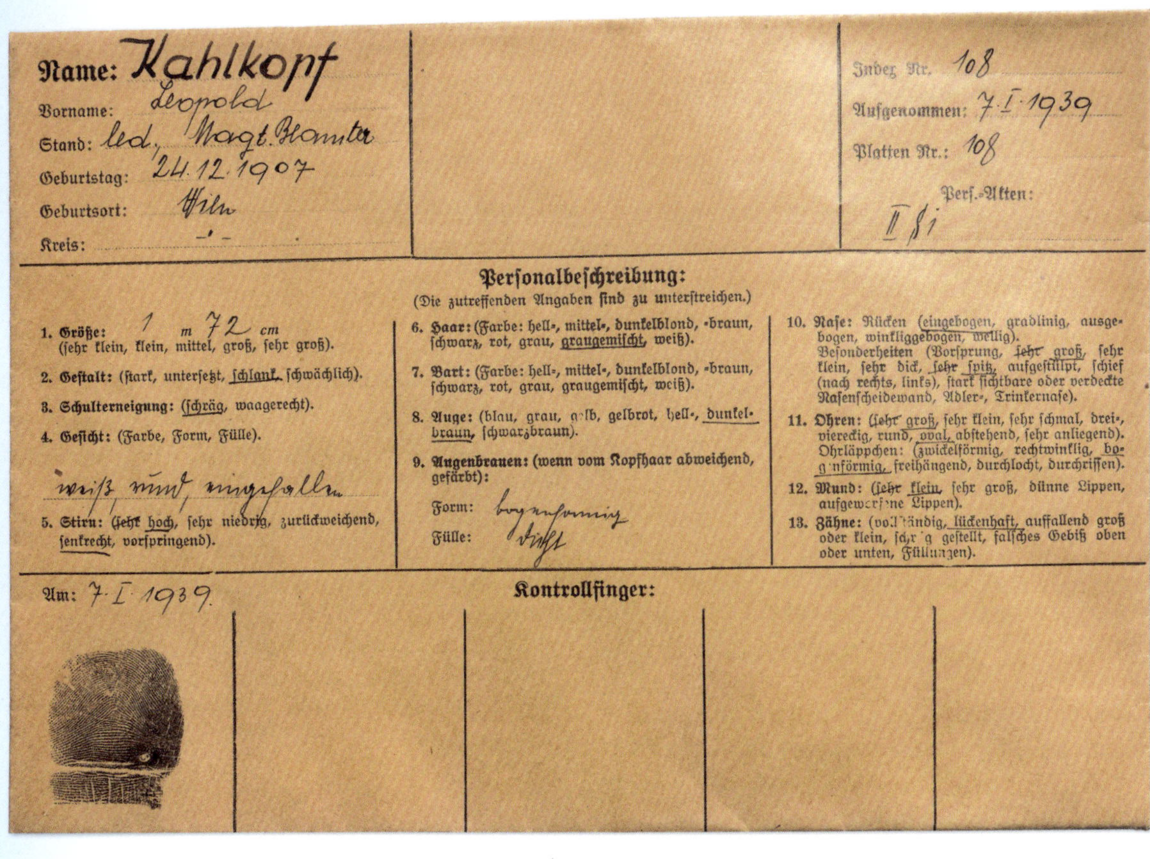
Name: Kahlkopf
Vorname: Leopold
Stand: led., Magt. [illegible]
Geburtstag: 24.12.1907
Geburtsort: Wien
Kreis: -"-

Index Nr. 108
Aufgenommen: 7.I.1939
Platten Nr.: 108
Pers.-Akten: II [illegible]

Personalbeschreibung:
(Die zutreffenden Angaben sind zu unterstreichen.)

1. **Größe:** 1 m 72 cm (sehr klein, klein, mittel, groß, sehr groß).
2. **Gestalt:** (stark, untersetzt, schlank, schwächlich).
3. **Schulterneigung:** (schräg, waagerecht).
4. **Gesicht:** (Farbe, Form, Fülle). weiß rund, eingefallen
5. **Stirn:** (sehr hoch, sehr niedrig, zurückweichend, senkrecht, vorspringend).
6. **Haar:** (Farbe: hell-, mittel-, dunkelblond, -braun, schwarz, rot, grau, graugemischt, weiß).
7. **Bart:** (Farbe: hell-, mittel-, dunkelblond, -braun, schwarz, rot, grau, graugemischt, weiß).
8. **Auge:** (blau, grau, gelb, gelbrot, hell-, dunkelbraun, schwarzbraun).
9. **Augenbrauen:** (wenn vom Kopfhaar abweichend, gefärbt): Form: bogenförmig Fülle: dicht
10. **Nase:** Rücken (eingebogen, gradlinig, ausgebogen, winkliggebogen, wellig). Besonderheiten (Vorsprung, sehr groß, sehr klein, sehr dick, sehr spitz, aufgestülpt, schief (nach rechts, links), stark sichtbare oder verdeckte Nasenscheidewand, Adler-, Trinkernase).
11. **Ohren:** (sehr groß, sehr klein, sehr schmal, dreieckig, viereckig, rund, oval, abstehend, sehr anliegend). Ohrläppchen: (zwickelförmig, rechtwinklig, bogenförmig, freihängend, durchlocht, durchrissen).
12. **Mund:** (sehr klein, sehr groß, dünne Lippen, aufgeworfene Lippen).
13. **Zähne:** (vollständig, lückenhaft, auffallend groß oder klein, schräg gestellt, falsches Gebiß oben oder unten, Füllungen).

Am: 7.I.1939.

Kontrollfinger:

Geheime Staatspolizei
Staatspolizeileitstelle Wien.
Referat II S/1
Zu B.-Nr. 167/39

Wien I., den 25. Mai 1939.
Morzinplatz 4.
Fernsprecher: A 17-5-80.

1. Die nebenstehende Person ist:
   a) zu daktyloskopieren.
   b) zu photographieren.
2. Nebenbezeichnete Nachbildung ist herzustellen.

   Anzahl d. zu liefernden Bilder:
   a) 5 dreiteilige } für den Erk.-Dienst
   b) zweiteilige
   c) 3 einteilige
   d) zu Fahndungszwecken
3. Die Abzüge sind in Zimmer 273 Tagen zu liefern.

Photographiert unter Nr. 500
Bilder geliefert am 31.5.39
Gerichts[illegible], [illegible]

Photographierschein

I. Die Anfertigung einer photographischen Aufnahme
" " " Nachbildung des beigefügten Bildnisses*) der unten bezeichneten Person ist erwünscht: Gustav Halbritter, Portier, XIII. Maximstr. 4, 29.3.98 Wien geb., zust., kath., led.,

a) als gewerbs- und gewohnheitsmäßiger Verbrecher fürs Album*) ?
(Angabe der Verbrecherklasse:) Unzüchtler

b) zur Personenfeststellung*) ?

c) als Zigeuner*) ?

Der ~~Die~~ Genannte ist vorbestraft, geständig*).

Bereits photographiert am ./. Neuaufnahme erwünscht.

Wieviel Abzüge werden zu Fahndungszwecken gewünscht? ./.

II. Die photographische Aufnahme des beigefügten Gegenstandes, Schriftstückes, Bildes, ./. ist erwünscht.

Zahl der erbetenen Abzüge: 5 und 3 der ganzen Person

Anruf int.: 202

Kauz
(Unterschrift des Referatsleiters oder Vertreters).

*) Nichtzutreffendes streichen.

Beziehung preiszugeben: `Ich gebe zu, mit Leopold Kahlkopf wöchentlich in der ersten Zeit ca 2 bis 3 mal, später jedoch seltener und zwar monatlich ein bis zweimal gleichgeschlechtlich durch gegenseitige Onanie bis zum Samenerguss verkehrt zu haben. Diese gleichgeschlechtlichen Handlungen erfolgten bis in die letzte Zeit.` Die mehr als zweijährige Beziehung der beiden Männer wird, wie die Unterstreichungen zeigen, auf ihre sexuellen Anteile reduziert. Die Akte der Zuneigung und Lust werden in den Protokollen der Verfolgungsbehörden mechanistisch als entmenschlichte Vorgänge beschrieben, über deren Art und Zahl penibel Buch geführt wird.

Insgesamt wurden im Verfahren gegen Leopold Kahlkopf weitere fünf Männer angeklagt. Er erhielt von allen das härteste Urteil von sieben Monaten schwerem Kerker, verschärft durch ein hartes Lager monatlich. Die anderen erhielten Kerkerstrafen zwischen vier und fünf Monaten. Das strengere Urteil gegen Kahlkopf erklärt sich, ohne dass es in der Urteilsbegründung ausgeführt wird, einerseits daraus, dass er die höchste Anzahl an sexuellen Kontakten zugab – mit fünf Personen in sechs Jahren in 77 Fällen, wie akkurat errechnet wurde. Andererseits wurde er durch die Aussage von Oskar T. auch als `Verführer` gebrandmarkt – eine Markierung, der er in einer Stellungnahme an das Gericht selbst entgegenwirken wollte, indem er betonte, dass alle Männer, mit denen er sexuelle Kontakte hatte, `das jugendliche Alter überschritten haben.`

Unmittelbar nach seinem Haftende wurde Leopold Kahlkopf unter `Schutzhaft` gestellt und am 9. Oktober 1939 ins Konzentrationslager Buchenwald eingeliefert. Auf seiner Lagerkarte ist verzeichnet, dass er am 15. April 1940 nach Mauthausen (Arbeitskommando Steinbruch) überführt wurde. Am 29. April 1940 war Leopold Kahlkopf tot. Er wurde nur 33 Jahre alt.

Quelle WStLA, Landesgericht für Strafsachen, A12: LG II Vr 258/39; DÖW, Datenbank Shoah-Opfer

16., Bachgasse 22

In der Gaskammer ermordet

Josef Branald *19. 6. 1887 – vor dem 18. 9. 1944*

Am 1. Juni 1937 nahm sich der 27-jährige Lehrer Julius Priessner das Leben. Polizeiliche Ermittlungen ergaben, dass er aus Angst vor Erpressung aus dem dritten Stock eines Hauses an der äußeren Mariahilfer Straße in den Tod gesprungen war. Die Polizei nahm daraufhin Ermittlungen gegen die unbekannten Erpresser auf. Sie suchte junge Männer, mit denen Priessner im Jörgerbad Kontakt gehabt haben soll. Kurz vor Weihnachten 1937 wurde der gelernte Koch Josef Branald festgenommen, weil er von zwei verdächtigten Strichjungen als Homosexueller genannt worden war.

Der schon 50-jährige Branald gab unumwunden zu: `Ich führe den Spitznamen „Apollo Gustl“. Ich bin in den Kreisen der Homosexuellen als „Schwester“ bekannt.` Ein Verdächtigter, ein erst 15-jähriger, sich selbst als „Strichbub“ bezeichnender Bursch, erläuterte: `Mit „Schwester“ wird jeder H[omosexuelle] bezeichnet, wenn er ganz alt ist, heisst er „Tante“.`

Josef Branald verwehrte sich dagegen, dass er den verstorbenen Lehrer gekannt hätte, nannte aber die Namen anderer Männer: `Mir ist`

↑ Bild S. 177
Bei der „Loge“ neben der Kirche Maria am Siege traf sich Josef Branald mit anderen Homosexuellen.

Bilder S. 179/180 →
Die Meldung des Kriminalinspektors Karl Seiringer über seine Beobachtungen im Esterházybad gibt nicht nur Einblick in seine Verfolgungsmethoden, sondern zeigt auch eine trotz aller Verfolgung lebendige homosexuelle Subkultur.

bekannt, dass von den Brüdern Eugen und Leo Brüll, Wien, Schönbrunnerstrasse 74, der Eugen heisst mit dem Spitznamen „Schwanzfangernettl“ und der Leo „Poldi“, beide sind homosexuell veranlagt, der Eugen Zutreiberdienste für den Homosexuellen Adolf Loida (Spitzname Olly) macht. Mit allen Genannten bestritt der „Apollo Gustl“ sexuelle Kontakte, er verkehre geschlechtlich […] schon seit langer Zeit mit einem Hans Miller, den er schon seit 15-20 Jahren […] als Homosexuellen kenne. Hans Miller war verheiratet und wohnte bei seiner Frau in der Sechshauser Straße, Josef Branald hatte ihn zuletzt im November 1937 besucht.

Der 62-jährige Hans Miller gestand zwar seine Beziehung mit Josef Branald, er sei ihm immer in der zudringlichsten Art nachgelaufen. Auch sonst zeichnete er ein eher ungünstiges Bild von ihm. Der Branald geht auf den Strich und sei oft bei der „Loge“ vor der Kirche Maria am Siege anzutreffen. Er kenne das Gerücht […], dass der Branald (Apollo Gustl) den Lehrer Julius Priessner erpresst hat und denselben in den Tod getrieben hat. Er halte ihn auch für einer solche Handlung fähig. Die Ermittlungen zogen sich hin, erst am 8. April 1938 erhob die Staatsanwaltschaft Anklage gegen einen der Stricher und gegen Branald und Miller. Dass dazwischen in Österreich ein Regimewechsel stattgefunden hatte, ist im Verfahrensakt in keiner Zeile herauszulesen.

Da Miller mit den Ermittlungen zum Selbstmord Priessners nichts zu tun hatte, wurde er in einem gesonderten Verfahren Ende Juli 1938 zu 14 Tagen strengem Arrest verurteilt. Mit mehreren Attesten über seine Herzkrankheit gelang es ihm, die Haft bis in den Sommer 1941 aufzuschieben. Ein gerichtliches Gutachten bescheinigte letztendlich seine Haftfähigkeit, sodass das Gericht am 15. September 1941 den Haftantritt anordnete. Die Aufforderung dazu sollte ihn aber nicht mehr erreichen. Laut Sterbeurkunde starb Hans Miller am 2. Oktober 1941, bevor er die Haft antreten konnte.

Josef Branald kam glimpflich davon. Auch er erhielt nur 14 Tage schweren Kerker als Strafe für die sexuellen Handlungen mit Hans Miller. Auch eine bedingte Vorstrafe nach § 129 Ib aus dem Jahr 1931 wurde nicht in Betracht gezogen. Alle Anschuldigungen bei den Ermittlungen im Erpressungsfall Julius Priessner waren schon vor Anklageerhebung fallen gelassen worden. Die Urteile gegen Miller und Branald, dessen Verhandlung im November 1938 stattgefunden hatte, waren zu einem Zeitpunkt, als die Verfolgungsmaschinerie der Nationalsozialisten schon volle Fahrt aufgenommen hatte, ungewöhnlich mild. Doch sollte Josef Branald wenige Jahre später deren volle Härte erfahren.

Am 20. März 1943 wurde er von Kriminalsekretär Karl Seiringer auf frischer Tat bei Unzucht wider die Natur im „Esterhazybad“ ertappt und mit vier weiteren Männern festgenommen. Dabei zeigten sich einerseits die Effizienz der Ermittlungsmethoden Karl Seiringers, andererseits auch die Unbedarftheit, mit der die Männer in der öffentlichen Badeanstalt zu sexuellen Handlungen schritten. Karl Seiringer ermittelte seit 1938 regelmäßig im Esterházybad und hatte bereits mehr als hundert Männer dort festgenommen. Musste er Stammgästen nicht bekannt gewesen sein? Warnten die anwesenden Homosexuellen einander nicht vor der Gefahr? Oder schätzten sie jene unvorsichtigerweise falsch ein?

M e l d u n g .

Nach Betreten auf frischer Tat bei Unzucht wider die Natur im " Esterhazybad " in Wien VI.,Gumpendorferstrasse 59, wurden der Hilfspacker

B r a n a l d Josef,

19.6.1887 Münchendorf b.Laxenburg geb.,DR.,ev. A.B., led.,Wien XVI., Bachgasse 22/9 whft., der Angestellte der Gemeinde Wien ,BH II,

A r n d o r f e r Leopold ,

7.2.1887 Elsarn b.Krems/Nd.geb.,DR., rk.,verh., Wien II.,Rembrandtstrasse 32/1 whft., der Hausdiener

T r i p o l t Hugo,

28.3.1885 St.Leonhart/Wolfsberg/Kärnten geb., DR.,rk.,led.,Wien II., Praterstrasse 52/33 whft., der Buchbindergehilfe

S v a t o s Adalbert ,

7.10.1892 Wien geb., DR., rk.,verh., Wien XI., Ehamgasse 4/7/2/10 whft., und der techn.Angestellte des Reichsluftschutzbundes

R o t h b a u e r Ferdinand

10.1.1894 Wien geb., DR.,gg.,verh., Wien XVI.,Kulmgasse 1/8 wohft., am 2 0.März 1943 um 19.00 festgenommen und im hies.Polizeigefängnis eingesetzt.

Dazu folgendes:

Ich habe am 20.März 1943 in der Zeit von 16.15'bis 16.35' in dem wegen umfangreicher homosexueller Umtriebe bereits vielfach bekannt gewordenem " Esterhazybad " in Wien VI.,Gumpendorferstrasse 59,Beobachtungen durchgeführt.

Gleich bei Aufnahme der Beobachtungen habe ich in der Dampfkammer des genannten Bades Ferdinand Rothbauer und Josef Branald bei widernatürlicher Unzucht wie folgt betreten : Branald stand bei der Stirnfront mit dem Gesichte bezw. der Körpervorderseite zur Wand. Unmittelbar rechts von ihm sass auf einer Bank Ferdinand Rothbauer und rieb energisch in onanistischer Art am steifen Gliede des Branald Diese widernatürliche Betätigung des Rothbauer an Branald konnte ich dann aus unmittelbarster Nähe durch ca.1 bis 1 ½ Minuten Beobachten. Dann drehte sich Branald von Rothbauer weg. Dadurch wurde die Unzuchtshandlung unterbrochen bezw.abgebrochen. Branald stellte sich dann unmittelbar zu mir und hielt mir sein steifes Glied vor das Gesicht bwz. den Mund. Er wollte nun ganz offentsichtlich, dass ich mich nun an seinem Gliede betätige. Dabei lächelte er mir zu. Als er mit seinem Ansinnen keinen Erfolg hatte,verliess er sie Dampfkammer. Hiebei fasste er jedoch noch einen unbekannten Mann im Vorbeigehen an den Geschlechtsteilen an. Auch Rothbauer verliess die Dampfkammer. Beiden folgte ich auf dem Schritt und ich habe sowohl in der Dampfkammer während der widernatürlichen Betätigung als auch nachher die Persönlichkeiten der Genannten einwandfrei festgestellt. Wielange sich Rothbauer und Branald bereits vor meinem Dazukommen auf die geschilderte Art widernatürlich betätigt und ob sie ev. auch nachher miteinander oder mit anderen Männern Unzuchtshandlungen ausgeführt haben, ist mir unbekannt. Bei meinem Beobach - tungen habe ich jedenfalls festgestellt,dass sich Rothbauer und Branald ganz ungeniert und in Gegenwart von anderen Männern widernatürlich betätigt haben und es muss angenommen werden,dass sie mit den dortigen homosexuellen Umtrieben bereits besonders vertraut waren.

Seite 8 :

Bemerkenswert erscheint,dass die 5 genannten Angehaltenen innerhalb von 20 Minuten bei Unzucht betreten werden konnten und innerhalb

Natur
n der

en XVI.,
I,

randt-

en II.,

2/10

3

der gleichen Zeit von mir auch Unzuchtshandlungen mehrerer Unbekannter, die aus verschiedenen Gründen nicht gestellt werden konnten beobachtet wurden. Wie ja bereits in vielfachen früheren Beobachtungen festgestellt werden konnte, wird das fragliche Bad fast ausschliesslich von Männern zur widernatürlichen Betätigung aufgesucht. Eine Anzahl von Homosexuellen konnte dort bereits bei Unzucht betreten werden. Einem sexuell normal veranlagten Mann müssen diese Umtriebe auffallen und anwidern. Wenn er aber dieses Bad trotzdem besucht, so ist ihm, wenn schon nicht Veranlagung, zumindest Interesse und Absicht zuzuschreiben.

Seiringer
Kriminalsekretär

Akkurat und detailreich sexuelle Handlungen schildernd, gab Karl Seiringer zu Protokoll: Gleich bei Aufnahme der Beobachtungen habe ich in der Dampfkammer des genannten Bades Ferdinand Rothbauer und Josef Branald bei widernatürlicher Unzucht wie folgt betreten: Branald stand bei der Stirnfront mit dem Gesichte bezw. der Körpervorderseite zur Wand. Unmittelbar rechts von ihm sass auf einer Bank Ferdinand Rothbauer und rieb energisch in onanistischer Art am steifen Gliede des Branald. Diese widernatürliche Betätigung des Rothbauer an Branald konnte ich dann aus unmittelbarster Nähe durch ca. 1 bis 1 ½ Minuten beobachten. Dann drehte sich Branald von Rothbauer weg. Dadurch wurde die Unzuchtshandlung unterbrochen bezw. abgebrochen. Branald stellte sich dann unmittelbar zu mir und hielt mir sein steifes Glied vor das Gesicht bezw. den Mund. Er wollte ganz offensichtlich, dass ich mich an seinem Gliede betätige. Dabei lächelte er mir zu.

Als Seiringer nicht reagierte, verließ Branald die Dampfkammer. Noch am selben Abend wurde über ihn, aber auch über Ferdinand Rothbauer die Untersuchungshaft verhängt. Bereits einen Monat nach der Verhaftung fand die Hauptverhandlung gegen die beiden statt. Rothbauer gab zu, dass ein unbekannter Mann in der Dampfkammer mit seinem Glied gespielt hatte und er auch zu dessen Glied griff. Weil ich verleitet wurde dazu, verteidigte er sich. Er sei ja nur aus Neugier ins Bad gegangen. Ich habe wohl gewusst, dass im Esterhazybad Homosexuelle verkehren, es war mir aber nicht bewusst, dass ihr Treiben so arg ist. Ich weiss nicht, was mir eingefallen ist. Ich verstehe mich selbst nicht. Ich bin glücklich verheiratet und liebe meine Frau sehr. Ich bereue es aufs Tiefste. (Der Angeklagte weint.)

Josef Branald gab zwar zu, dass er Rothbauer angegriffen [hatte], aber nur oberflächlich. [...] Er hat aber zuerst mit mir gespielt, weil ich gar keinen Reiz mehr habe, da ich impotent bin. Auch den Vorfall mit Seiringer wies er zurück: Es ist, wie gesagt, möglich, dass ich bei ihm gestanden bin, aber nicht mit erregtem Gliede, weil ich kein steifes Glied mehr habe. Doch alles Leugnen half nichts gegen die Aussage von Karl Seiringer. Bei Branald wurden zudem seine einschlägigen Vorstrafen in Betracht gezogen. Sie waren auch Teil der Erschwernisgründe für sein Urteil von zehn Monaten Gefängnis. Erschwerend war auch das Zusammentreffen von zwei Verbrechen, was nur heißen kann, dass Josef Branald auch wegen der versuchten Annäherung an Karl Seiringer verurteilt wurde.

Wesentlich glimpflicher kam Ferdinand Rothbauer davon. Ihm wurde geglaubt. Da die Tat des Ferdinand Rothbauer offenbar auf Unbesonnenheit zurückzuführen ist und mit dem sonstigen Verhalten in auffallendem Widerspruch steht, wurde er nur zu dreimonatigem Arrest verurteilt, der auf eine Probezeit von drei Jahren ausgesetzt wurde. Eine Auflage für seine bedingte Entlassung war, dass ihm der Besuch des Esterhazybades und des Römerbades untersagt wurde. Er konnte nach einem Monat Untersuchungshaft nach Hause gehen. 1946 erfolgte der endgültige Strafnachlass.

Josef Branald sollte nach Ende seiner Haft an die Kriminalpolizei rücküberstellt werden, was am 27. Jänner 1944 auch erfolgte. Einmal hatte er davor noch acht Tage in Freiheit verbringen können: Im November 1943 war ihm eine Haftunterbrechung zugestanden worden, damit er sich um seine kranke über 80-jährige Mutter kümmern konnte. Nach der Rücküberstellung wurde er ins Konzentrationslager Mauthausen eingeliefert und von dort später in die Tötungsanstalt Hartheim überstellt. Dort ist er in der Opferdatenbank der Gedenkstätte verzeichnet. „Als Haftgrund ist § 175 genannt. Es ist davon auszugehen, dass Josef Branald deutlich vor dem 18.09.1944 in Hartheim ermordet worden ist."

Quellen WStLA, Landesgericht für Strafsachen, A12: LG II Vr 302/38 und A11: LG I Vr 820/43; Auskunft der Gedenkstätte Hartheim

17., Jörgerstraße 22

Fünf Jahre KZ und Zwangsarbeit überlebt

Walter Bregartner *16.12.1910 – 12.6.1978*

KL.: Mauthausen

Steyr 30-6-43
K.L.M. 5-4-44
Steyr 10-5-44

le

Häftl.-Nr.: DR. §175
264

Häftlings-Personal-Karte

Fam.-Name: Bregartner
Vorname: Walter,
Geb. am: 6.12.1o in Zöbing N.D.
Stand: ledig Kinder: -.-
Wohnort: Wien XVIII.
Strasse: Währingergürtel 19T.26
Religion: gottgl. Staatsang.: DR
Wohnort d. Angehörigen: Vater: Ignaz B., Zöbing Nr.1o5 Am Kamp. N!D.
Eingewiesen am: 13.4.4o
durch: Stapo Wien
in KL.: Dachau
Grund: § 175
Vorstrafen: s.Akt -

Überstellt
am: an KL.
KL.Mauthausen
am: an KL.
am: an KL.
am: an KL.
am: an KL.
am: an KL.

Entlassung:
am: durch KL.:
mit Verfügung v.:

Personen-Beschreibung:
Grösse: 168 cm
Gestalt: schlank
Gesicht: eckig
Augen: braun
Nase: gradlinig
Mund: groß,
Ohren: oval
Zähne: gesund
Haare: schwarz
Sprache: deustch
Bes. Kennzeichen: r.Handgel. ein Muttermal
Charakt.-Eigenschaften:
Sicherheit b. Einsatz:
Körperliche Verfassung:

Strafen im Lager:

Grund:	Art:	Bemerkung:

KL/5/4.43 - 500000

In der Ermittlungssache gegen den Schneidergehilfen Berthold Windisch trat auch der Buchbindergehilfe und Chauffeur Walter Bregartner [...] als Homosexueller in Erscheinung, hielt die Gestapoabteilung II S in einem Schreiben an die Staatsanwaltschaft fest. Im Zuge seiner Vernehmung hatte Walter Bregartner erzählt, wie er eines der beliebtesten Homosexuellenlokale der Stadt entdeckt hatte und dort Stammgast geworden war. Er habe im Jahre 1935 einen Burschen kennen[gelernt], der ihn auf der Lastenstraße vor den Hofstallungen ansprach und ihm von einem Lokal im 7. Bezirk [erzählte], wo es sehr lustig sein soll. Er hatte rasch erkannt, dass dort nur Homosexuelle als Gäste verkehrten. Da er selbst homosexuell

← Bild S. 182
Neben der Häftlingsnummer von Walter Bregartner sind seine Herkunft DR (Deutsches Reich) und als Grund seiner Internierung § 175 genannt. Handschriftlich vermerkt wurden seine Arbeitseinsätze in der Rüstungsindustrie in Steyr und im K.L.M, dem Konzentrationslager Mauthausen.

↓ Bild unten
Ganzkörperfoto von Walter Bregartner aus der Erkennungsdienstlichen Kartei der Gestapo Wien.

veranlagt war und schon in seiner Schulzeit erste gleichgeschlechtliche Kontakte hatte, besuchte er das Café Veronika am Spittelberg regelmäßig. Im Gasthaus Neumann, wie das Café Veronika offiziell hieß, verkehrte auch Berthold Windisch → S. 54. Er und Walter Bregartner begegneten sich dort im Herbst 1935. Windisch, der zu diesem Zeitpunkt noch in der Praterstraße 22 in Untermiete wohnte, erzählte Bregartner, dass in seiner Wohnung noch ein Kabinett frei sei. Bregartner mietete sich ein, und die beiden hatten bis Sommer 1937 eine sexuelle Beziehung.

Berthold Windischs Wohnung war schon vor seiner Beziehung zu Bregartner eine Drehscheibe für seinen weitverzweigten homosexuellen Freundeskreis und blieb es auch währenddessen und danach. So lernte Walter Bregartner bei Windisch weitere Männer kennen, mit denen er kurze oder längere Begegnungen hatte, teils auch in der Zeit, in der er mit Windisch zusammen war. Einer dieser Kurzzeitgeliebten war Paul Hutflesz, ein Anderer der Polizeiwachmann Kurt Buschner, der aber wegen nationalsozialistischer Betätigung von der Polizei entlassen worden war. Bregartner selbst war Mitglied der austrofaschistischen Vaterländischen Front, suchte aber unmittelbar nach dem „Anschluss" um die Mitgliedschaft in der NSDAP an und war bis zu seiner Verhaftung Blockwart der Ortsgruppe Bergsteingasse. Mit Buschner hatte er bis Sommer 1937 mehrmals Sex.

Im Oktober 1937 traf er Emil Stürmer, mit dem er zunächst keine sexuelle Beziehung hatte. Nach einem Autounfall im Dezember 1937 besuchte Stürmer den verunglückten Bregartner regelmäßig im Spital und brachte ihm Essen von dessen Schwester. Gemeinsam fuhren sie zu Bregartners Eltern in Zöbing an der Donau. Dort hatten sie nach einem feuchtfröhlichen Abend im Weinkeller zum ersten Mal Sex. Sie

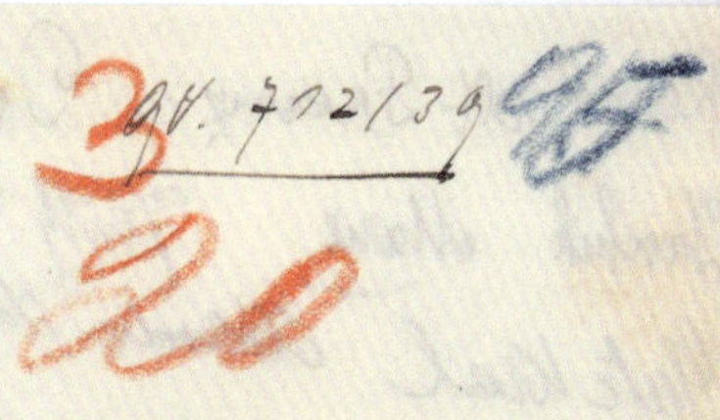

GEGR. 1864

GROSSBUCHBINDEREI

Konrad Pitsch

WIEN IX · SOBIESKIGASSE 27 RUF A 17471

POSTSCHECKKONTO WIEN: D-78.088 • BANKKONTO: ZENTRALSPARKASSE DER GEMEINDE WIEN, XIX

Zu:9 V R 712/39 Wien, 3. April 1939

An das

Straflandesgericht II,

W I E N VIII.,

Betrifft Untersuchungshäftling: Walter Bregartner

Als Dienstgeber des Untersuchungshäftlings Walter Bregartner, bestätige ich der Wahrheit gemäß, daß derselbe in der Zeit vom 21.X.1929 bis 30.I. 1939 als Buchbindergehilfe und Chauffeur bei mir tätig war und daß derselbe sich während seiner ganzen Dienstzeit keine sonstigen Verfehlungen als die gegenwärtig in Untersuchung stehenden hat zuschulden kommen lassen, daß i persönlich über eine abnormale Veranlagung des Genannten keinerlei Beobachtungen gemacht habe (er hat mit mir persönlich öfter Überlandtouren gemacht und hat in meinen Kreisen wie ein Verwandter verkehrt) und daß ich mit dessen Führung und insbesondere dessen dienstlichen Verrichtungen sehr zufrieden war.

Ich brauche den Genannten in meinem Geschäft sehr dringend und habe bis heute keinen Ersatz gefunden und würde ein Enthaftungsgesuch bestens befürworten.

Er ist ein überaus treuer und fleißiger Mensch und ist in meinem Kundenkreis auch sehr beliebt, ebenso bei seinen Arbeitkammeraden, wie die unten stehenden Unterschriften bestätigen.

Der Genannte hat zwei 70 jährige Eltern, Bauersleute in Zöbing, welche krank sind und die er unterstützte und die um das Schicksal ihres Sohnes sehr besorgt und unglücklich sind.

Heil Hitler !

Betriebsführer :

Unterschriften eines Teiles der Gefolgschaft:

umseitig

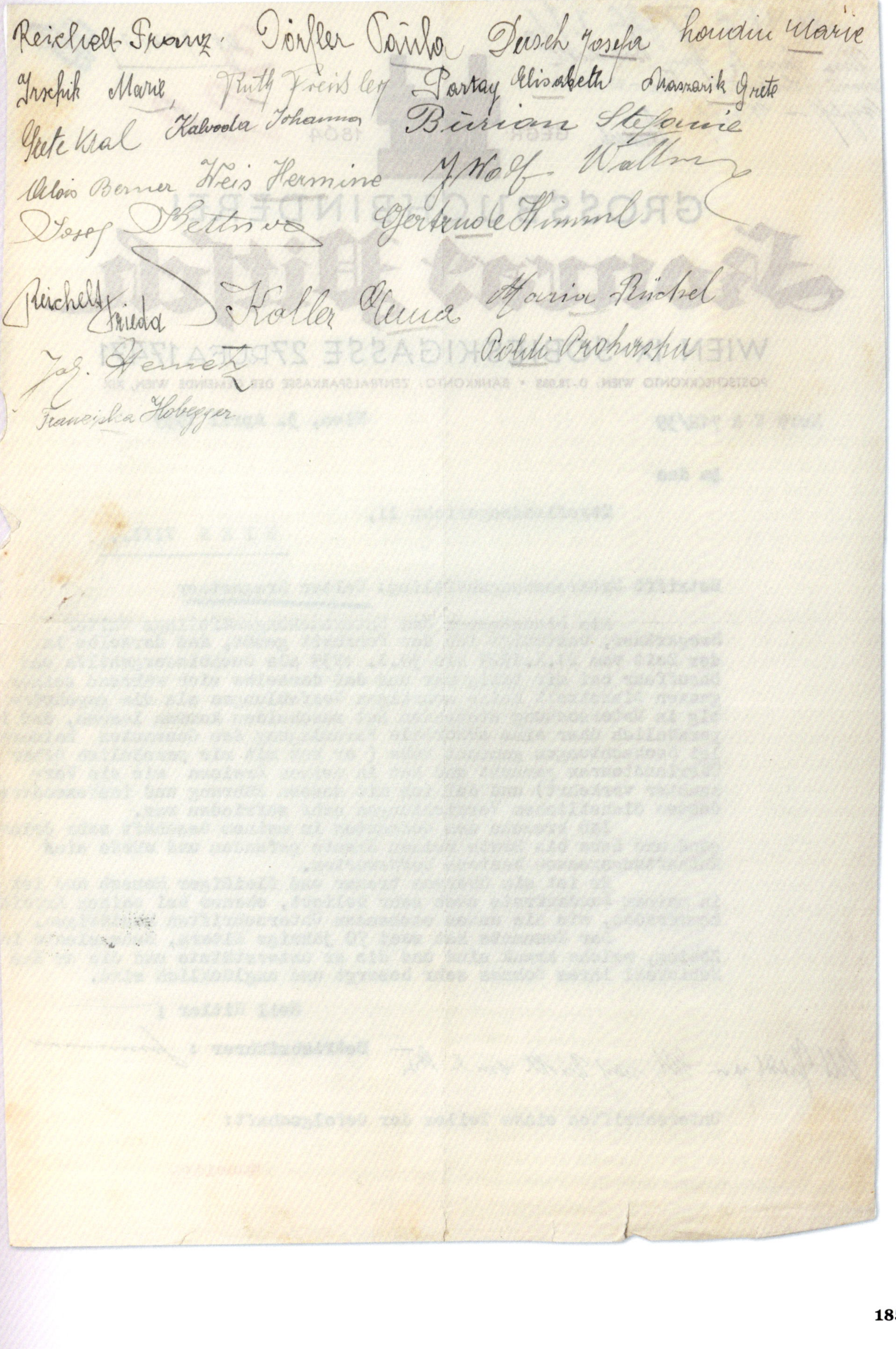

Reichelt Franz. Dörfler Paula Dusch Josefa Houdin Marie

Irschik Marie Ruth Freisler Partay Elisabeth Masarik Grete

Grete Kral Kalvoda Johanna Burian Stefanie

J. Wolf Walter

Alois Berner Weis Hermine

Josef Bettner Gertrude Himmel

Reichelt Frieda Koller Anna Maria Rüchel

Jos. Hennek Rosa Prohaska

Franziska Hobegger

↑ Bild S. 184/185
Ein seltenes Dokument der Solidarität mit einem Mitarbeiter, der wegen homosexueller Handlungen verfolgt wurde: Die Geschäftsleitung der Druckerei Pitsch intervenierte bei Gericht, und ein Teil der Mitarbeiter:innen unterschrieb auf der Rückseite.

waren ein Paar bis zum Tag ihrer Verhaftung im Jänner 1939, Bregartner bezeichnete Stürmer gegenüber der Gestapo als `meinen Freund.`

Walter Bregartner war seit 1929 als Buchbindergehilfe und Chauffeur bei der `Grossbuchbinderei Konrad Pitsch, Wien IX, Sobieskigasse` beschäftigt. Im April richtete der Betriebsleiter ein Schreiben an das Landesgericht, das von weiteren 23 Beschäftigten der Firma unterzeichnet wurde. Die Unterfertigten würden `ein Enthaftungsgesuch bestens befürworten`, nicht nur, weil die Firma Bregartner im `Geschäft sehr dringend` brauchen würde, sondern auch, weil sie über eine abnormale Veranlagung des Genannten `keinerlei Beobachtungen gemacht` hätten. Ein seltenes Zeichen von Solidarität mit einem wegen homosexueller Handlungen verfolgten Mann, das einerseits auf ein gut gehütetes Doppelleben Bregartners schließen lässt und andererseits zeigt, dass er auch außerhalb seines homosexuellen Freundeskreises gute soziale Beziehungen hatte.

Er wurde zu einem Jahr schwerem Kerker verurteilt, in der Urteilsbegründung rechnete das Gericht die regelmäßigen sexuellen Handlungen mit seinem Partner – `Berthold Windisch vom Herbst 1935 bis 1937 ca. 200 mal` – einfach hoch. Noch vor Verkündigung des Urteils stellte die Gestapo einen Antrag auf Rücküberstellung, die am 30. Jänner 1940 nach Bregartners Strafverbüßung durchgeführt wurde. Am 13. April 1940 wurde er als Schutzhäftling ins KZ Dachau eingewiesen, am 16. August des Jahres ins KZ Mauthausen überstellt, wo er bis zur Befreiung am 5. Mai 1945 überlebte. Einträge in seine Häftlingskarte belegen, dass er die meiste Zeit bei den Steyr-Werken im Außenlager Steyr-Münichholz Zwangsarbeit in der Rüstungsproduktion leisten musste.

Nach seiner Rückkehr nach Wien suchte Bregartner Ende 1945 um Aufnahme in den KZ-Verband an und gab dabei seine politische Tätigkeit für die Vaterländische Front als Grund für seine Einlieferung ins KZ an. Da die Ermittlungen des KZ-Verbands aber ergaben, dass er als §-175-Häftling inhaftiert gewesen war, gab er zu, dass er Angaben gemacht habe, `die nicht den Tatsachen entsprechen.` Er schied freiwillig aus dem KZ-Verband aus. Homosexuelle KZ-Häftlinge hatten keinen Anspruch auf Wiedergutmachungsleistungen. Es sollte bis 2005 dauern, dass diese Opfergruppe der NS-Verfolgung von der Republik Österreich mit allen sich daraus ergebenden Rechtsfolgen anerkannt wurde.

Quellen WStLA, Landesgericht für Strafsachen, A12: LG II Vr 712/39; KZ-Verband, Walter Bregartner, in: DÖW – Dokumentationsarchiv des österreichischen Widerstandes

18., Sempergasse 4 | 1., Ballgasse 4

Auf der „Loge“ erwischt
Robert Blaschek 19.4.1894–12.4.1940 | Rudolf Hrdlička 27.11.1908–?

Am 19. September 1938 wurde bei einer Beobachtung hinsichtlich homosexueller Umtriebe in der Bedürfnisanstalt am Währinger Gürtel nächst der Volksoper gegen zwölf Uhr nachts der beschäftigungslose Privatbeamte Robert Blaschek von Gestapobeamten festgenommen. Bei einer Hausdurchsuchung wurde unter anderem das Foto eines Mannes gefunden, den die Gestapo rasch als den ebenfalls arbeitslosen Koch Rudolf Hrdlička identifizierte, der knapp zwei Wochen davor ebenfalls in dieser „Loge“ verhaftet worden war.

Robert Blaschek, der seit 1. Dezember 1932 Mitglied, und zwar förderndes Mitglied der Schutzstaffel [SS] der NSDAP war, fiel dabei offensichtlich auf einen Lockvogel der Gestapo herein. Er schilderte in der Einvernahme das typische Anbahnungsritual. Er habe das Pissoir in kurzen Zeitabständen 3 mal aufgesucht [...],

↑ Bild S. 187
In der „Loge“ vor dem Pfeiler der Stadtbahnbrücke wurde Robert Blaschek festgenommen.

um einen Geschlechtspartner zu finden. Als ich das dritte Mal diesen Anstandsort betrat, fiel mir auf, dass sich ein auf der gegenüberliegenden Seite stehender Mann sehr auffallend lange bei dem einem Abteil aufhielt. Da ich sogleich vermutete, dieser Mann wäre ebenfalls homosexuell veranlagt und scheinbar gleichfalls auf der Suche nach einem Geschlechtspartner, verblieb ich weiter in diesem Raum. Da sich der Mann nach ihm umdrehte, reagierte Blaschek: Wie ich mich neben den Mann gestellt hatte, haben wir uns mehrmals angesehen, doch da er keinerlei Miene zeigte, sich an mich heranzumachen, habe es ich auch unterlassen, die Initiative zu ergreifen. Beide verließen hintereinander die Toilettenanlage. Kaum als ich die Strasse betrat, wurde ich mit dem Mann zugleich festgenommen. Dieser Mann fand in der Folge aber keine Erwähnung mehr, obwohl er mit Robert Blaschek festgenommen worden war und sich desselben Verbrechens schuldig gemacht hatte. In der Folge verschwindet er gänzlich aus den Ermittlungsdokumenten, was vermuten lässt, dass er zum Team der Ermittler gehörte und als Agent Provocateur Homosexuelle zu einer Tathandlung verleiten sollte.

Ich gebe vorweg zu, dass ich homosexuell veranlagt bin, gestand Robert Blaschek den Gestapobeamten. Er gab auch unumwunden zu, dass er seit dem Jahre 1931 oder 1932 nur ausschließlich mit Männern [verkehrt] und in dieser Zeit mit ungefähr 25 Personen einen widernatürlichen Verkehr ausgeübt habe. Er besuchte dazu ausschließlich öffentliche Toiletten. Darüber hinaus nannte er den vor zwei Wochen am selben Ort verhafteten Rudolf Hrdlička als einen seiner Sexualpartner. Der ermittelnde Kriminalrevierinspektor Josef Karas schilderte Hrdlička als für ihn typischen Homosexuellen, der eine Sportkappe über das eine Ohr gezogen und eine gestrickte Damenhandtasche nach Frauenart trug, die Haare blond gefärbt hat und sehr stark parfumiert war.

Auch Rudolf Hrdlička redete nach seiner Verhaftung offen über seine Homosexualität: Als außereheliches Kind war er schon früh in Pflege gegeben worden und mit zwanzig in den Kapuzinerorden eingetreten. Dort irrte ich vom normalen Sexualleben ab, habe seither den Weg zum Weibe nicht mehr zurückgefunden, denn er war, nachdem er von einem Klosterbruder verführt worden war, in seinem steirischen Kloster mit 30 bis 40 Ordensbrüdern fast durchwegs allen zu Willen gewesen. Entweder aus eigener Überzeugung oder auch um sich zu entlasten, stellte sich Rudolf Hrdlička als Verführungsopfer dar. Die Vorstellung, dass insbesondere junge Männer durch Verführung des „normalen“, heterosexuellen Geschlechtsverkehrs entwöhnt werden könnten, war ein auch im Nationalsozialismus weitverbreitetes Modell, um homosexuelle Prägung zu erklären. Darüber hinaus bestätigte Hrdličkas Aussage auch ein von den Nationalsozialisten politisch instrumentalisiertes Argument gegen die katholische Kirche, die als Hort widernatürlicher Unzucht dargestellt wurde, was einige propagandistisch ausgeschlachtete „Unzuchts“-Verfahren gegen Geistliche und ganze Klöster im „Altreich“ und in den Bundesländern belegen.

Obwohl also Rudolf Hrdlička seine homosexuelle Veranlagung sofort gestand, leugnete er zunächst jede Beziehung zu Robert Blaschek:

Auf der Häftlingskarte des Konzentrationslagers Buchenwald wurde Robert Blaschek zuerst als Polizeihäftling, bald aber als Homosexueller geführt. Auch sein Todesdatum ist vermerkt.

9

Homosexueller
~~Polizeihftl~~. Nr. 6433 B l a s c h e k, Robert
geb.19.4.94, Gross Kundschitz
Privatbeamter

eingel.22.9.39
wird ab 22.11.39 als Homosexueller geführt

Wien 20

verstorben
12. APR. 194

Ich erkläre, dass die Angaben des Robert Blaschek in ihrer gesamten Darstellung unwahr sind. Dann folgte aber völlig unvermittelt im Einvernahmeprotokoll der Satz: Ich widerrufe die Angaben hinsichtlich Blaschek und will nun voll und ganz die Wahrheit sagen. Was war in der Zeit zwischen den beiden Aussagen Hrdličkas passiert, das zu diesem Gesinnungswandel führte? Es ist nicht zu erwarten, dass er freiwillig intimste Details über sein Geschlechtsleben vor den Gestapobeamten ausbreitete. Doch Drohungen und Gewalt wurden selbstverständlich nicht protokolliert.

Beide Angeklagten wurden von einem Schöffensenat zu hohen Strafen verurteilt. In der Urteilsbegründung wies der Richter ausdrücklich darauf hin, dass das Mittel des außerordentlichen Milderungsrechts nach § 54 StG keine Anwendung fand, weshalb bei der Strafbemessung die im § 130 StG festgelegte Mindeststrafe von einem Jahr als Ausgangpunkt genommen wurde. So erhielt Robert Blaschek genau ein Jahr, Rudolf Hrdlička 15 Monate schweren Kerker, beide als

—9— 3

Geheime Staatspolizei
Staatspolizeileitstelle Wien.

Wien I., den 20.Sept. 1938.
Morzinplatz 4.

Referat II S/1 - 775/38

13.- Uhr

Haftbuch Nr.

I. Vorführungsnote.

1. Familienname: B l a s c h e k
(bei Frauen auch Geburtsname)

Vornamen: Robert
(Rufname unterstreichen)

Spitz- und Decknamen: ./.

2. geboren am 19.IV.1894 in Gross-Kuntschitz

Gde. Gross.Kuntschitz Bez. Mistek

zuständig nach: Wien

Land: Wien

3. Familienstand (auch Zahl der Kinder) ledig

(Name des Ehegatten)

4. Stand, Beruf: Privatbeamter

zurzeit arbeitslos: ja

5. Wohnort und Wohnung: XVIII.,Semperstrasse Nr.4 bei Frau Marie Hauptfleisch

Vermerk:

1. Personalien- und Wohnungsangabe lt. Auskunft des Z.M.A. und Pol.Koat. XVIII richtig.
2. Notierung im Strafregisteramt
0
3. Notierung in der Fahndungskartei laut Auskunft der Krim.-Pol.-Leitstelle
0
4. Karteiblatt — nicht — vorhanden. Abschrift liegt an.
5. Pers.-Akt — nicht — vorhanden. ~~Akt liegt an.~~
6. Erkennungsdienstlich behandelt — nicht erforderlich —.

Name des Beamten.

6. Staatsangehörigkeit: R.D. Konfession: katholisch

7. Name, Stand und Wohnung der Eltern: Johann Blaschek,Bahnwärter,bereits gestorben, Katharina B.geb.Lanshotzky,Eisenbahnerswitwe,XX.,Vorgartenstr.87/39.

8. Parteiverhältnisse: Seit 1.Dezember 1932 Mitglied und zwar förderndes M.der Schutzstaffel der NSDAP. Mitgliedskarte Nr.26.804. Standarte 89.

9. B l a s c h e k wurde festgenommen durch Krb.Karas " Gaida Dst. II S/1

wegen: Verdachts homosexueller Betätigung

10. Ort der Festnahme: Bedürfnisanstalt am Währinger-gürtel,nächst der Volksoper Zeit: 19.IX.1938 12 Uhr nachts.

← Bild S. 190
In der Vorführungsnote Robert Blascheks bei der Gestapo sind auch die „Parteiverhältnisse" des Beschuldigten genau aufgeführt.

Verschärfung ein hartes Lager vierteljährlich. Für beide lag auch ein Rücküberstellungsbescheid der Gestapo vor. Am 1. September 1939, dem Tag des Kriegsbeginns, wurden Robert Blaschek nur knapp zwei Wochen vor dem Haftende und Rudolf Hrdlička nach fast zwölf Monaten Haft zur Probe entlassen. Die vom Landgericht beschlossene bedingte Entlassung sollte dem Verurteilten Gelegenheit [geben], sich durch rechtschaffenes und arbeitsames Verhalten die Erlassung der restlichen Strafe zu verdienen. Um das in sie gesetzte Vertrauen zu kontrollieren, wurde für eine Probezeit von drei Jahren Schutzaufsicht ausgesprochen. Sie mussten sich regelmäßig bei der Strafvollzugsbehörde melden und deren Weisungen nachkommen.

Trotz der vom Landgericht verfügten bedingten Entlassung wurde Robert Blaschek am 22. September 1939 als Polizeihäftling ins Konzentrationslager Buchenwald eingeliefert. Zwei Monate später wurde seine Häftlingskategorie auf Homosexueller geändert. Er wurde dem Arbeitskommando: Steinbruch zugewiesen. Am 12. April 1940 starb er im KZ Buchenwald um 0.10 Uhr an akuter Herzschwäche. Auch Rudolf Hrdlička wurde am 1. September 1939 an die Kripo rücküberstellt und ins Konzentrationslager Buchenwald eingeliefert. Von dort wurde er am 13. März 1942 ins KZ Ravensbrück überstellt. Am 15. Februar 1945 wurde er wahrscheinlich noch im Zuge der Räumung von Ravensbrück ins KZ Mittelbau-Dora überstellt. Danach verliert sich seine Spur.

Quelle WStLA, Landesgericht für Strafsachen, A11: LG I Vr 5988/38; zu Robert Blaschek: Archiv des Internationalen Zentrums für NS-Opfer/Arolsen Archives, Dokument 01010503 001.040.340; zu Rudolf Hrdlička: Archiv des Internationalen Zentrums für NS-Opfer/Arolsen Archives, Dokument 23120001

Parkanlagen

Nachdem Alois Bruckner → S. 134 im Rathauspark einen Mann kennengelernt hatte, waren die beiden in den Türkenschanzpark im 18. Bezirk gefahren, um dort auf einer ruhigen Parkbank zu onanieren. Parks waren wie „Logen" grundsätzlich Begegnungsorte für Männer auf der Suche nach einer freundschaftlichen Beziehung oder auch einfach nach Sex mit einem anderen Mann. Ein etwas zu lang gehaltener Blick im Vorbeigehen, das scheinbar belanglose Drehen der immergleichen Runden durch den Park oder ein längeres Verweilen auf einer Parkbank konnten für andere erste Hinweise sein. Mit einer meist stummen Abfolge ritualisierter Handlungsabläufe begegneten die Männer einander im Park, kamen ins Gespräch oder suchten eine verborgene Ecke auf, um dort gleich zur Sache zu kommen.

Zwar gibt es keine Hinweise darauf, dass Parkanlagen von der Kriminalpolizei aktiv überwacht wurden, doch wussten die Ermittler Bescheid. Neben dem Rathaus- und dem Resselpark war vor allem die dritte große innerstädtische Parkanlage, der Stadtpark, beliebt. So erlangte selbst die harmlose Frage Franz Ranftls an seinen Freund Berthold Windisch → S. 54, ob er auch fleißig in den Stadtpark gehe, Beweiskraft für beider homosexuelle Veranlagung, als der Kriminalbeamte bestätigte, dass dieser Park in Wien [...] als Treffpunkt Homosexueller bekannt sei.

Parks waren wie „Logen" gefährliche Treffpunkte, weil immer die Gefahr bestand, an den Falschen zu geraten. War es nicht ein Polizeispitzel, so konnte man an einen Schläger, der einen Annäherungsversuch mit Prügeln beantwortete, geraten oder einer Erpresserbande in die Hände fallen. So taten sich Gruppen, im subkulturellen Jargon wurde eine solche als „Platte" bezeichnet, meist junger Männer zusammen, um vornehmlich im Prater oder Parkanlagen Jagd auf Homosexuelle zu machen. Einer machte den Lockvogel, und kam es zu einer Annäherung, tauchten die anderen wie aus dem Nichts als „Zeugen" auf. Viele Bedrohte zahlten aus Angst. Nur selten kamen Fälle von Erpressung direkt zur Anzeige, in den Strafakten tauchen aber immer wieder Hinweise auf diese „Platten" auf.

Quelle WStLA, Landesgericht für Strafsachen, A11: LG I Vr I 699/39

Der Stadtpark bei
Nacht, 1937.

18., Gymnasiumstraße 3

Vor dem Kriegsgericht
Eduard Almesberger *29.8.1911 – ?*

Am 3. Dezember 1940 wurde der Schütze Eduard Almesberger vor dem Gericht der Division 177 angeklagt, weil er an einem schlafenden Kameraden gleichgeschlechtliche Handlungen vorgenommen hatte. Vor etwas mehr als einem Jahr war er Anfang Oktober 1939 nach einer siebenmonatigen Kerkerhaft wegen seiner Beziehung zu Rudolf Dürr → S. 202 an die Gestapo überstellt worden, weil Vorbeugemaßnahmen vorgesehen waren. Dass er Mitte Mai 1940 zur Wehrmacht eingezogen wurde, dürfte nicht von der Gestapo veranlasst worden sein. Es gab Einweisungen in sogenannte Bewährungskompanien, es gibt aber keine Hinweise darauf, dass es sich beim Infanterie-Ersatz-Bataillon I./132, das im slowakischen Senica stationiert war, um eine solche handelte. Auch im Verfahren wurde auf keine Bewährungsmaßnahmen Bezug genommen.

Im vom Kompanieführer ausgestellten Führungszeugnis kam Eduard Almesberger schlecht

Akten nicht brechen !

Gericht

Gericht der Division Nr. 177
Wien I, Stubenring 1

Akten nicht brechen

2/4

Untersuchungsakten

in der Strafsache gegen

Schtz. Eduard Alnzesberger
(Vor- und Zuname, Dienstgrad, Truppenteil, Standort)
4. MG. Ers. Kp. (Inf. Ers. Batl. I/132) Lenica

wegen Unzucht ~~wider die Natur~~ zwischen Männern

Verteidiger:

I. Instanz ....

.... Bl. ....

II. Instanz ....

.... Bl. ....

Beiakten:

Verwahrungsstücke:

Bl. ——

Anordnung des Ermittlungsverfahrens . . Bl.	
Vorläufige Festnahme . . . . „	
Haftbefehl . . . . „	
Entlassung aus der Untersuchungshaft . . . „	
Einstellung des Verfahrens . . . . „	
Anklageverfügung / ~~Strafverfügung~~ . . . . „	16
Hauptverhandlung . . . . „	21/21
Urteil erster Instanz . . . . „	22/24
Berufungseinlegung . . . . „	
Urteil zweiter Instanz . . . . „	
Revisionseinlegung . . . . „	
Urteil (Beschluß) der Revisionsinstanz . . . „	
Rechtskraft des Urteils (Strafverfügung) . „	
Anordnung der Strafvollstreckung . . . . . „	26
Strafverbüßung . . . . „	27
Strafaussetzung	33

29

Aufzubewahren bis 19~~71~~ 51

Von der Vernichtung auszuschließen Bl. 22-24

Strafsachenliste Abt. III Nr. 700 / 1940

Strafaussetzung Kriegsende

A 1 zu Nr. 42 ff. HDGO.
Verlag Franz Vahlen, Berlin W 9.

Sehr geehrter Herr Kompanie-Chef! / Bitte den Herrn Kompanie-Chef nach meiner zu erinnern und will bei dieser Gelegenheit Sie bitten, ob nicht durch Ihre Führsprache eine Anforderung beim Divisionsgericht erfolgen kann. / Habe z. Zt. im Wehrmachtsgefangenen-Lager-Lobnig eine gute Führung und könnte demnach der Rest der Strafe in Bewährung an der Front oder bei der Truppe umgewandelt, bezw. nachgelassen werden. / Mein Verhalten bei der Truppe war sicher zufriedenstellend und glaube ich daher nicht, daß der Herr Kompanie-Chef sich meiner Bitte verschließen wird. Danke Ihnen daher schon jetzt für Ihre Bemühung. Bei dieser Gelegenheit bitte ich Sie auch Grüße dem Herrn Stabsfeldwebel zu übermitteln und danke ihm noch für sein Schreiben, welches er mir vor meinem Abgang noch zukommen ließ. / Mit der Bitte mir bald auch Ihrerseits Nachricht zukommen zu lassen grüße ich Sie mit / Heil Hitler! / Almesberger Eduard / Schütze

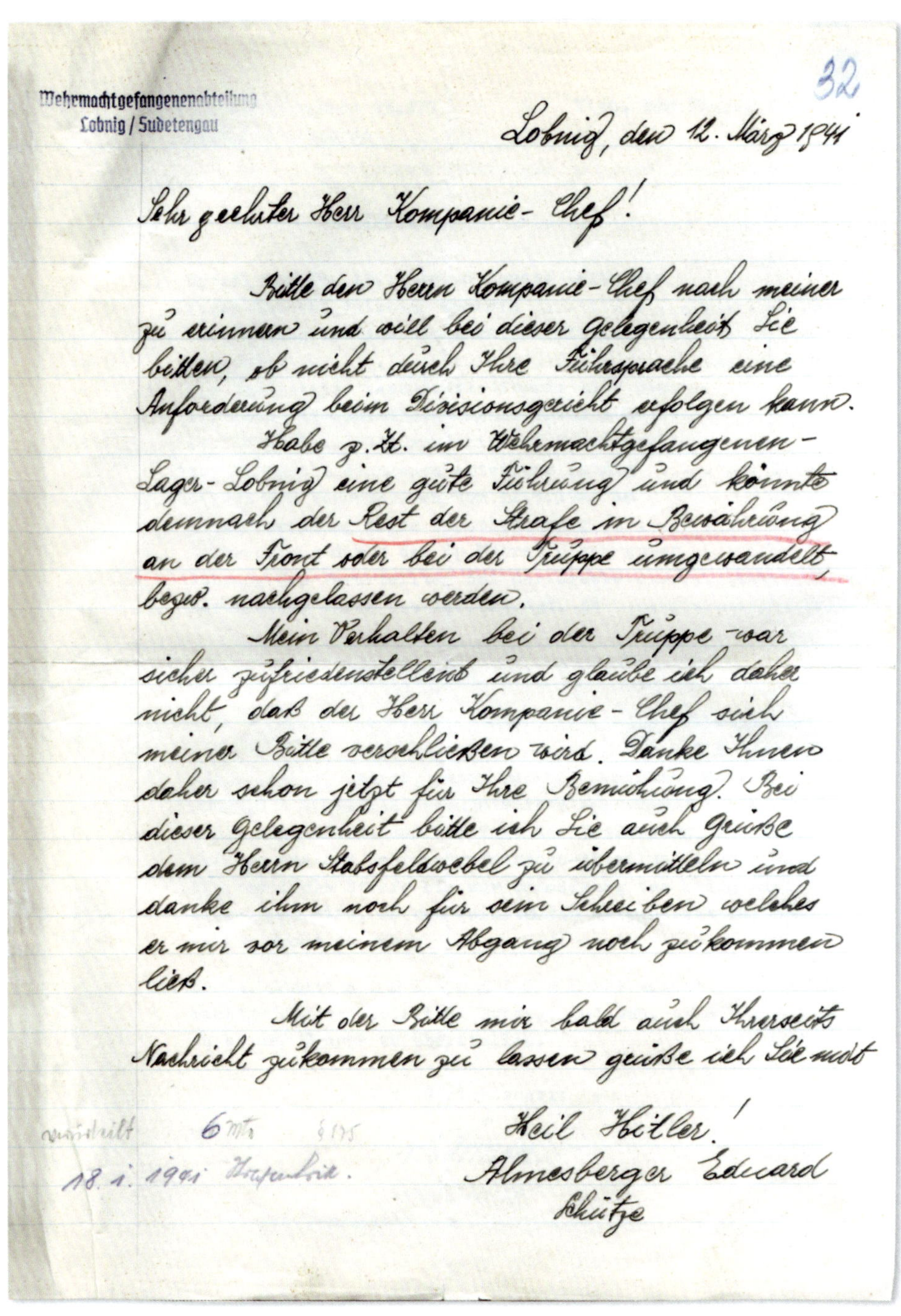

Wehrmachtgefangenenabteilung
Lobnig / Sudetengau

32

Lobnig, den 12. März 1941

Sehr geehrter Herr Kompanie-Chef!

Bitte den Herrn Kompanie-Chef nach meiner
zu erinnern und will bei dieser Gelegenheit Sie
bitten, ob nicht durch Ihre Führsprache eine
Anforderung beim Divisionsgericht erfolgen kann.
Habe z. Zt. im Wehrmachtgefangenen-
Lager-Lobnig eine gute Führung und könnte
demnach der Rest der Strafe in Bewährung
an der Front oder bei der Truppe umgewandelt,
bezw. nachgelassen werden.
Mein Verhalten bei der Truppe war
sicher zufriedenstellend und glaube ich daher
nicht, daß der Herr Kompanie-Chef sich
meiner Bitte verschließen wird. Danke Ihnen
daher schon jetzt für Ihre Bemühung. Bei
dieser Gelegenheit bitte ich Sie auch Grüße
dem Herrn Stabsfeldwebel zu übermitteln und
danke ihm noch für sein Schreiben welches
er mir vor meinem Abgang noch zukommen
ließ.
Mit der Bitte mir bald auch Ihrerseits
Nachricht zukommen zu lassen grüße ich Sie mit

Heil Hitler!
Almesberger Eduard
Schütze

verurteilt 6 Mte § 175
18. 1. 1941

← Bild S. 196
Brief von Almesberger an seinen Kompaniechef, in dem er um Umwandlung seiner Strafe „in Bewährung an der Front“ ersucht.

↑ Bild S. 194
Eduard Almesberger wurde als Wehrmachtssoldat vom Gericht der Division 177 verurteilt. Gebäude des Kriegsministeriums und Sitz des Gerichts mit deutlichen Kriegsschäden nach der Befreiung 1945.

↑ Bild S. 195
Mappe mit Untersuchungsakten in der Strafsache gegen den Schützen Eduard Almesberger.

weg: A. ist unaufrichtig und willensschwach. Geistig ist A. durchschnittlich, körperlich gut veranlagt. Die ihm zugeschriebene Unaufrichtigkeit sollte ihm später vor dem Feldgericht schaden, bei dem seine Verteidigung als gänzlich unglaubwürdig zurückgewiesen wurde. Nachdem er mit einem Kameraden in der Kantine mehrere Gläser Bier, Wein und einige Schnäpse getrunken hatte, gingen sie auf die Stube. Almesberger legte sich in das freie Bett neben seinem Kameraden, weil er vorgab, dass er in seinem Bett schlecht schliefe. In der Nacht erwachte sein Bettnachbar, als er bemerkte, dass Almesberger sein Glied in den Mund nahm und an sich selbst onanierte. Er stieß ihn weg und zeigte Almesberger, als der bis zum Morgen noch zwei weitere Annäherungsversuche machte, bei ihrem Kommandanten an.

Der Beschuldigte bestritt zunächst die Tathandlung, da er derart betrunken [gewesen sei], daß er sich an nichts mehr erinnern könne. Der das Verfahren leitende Kriegsgerichtsrat glaubte ihm nicht, da Zeugen bestätigten, daß der Angeklagte wohl in gehobener Stimmung war, doch beim Weggehen von der Kantine nicht schwankte, sich auch an der Unterhaltung auf der Stube beteiligte und auch auf Fragen vernünftig antwortete. Auch seine Beteuerung, dass er sich seit seiner letzten Strafe nie mehr widernatürlich vergangen habe, nützte ihm nichts. Eduard Almesberger wurde vom Feldkriegsgericht in Wien am Stubenring 1 nicht nach § 129 Ib StG sondern nach § 175 des Reichsstrafgesetzesbuchs (RStGB) wegen Unzucht zwischen Männern zu sechs Monaten Gefängnis verurteilt, da in der gesamten Wehrmacht das reichsdeutsche Strafrecht galt. Bei der Strafbemessung wurden verminderte Hemmungen durch Alkoholgenuß allerdings als mildernd gewertet. Strafverschärfend war seine Vorstrafe, die auf derselben schändlichen Neigung beruht und die Wiederholung der unzüchtigen Handlungen.

Zur Verbüßung der Haft wurde Eduard Almesberger in die heute südwestpolnische Festung Glatz (Kłodzko) eingeliefert, die als Wehrmachtsgefängnis diente. Dort blieb er nicht lange. Schon im Februar 1941 wurde er zur Wehrmachtgefangenenabteilung Lobnig im „Sudetengau“ überstellt, wo er um Umwandlung der Strafe […] in Bewährung an der Front oder bei der Truppe ansuchte, was vom Divisionsgericht befürwortet wurde, wenn das Gericht regelmäßig über die Führung des Verurteilten informiert würde. Diese Berichte waren positiv: Im Feldzug gegen Russland war Almesberger in der Zeit vom 22.6. - 11.8.1941 mit der Kompanie als Munitionsschütze 2 stets in vorderster Linie eingesetzt. A. zeichnet sich durch pers. Tapferkeit, gute Leistungen und Draufgängertum aus. Seine Haltung im Gefecht war vorbildlich. Er wurde sogar zum Gefreiten befördert und für eine Auszeichnung mit dem Eisernen Kreuz 2. Klasse vorgeschlagen. Nach einer schweren Verwundung an der Ostfront, die zu einer vollkommenen Versteifung des linken Kniegelenks führte, wurde Eduard Almesberger aus der Wehrmacht entlassen.

Quelle Österreichisches Staatsarchiv, Kriegsarchiv, Divisionsgericht 177/700/40

19., Eduard-Pötzl-Gasse 5

Zur Zwangsarbeit verpflichtet
Olga Alepidu *5.2.1911–?* | Maria Karajannidu *1.4.1907–?*

Der Gegenstand meiner Vernehmung wurde mir […] durch einen Dolmetscher verständlich gemacht, heißt es am Beginn des Verhörs von Olga Alepidu, einer aus Griechenland stammenden Zwangsarbeiterin, die von ihrem Arbeitgeber Josef Manner, Inhaber der gleichnamigen Schokoladenfabrik, angezeigt wurde, weil sie sich an andere weibliche Lager- und Zimmerinsassen heranmacht und sie zwingen will, ihr zu Willen zu sein. Die Kriminalpolizei nahm Mitte März 1944 Ermittlungen gegen die zweifache Mutter auf, verhörte mithilfe eines Übersetzers der Dolmetscher-Kompanie Wien Rossauer Kaserne sieben Mitbewohnerinnen und verhängte schließlich Untersuchungshaft über Olga Alepidu.

Die Süßwarenfabrik Manner im 17. Bezirk war als kriegswichtiger Betrieb eingestuft, weil sie als Armeelieferant Schokolade und Kekse für die deutsche Wehrmacht produzierte. Die sogenannte Fliegerschokolade gehörte etwa zur Verpflegung von Piloten der Luftwaffe, aber auch bei anderen Einheiten waren Schokolade und Kekse Teil des Proviants. Mindestens zehn Zwangsarbeiterinnen aus Griechenland, die mit Olga Alepidu im INHA-Lager in der Eduard-Pötzl-Gasse lebten, waren im Frühling 1944 bei Manner beschäftigt.

Die Industrie- und Handwerksförderungsgesellschaft m.b.H. (INHA) der Industrie- und Handelskammer Wien (ab Herbst 1942 Gauwirtschaftskammer Wien) war für die Unterbringung, Bewachung, Kontrolle und Verpflegung von Zwangsarbeiter:innen zuständig. Die INHA war Teil eines sich über ganz Wien erstreckenden Systems von Lagern für Zwangsarbeiter:innen. Fast 640 solcher Lager konnten zwischen 1942 und 1945 in Wien bislang nachgewiesen werden, in denen zum Zeitpunkt von Olga Alepidus Verhaftung mehr als 120.000 „fremdvölkische" Arbeitskräfte inhaftiert waren. Sie gehörten nicht zu den vom KZ Mauthausen in Wien geführten Außenlagern bei wichtigen Rüstungsbetrieben wie den Saurerwerken in Simmering, sondern wurden von den Firmen selbst oder von privatwirtschaftlich geführten Gesellschaften geleitet.

Im INHA-Lager in der Eduard-Pötzl-Gasse lebten in mehreren Baracken griechische, italienische, polnische und jugoslawische Zwangsarbeiter:innen. Eine Mitgefangene Alepidus schilderte die Enge der Unterbringung: In diesem Lager schlafen in jedem Bett 2 Frauen. […] Die Betten sind Etagenbetten und miteinander verbunden. […] Während der Nachtzeit können wir oft gar nicht schlafen, weil die ober uns liegenden zwei Frauen ständig Bewegungen machen, die das Bett zeitweise sehr stark schütteln. Sie beschrieb die Bewegungen des Bettes, als würde zwischen Mann und Frau ein Geschlechtsverkehr stattfinden. Eine dieser Frauen im Bett über ihr war Olga Alepidu.

Von allen verhörten Mitgefangenen wurde Olga Alepidu als sexuell übergriffig beschrieben, sie würde die Brüste anderer Frauen ungefragt berühren, Frauen auch gegen ihren Willen abküssen, in die Lippen beißen und sich wie ein Mann benehmen. Eine Lagerinsassin behauptete, dass sie ohne jeden Zweifel den Eindruck gewonnen habe, dass diese Frau lesbisch veranlagt ist. […] Ich nehme an, dass diese Frau von einem Mann überhaupt nichts wissen will und dass sie ein Mannweib ist. Bei Ablehnung soll Alepidu angeblich andere Lagerkameradinnen mit dem Erstechen bedroht haben. Alle wir Frauen haben aus Furcht und Angst

Ein fröhliches, idyllisches Bild vermittelt die Werbung für Manner-Kakao von 1936. Wenige Jahre später war Manner ein kriegswichtiger Betrieb und beschäftigte Zwangsarbeiter:innen.

203 EVr. 392 / 44

FERNSPRECHER: U-5-35-60 SERIE
TELEGRAMM-ADRESSE:
CHOCOLADE MANNER WIEN
POSTSCHECK-KONTO: WIEN NR.17970
BANKVERBINDUNGEN:
CREDITANSTALT-BANKVEREIN WIEN NR.4209
LÄNDERBANK WIEN A.-G., WIEN NR.6639
REICHSBANKHAUPTSTELLE WIEN NR.8198
ZENTRALSPARKASSE D.GEM.WIEN NR.1739

RB-Nr. 0/1001/5816
WIEN 107, XVII
KULMGASSE 14

An die
KRIMINALPOLIZEI - Leitstelle Währing
Wien XVIII., Schulgasse 88

IHR ZEICHEN IHRE NACHRICHT VOM UNSER ZEICHEN D. 6. März 1944.

Betrifft: Anzeige gegen griechische Arbeiterin.

Auf Grund einer Anzeige des Lagerführers des INHA-LAGERS lo in Wien 19., Eduard Pötzlgasse in welchem, die in unserem Betriebe beschäftigten griechischen weiblichen Arbeitskräfte untergebracht sind, erstatten wir folgende Anzeige.

Eine Gruppe griechischer Frauen und Mädchen beschweren sich seit einiger Zeit über das Verhalten der ebendort untergebrachten Griechin

OLGA ALEPIDU, geb. 1911 in Kiew,

welche sich an andere weibliche Lager- und Zimmerinsassen heranmacht, ihnen Geld und andere Geschenke in Aussicht stellt und sie mehr oder weniger zwingen will ihr zu Willen zu sein.

Bei Weigerungen schimpft und bedroht sie die Mädchen und erklärt weiter, wenn sie ihr Verhalten im Betriebe preisgeben würden, sie zu erstechen.

Es soll auch innerhalb unseres Betriebes von der Obengenannten versucht worden sein, sich auf diesem Gebiete deutschen Frauen zu nähern.

Der Lagerführer erklärt die ALEPIDU auf keinen Fall länger im Lager zu dulden und nennt schliesslich die untenangeführten Griechinnen, welche alle diese Angaben bezeugen können. Es sind dies

ARISSIAN MANDARI, MARINU MARIANTHI,
DEMIRTZIAN ARSINE, PAPADOPULU THEONIA,
GAGATSI APHRODITE, DARAMPARA MARIA,
THEODORU ELENI, STEFANU KYRIAKI,
TSIKA MARIA, Papakonstatinu Olga.

Wir ersuchen die Anzeige zur Kenntnis zu nehmen und zeichnen mit

Heil Hitler !
JOSEF MANNER & COMP.
Aktiengesellschaft.

BI, DREMICHEK
U 50086

← Bild S. 200
Eine Anzeige der Firmenleitung der Manner-Schokoladenfabrik löste das Verfahren gegen Olga Alepidu und Maria Karajannidu aus.

vor ihr das dem Lagerführer gemeldet, bekräftigte eine weitere Mitgefangene.

Bei der Anzeige handle es sich um einen Racheakt des Lagerführers, verteidigte sich Olga Alepidu, weil sie ihn im Sanitätsraum des Lagers gesehen habe, wie er [...] zwei Griechinnen, auf dem Bette sitzend, links und rechts neben sich sitzen hatte. Einer hätte er die Brust abgegriffen. Dem widersprachen in der Vernehmung aber alle Mitgefangenen, auch Maria Karajannidu, die mit Alepidu das Bett teilte. Sie erzählte auch von Berührungen und Küssen, zum Geschlechtsverkehr sei es aber nie gekommen, da sie als Mutter von 2 Kindern doch nicht so veranlagt sei. Auch sie fühlte sich bedroht: Einmal sagte die Alepidu zu mir, dass ich sie lieben muss, sonst wird sie mir Schlechtes antun.

Trotzdem wurde auch Maria Karajannidu vor Gericht gestellt. Ihr wurde vorgeworfen, dass sie durch die Duldung der [...] unzüchtigen Handlungen Unzucht wider die Natur getrieben hätte. Wie Olga Alepidu, die zusätzlich auch wegen gefährlicher Drohung belangt wurde, wurde sie nach § 129 Ib angeklagt. Da die Handlungen im Schlafraum stattgefunden hatten, mussten sich beide Frauen auch wegen der Verletzung der öffentlichen Sittlichkeit nach § 516 StG. verantworten.

Obwohl sich beide nicht schuldig bekannten, wurden sie verurteilt. Olga Alepidu erhielt ein Jahr Zuchthaus als Strafe, da keine Milderungsgründe anerkannt wurden. Ihre Mitangeklagte Maria Karajannidu wurde mit drei Monaten Gefängnis bestraft. Ihre Haft verbrachte Olga Alepidu in der Strafanstalt Aichach in Bayern, wo sie am 25. Mai 1945 von den Amerikanern entlassen wurde. Bis zu ihrer Befreiung hatte sie damit mehr als ein Jahr und zwei Monate in Haft verbracht.

Quellen WStLA, Landesgericht für Strafsachen, A12: LG II Vr 392/44; Interaktive Karte der Lager für Zwangsarbeiter:innen in Wien: www.geschichtewiki.wien.gv.at/Zwangsarbeiterlager

19., Lannerstraße 16 | 20., Bäuerlegasse 20

Langjährige Beziehung Rudolf Dürr *4.3.1913 – 27.9.1990* | Johann Haszak *12.5.1911 – ?*

Der Anlass, der zur Verhaftung des 27-jährigen Johann Haszak führte, ist nicht dokumentiert, in seiner Einvernahme bei der Gestapo gab er jedenfalls einige männliche Sexualpartner an. Darunter den 25-jährigen Tapezierergehilfen Rudolf Dürr, der in seinem Verhör zunächst jede homosexuelle Betätigung ganz entschieden in Abrede stellte, aber schon im dritten Satz des Protokolls einen Rückzieher machte: Ich habe seit meinem 17. oder 18. Lebensjahr verspürt, daß ich eigentlich nicht so, wie die meisten Menschen, veranlagt bin, sondern doch etwas anders. Zögerlich erzählte er von seinen Beziehungen zu Haszak und einem jungen Soldaten, leugnete aber eine Beziehung zu einem gewissen Almesberger. Auf ein unerlaubtes Verhältnis der beiden hatte Haszak die Gestapobeamten aufmerksam gemacht.

Vier Tage nach der ersten Einvernahme erneut aus der Haft vorgeführt, brach Rudolf Dürr zusammen. Er hätte den Friseur und Fußpfleger Eduard Almesberger im Jahre 1934 bei einer Tanzveranstaltung in der Burggasse kennengelernt und mit ihm ein freundschaftliches Verhältnis auf sexueller Basis begonnen. Ab August 1936 lebten sie für über zwei Jahre gemeinsam in Dürrs Wohnung in der Lannerstraße, wo auch dessen Mutter Eugenie wohnte. Almesberger zog im November 1938 zu seiner Mutter, weil er sich nach dem Tod seines Vaters um sie kümmern musste. Die beiden jungen Männer blieben ein Paar, in der Woche vor ihrer Verhaftung hatten sie sich ein letztes Mal getroffen. Selten finden sich in den Akten Geschichten von Paaren, die über einen längeren Zeitraum zusammenlebten, auch wenn sie dabei nicht monogam waren.

Denn: Ich bin aber auch dem Almesberger untreu geworden, gestand Rudolf Dürr, die Beamten unterstrichen den Satz im Protokoll, so wichtig schien er ihnen. Denn es folgten weitere Namen. Sexualpartner, aber auch Burschen, von denen Dürr wusste, daß sie homosexuell veranlagt sind. Er nannte ihre in der Szene bekannten Spitz- oder Decknamen, aber auch die Klarnamen und teilweise auch ihre Adressen. Er verpfiff die Kala, die Knochenfee oder die Ala. Zumindest gegen zwei dieser Männer sind Verfahren nachweisbar, die durch die Aussagen von Rudolf Dürr ausgelöst wurden und die auch zu mehrmonatigen Kerkerstrafen führten.

Dürr und Almesberger gehörten zu einem weitverzweigten Netzwerk homosexueller Männer, die, über lose Liebesbeziehungen verbunden, seit den späten 1920er Jahren zu den Stammgästen des Gasthauses Neumann/Café Veronika am Spittelberg zählten. In den frühen 1930er Jahren gehörte Rudolf Dürr zum Freundeskreis von Leopold Kahlkopf → S. 173, mit dem er auch Sex hatte. Dürr hatte ihn zunächst nur als Soldat Leopold aus Klosterneuburg bezeichnet. Die Gestapo erkannte in diesem den in einer anderen Ermittlung beschuldigten Kahlkopf. Bei einer Gegenüberstellung erkannten die beiden einander.

Das Verfahren endete mit Schuldsprüchen. Rudolf Dürr und Eduard Almesberger wurden zu sieben Monaten schwerem Kerker, Johann Haszak, von dem die Ermittlungen ausgingen, zu drei Monaten schwerem Kerker verurteilt. Nach Verbüßung ihrer Haftstrafen wurden Dürr und Almesberger Anfang Oktober 1939 an die Gestapo rücküberstellt. Was mit Rudolf Dürr weiter geschah, ist nicht bekannt. Er überlebte die NS-Zeit und wurde Ende Oktober 1990 auf dem Sieveringer Friedhof bestattet. Eduard Almesberger → S. 194 wurde zur Wehrmacht eingezogen.

Quelle WStLA, Landesgericht für Strafsachen, A12: LG II Vr 1198/39

Beratungsprotokoll des Richtersenats im Fall von Rudolf Dürr.

Der Beschluß über die Schuld- u. Straffrage aller Angekl[agten] lt. Urteil samt Gründen unter Annahme der in den Urteilsgründen angeführten Erschwerungs- u. Milderungsumstände sowie über den Pauschalbetrag von 70 RM erfolgte einhellig.

153

Geschäftszahl 203 Vr 1198/39

Z 36

Beratungsprotokoll bei dem Land-Gerichte Wien II, Abteilung 203

am 29. VIII. 1939

Gegenwärtig:

1. LGR. Dr. Polzer
als Vorsitzender.
2. " Dr. Ott
3. Schöffen: Kaenlein
4. Braun
als beisitzender Richter.

Ortner
als Schriftführer.

In der Strafsache gegen Rudolf Dürr u. Gen. wegen § 129 I b StG.

(auf freiem Fuße—in Haft)

Der Beschluß über die Schuld- u. Straffrage aller Angekl. lt. Urteil samt Gründen unter Annahme der in den Urteilsgründen angeführten Erschwerungs- u. Milderungsumstände sowie über den Pauschalbetrag von 70 RM erfolgte einhellig.

Vorsitzender:

Schriftführer:
Ortner

Das Esterházybad

An keinem Ort Wiens wurden in der NS-Zeit mehr Männer wegen homosexueller Kontakte verhaftet als im Esterházybad in der Gumpendorfer Straße 59. Das Bad wurde nach dem 1851 im heutigen Esterházypark errichteten Palais des Fürstenhauses „Badhaus zum Fürsten Esterházy" benannt und war ein beliebter Treffpunkt homosexueller Männer. Da das Bad in der Vorstadt im Vergleich zu noblen innerstädtischen Etablissements wie dem Central- oder dem Dianabad preisgünstig war, wurde es vornehmlich von einem proletarischen und kleinbürgerlichen Publikum besucht.

Regelmäßig erschienen auch skandalheischende Artikel über das Bad. So berichtete die *Wiener Nacht-Presse* Ende März 1927 vom namentlich genannten Homosexuellen Breitner, der im Esterházybad zu den Stammgästen zähle und an seinem prononciert weibischen Benehmen und dem nachgeahmten Frauenlachen leicht zu erkennen sei. Speziell die Heißluftkammer, die unzureichend beleuchtet ist, wird von Breitner ganz besonders bevorzugt.

Diese Dampfkammer suchte zwischen 1939 und 1945 auch Kriminal-Oberassistent Karl Seiringer immer wieder auf, um Erhebungen vorzunehmen. Er beschrieb sie im Zuge einer Zeugenaussage: Ich vermute, dass die Dampfkammer 5 bis 6 m lang ist. Man kommt in dieselbe durch eine Eisentüre, und ist zunächst dort rechts und links nur eine Bank, wodurch der Raum in der Nähe des Einganges breiter ist. Im rückwärtigen Teil der Dampfkammer sind zu beiden Seiten je 2 Bänke etappenförmig aufgestellt. […] An der Stirnfront direkt steht noch ein Stuhl, der sogenannte Vorsitz-Stuhl […], auf dem ein Homosexueller sozusagen den Vorsitz übernimmt. Seiringer selbst suchte sich Plätze auf der oberen oder unteren Bank aus, um so einen Überblick zu bekommen. Aus Seiringers Sicht war die Dampfkammer gut beleuchtet, hingegen berichteten die Beschuldigten übereinstimmend, dass es schummrig bis stockfinster war und der Dampf die Sicht zusätzlich beeinträchtigte. Sie wollten damit wohl auch den Wahrheitsgehalt von Seiringers Beobachtungen, die im Verfahren Beweiskraft hatten, relativieren.

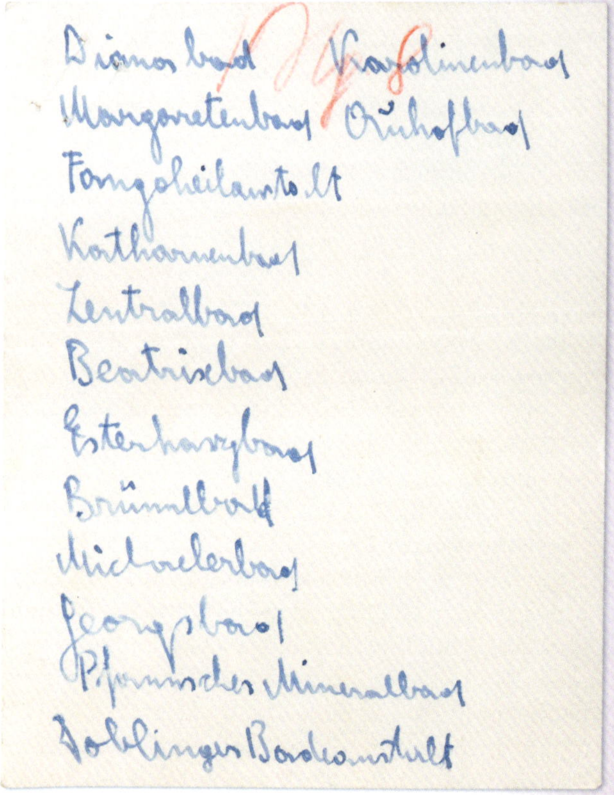

Als Beweismittel beschlagnahmter Notizzettel mit einer Auswahl Wiener Badeanstalten, die zum Teil als Treffpunkte homosexueller Männer bekannt waren.

Anschlagtafel mit Hinweis, dass „Schürzen zu tragen sind“, 1927.

Konnte er in einem dunklen, dampfgefüllten Raum überhaupt die von ihm detailreich geschilderten sexuellen Vorgänge erkennen? Auch bei Gericht gab es mitunter Widerspruch von den Beschuldigten, dass die beobachteten Handlungen gar nicht stattgefunden hätten, dass sie Opfer einer Verwechslung seien. Alle Zweifel ignorierend hielt Karl Seiringer selbstbewusst entgegen: Ich machte mir während meiner Beobachtungen keine Notizen; ich war auf die Sache vorbereitet und schon darauf konzentriert.

Wurde Karl Seiringer bei Gericht als Zeuge einvernommen, hatte er eine klare Vorstellung von den von ihm Gejagten: Mir sind die Männer an dem typischen Blick der Homosexuellen, d. h. an den stechenden Augen, aufgefallen. […] Die Bekanntschaft zwischen diesen homosexuellen Männern entsteht dadurch, dass sie sich gegenseitig anschauen und dann gewissermassen mit den Zehen zu kokettieren beginnen. Der andere drückt auch darauf, und schon ist der Kontakt geschlossen. So lag er mit seinen Kollegen im Esterházybad auf der Lauer und hatte regelmäßig Erfolg. Jeder Besuch brachte Männer in den Kerker und manche von ihnen auch ins KZ.

Quellen WStLA, Landesgericht für Strafsachen, A11: LG I Vr 1274/40; Wiener Nacht-Presse, 30. März 1927

20., Wexstraße 14–18 | Knittelfeld, Adolf-Hitler-Platz 1

Zwei Wannen im Esterházybad

Johann Nowak 2.3.1905–? | Eduard Bruscha 6.11.1910–?

Eduard Bruscha, der an seinem Arbeitsplatz in einem Hotel in Knittelfeld, wo er als Oberkellner beschäftigt war, festgenommen wurde, war Teil des Freundeskreises von Berthold Windisch → S. 54. Diesen hatte er 1933 vor dem Busch-Kino im Prater kennengelernt, bei einem Spaziergang in der Prater Hauptallee kam es auf einer Bank zu einer ersten sexuellen Begegnung. Die beiden Männer verabredeten sich in der Folge einige Male, verloren sich aber bald wieder aus den Augen, bis sie einander 1937 zufällig auf der Straße trafen. Berthold Windisch lud Eduard Bruscha zu sich in seine Wohnung ein, wo auch ein damals angeblich 29 jähriger Bursche mit Namen Hans Novak [sic], der zu dieser Zeit nach seiner Angabe im Servittenkloster wohnte, zu Gast war, wie sich Bruscha im Verhör erinnerte. Nowak erzählte ihm, dass er Theologie studiere und die Absicht habe,

← ↓ Bild S. 206/207
Beschlagnahmtes Foto von Eduard Bruscha mit Widmung auf der Rückseite.

Wenn sich auf dieses Bild Dein / Auge senkt, Betracht es still / als wär's mein Leichenstein, / Und still, wie sonst der Toten / man gedenkt: / Gedenke mein. / Zur treuer Errinnerung [sic] / eduar[d] Bruscha

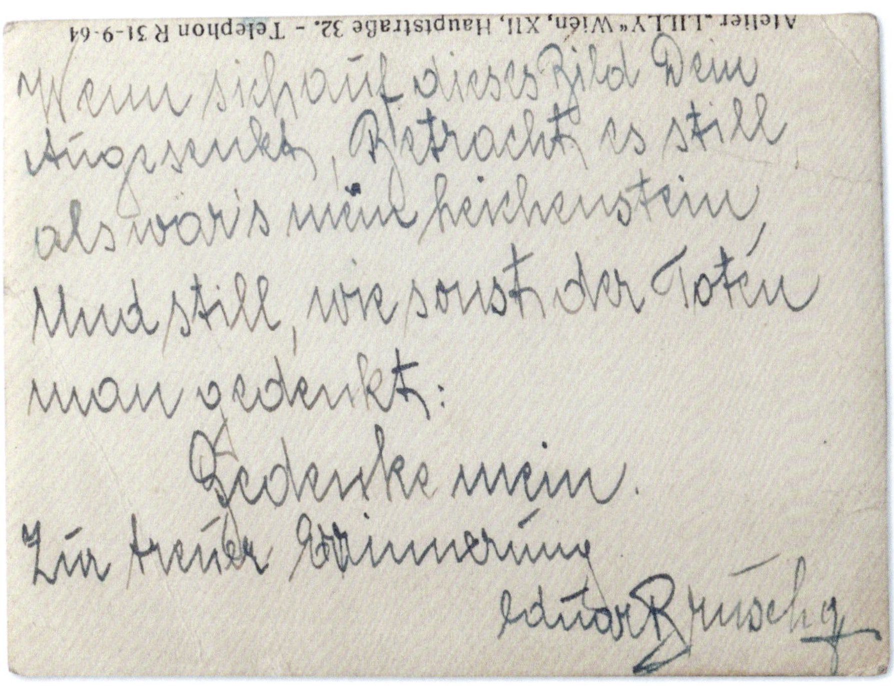

Pfarrer zu werden. Bei einem späteren Treffen, das wieder in Windischs Wohnung stattfand, kam es dann zwischen den beiden zu sexuellen Handlungen. Windisch hatte ihnen die Wohnung überlassen.

Nun wurden auch Ermittlungen gegen Johann Nowak aufgenommen. Er war inzwischen in einem Modewarengeschäft im Habig-Hof an der Wiedner Hauptstraße als Verkäufer tätig und lebte in einem Gemeindebau im 20. Bezirk. Mit seinem gegenüber Bruscha ausgedrückten Wunsch, Pfarrer zu werden, dürfte es nicht so weit her gewesen sein, hatte er doch bereits nach der sechsten Klasse das Gymnasium im Servitenkloster verlassen. Da seine Eltern früh verstorben waren, musste er schon als Jugendlicher für sein Einkommen sorgen. Er schloss erfolgreich eine Friseurlehre ab, arbeitete bei der Stadtgärtnerei, in einem Delikatessenladen und als Kaufmann. „Ein Kooperator überredete mich damals Priester zu werden", erklärte er seinen Ausflug in die Theologie. Das Servitenkloster bot außerdem „freies Quartier und in der ersten Zeit auch freie Verpflegung."

Er gab gegenüber dem Gestapobeamten zu, dass er sich bis vor ungefähr zwei Jahren einigemale gleichgeschlechtlich betätigt hatte, erstmalig mit 18 Jahren bei einer Begegnung mit einem 40- bis 45-jährigen Mann im Türkenschanzpark. Er bestätigte auch das Verhältnis mit Eduard Bruscha, das seinen Angaben nach aber länger dauerte als von diesem angegeben. Da sich Nowak nicht länger

Bestätigung der Strafvollzugsbehörde, dass Eduard Bruscha nach Verbüßung seiner Haft am 16. Juni 1939 an die Gestapo überstellt wurde.

Wien
Strafsachen Wien I)
16. Jun. 39 Uhr M
fach Halbschr. Beil.
Kostenmarken RM Rpf

Gz 107bE Vr 1748/39
Hv 34/39

Bericht über den Strafvollzug.

B r u s c h a Eduard

20

hat die mit Urteil vom 12. 6. 1939
verhängte Strafe von 4 (vier) Monate Kerker II, auf welche die Verwahrungs- und
Untersuchungshaft vom 16. 2. 1939 Uhr, bis 12. 6. 1939 Uhr
anzurechnen war, am 12. Juni 1939 Uhr,
angetreten,
am 16. Juni 1939 Uhr verbüßt
t.
und wurde an Gestapo überstellt.

Gefangenenhausdirektion
des Landgerichtes für Strafs. Wien I
VIII., Landesgerichtsstrasse Nr. 11

Wien, am 16. Juni 1939 193

Über Auftrag:

D 623/37—9 a

mit Bruscha in Windischs Wohnung treffen wollte, ging er auf dessen Vorschlag ein, das Esterhazy-Bad aufzusuchen, wo es Kabinen mit zwei Wannen gebe. Im Laufe der Zeit suchte ich mit Bruscha nun ungefähr zwei bis dreimal das Esterhazybad auf, wo es zwischen uns beiden jedesmal zu Unzuchtshandlungen [...] kam. Als Bruscha im Spätherbst 1937 als Kellner nach Knittelfeld ging, endete die Beziehung. Danach hätte sich Nowak nie wieder homosexuell betätigt. Vielmehr versicherte er, dass er bereits eine Bekanntschaft mit einem Mädchen habe, das er zu ehelichen gedenke.

In der Hauptverhandlung gelobten beide, sich in Zukunft in dieser Weise nicht mehr zu vergehen und betonten ihre Beziehungen zu Frauen. Eduard Bruscha hatte eine bittere Erfahrung gemacht, als er von einer

Auch für Bruschas Freund Johann Nowak bestätigte die Strafvollzugsbehörde, dass er nach Verbüßung seiner Haft am 30. Juli 1939 an die Gestapo überstellt wurde.

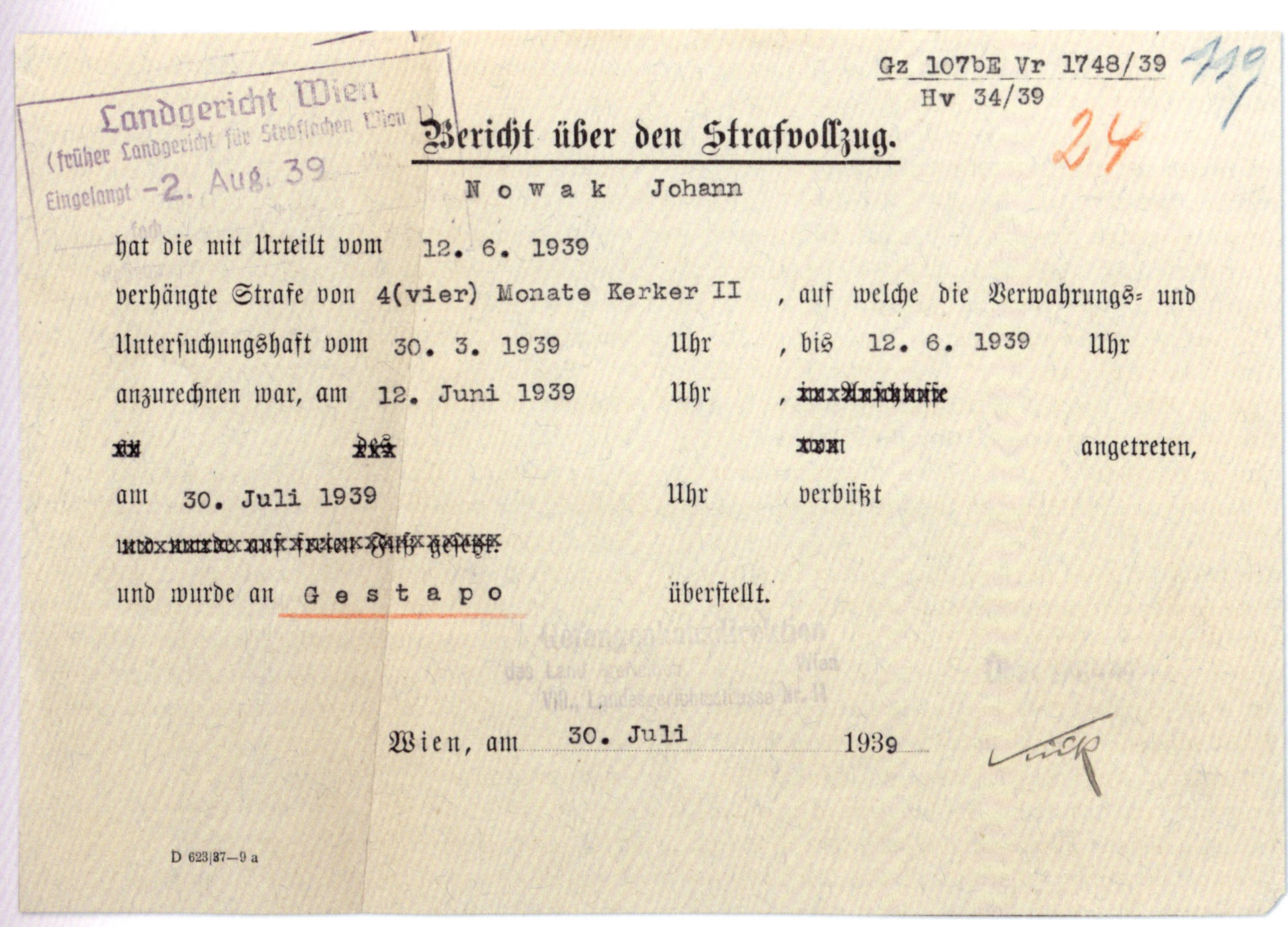

Landgericht Wien
(früher Landgericht für Strafsachen Wien II)
Eingelangt -2. Aug. 39

Gz 107bE Vr 1748/39
Hv 34/39

Bericht über den Strafvollzug.

Nowak Johann

hat die mit Urteil vom 12. 6. 1939

verhängte Strafe von 4(vier) Monate Kerker II, auf welche die Verwahrungs- und Untersuchungshaft vom 30. 3. 1939 Uhr, bis 12. 6. 1939 Uhr anzurechnen war, am 12. Juni 1939 Uhr, angetreten,

am 30. Juli 1939 Uhr verbüßt

und wurde an Gestapo überstellt.

Gefangenenhausdirektion
das Landgericht Wien
VIII., Landesgerichtsstrasse Nr. 11

Wien, am 30. Juli 1939

D 623|37—9 a

Frau mit einem Tripper angesteckt wurde – ein immer wieder genanntes Erklärungsmuster für die eigenen gleichgeschlechtlichen Handlungen. Ich werde demnächst heiraten, behauptete Bruscha. Auch Nowak war seit neun Monaten näher mit einer Frau bekannt. Beide wurden zu vier Monaten schwerem Kerker verurteilt. Für beide lag ein Rücküberstellungsantrag der Gestapo vor. Da die Untersuchungshaft auf die Strafe angerechnet wurde, war Bruscha nur vier Tage regulär in Haft. Er wurde am 16. Juni 1939 an die Gestapo rücküberstellt, Nowak folgte ihm am 30. Juli 1939. Bis auf die Nachricht, dass Nowak im Mai 1940 für wehrunwürdig erkannt wurde, verlieren sich die Spuren von Eduard Bruscha und Johann Nowak.

Quelle WStLA, Landesgericht für Strafsachen, A12: LG II Vr 1784/39

20., Rauscherstraße 7

Die Verfolgung geht weiter
Friedrich Regenfelder *25.5.1906 – ?*

Da Friedrich Regenfelder vor dem Kriegsgericht bereits dreimal wegen Unzucht wider die Natur verurteilt worden war und Vorbeugemaßnahmen vorgesehen waren, wurde in seiner Wohnung am 18. Jänner 1945 eine Durchsuchung durchgeführt. Dabei wurde in dem einbettigen Zimmer ein gerade erst 18-jähriger französischer Fremdarbeiter vollständig entkleidet angetroffen. Für die Kripobeamten war mit Sicherheit anzunehmen, daß er mit dem jugendlichen Franzosen Unzucht wider die Natur getrieben hat. In der Hauptverhandlung am 9. März 1945 wurde Friedrich Regenfelder zu zwei Jahren Zuchthaus, der Franzose zu fünf Monaten Gefängnis verurteilt.

Knapp einen Monat später, am 8. April, wurden beide im Zuge der Befreiung Wiens durch die Rote Armee enthaftet. Regenfelder hatte zu diesem Zeitpunkt inklusive Untersuchungshaft nicht einmal zwei Monate seiner Strafe abgesessen. Am 8. September 1945 wurde das Landesgericht für Strafsachen wieder aktiv und begann, den Aufenthaltsort von Friedrich Regenfelder und dem Franzosen zu ermitteln. Bei Letzterem erfolglos, weshalb dessen Strafe am 17. Dezember 1945 ins Register der nicht vollstreckten Strafen eingetragen wurde. Friedrich Regenfelder hingegen sollte seine von einem nationalsozialistischen Gericht verhängte Strafe absitzen. Für ihn, der mit seiner Frau, die mit dem dritten gemeinsamen Kind hochschwanger war, ein kleines Lebensmittelgeschäft im 20. Bezirk betrieb, begann nun ein Spießrutenlauf mit den österreichischen Behörden. Dank eines engagierten Anwalts konnte er mehrmals einen Strafaufschub erwirken, obwohl die Staatsanwaltschaft auf die fristlose Vollstreckung des ausgesprochenen Urteils drängte.

Bei seinem vierten Antrag änderte der Anwalt seine Strategie. Er reichte nun ein Gnadengesuch ein, das er auch damit begründete, dass die vom Kriegsgericht verhängten Vorstrafen ein Ausmass haben, das dem österr. Recht fremd ist. […] Er wäre nach dem österr. Gebrauch der Strafbemessung bestimmt mit wenigen Monaten davongekommen. Drei Tage nach der Eingabe wies die Staatsanwaltschaft Wien das Gnadengesuch mangels gnadenwürdiger Gründe allerdings ab. Zwei weitere Anträge seines Anwalts um Strafaufschub hatten hingegen Erfolg.

Ein in einem weiteren Antrag erwähnter Hinweis des Anwalts auf das baldige Inkrafttreten einer Amnestie mit dem Tage der Befreiung führte Anfang September zur Erhebung des politischen Leumunds von Friedrich Regenfelder, insbesondere seiner Zugehörigkeit zur NSDAP. Denn die Möglichkeit der Amnestierung galt nur für Straftäter:innen, bei denen es keine Hinweise auf eine Mitgliedschaft in einer NS-Organisation gab. Bei Regenfelder fand sich nichts dergleichen. Daher verfügte das Landesgericht Wien am 16. Dezember 1946, dass bei der sogenannten Befreiungsamnestie der Rest der Zuchthausstrafe mit den Wirkungen der bedingten Verurteilung unter Festsetzung einer Probezeit von 3 Jahren bedingt nachgesehen wurde. Die Probezeit für den Strafrest von 22 Monaten und neun Tagen belief sich auf drei Jahre und endete am 16. November 1949 – mehr als viereinhalb Jahre nach der Verurteilung Friedrich Regenfelders durch ein NS-Gericht. Ein handschriftlicher Eintrag auf dem Im Namen des Deutschen Volkes! ausgestellten Urteil vom 9. März 1945 bestätigte schließlich den Beschluss des Landesgerichts Wien vom 27. März 1962, dass das Urteil getilgt wurde.

Quelle WStLA, Landesgericht für Strafsachen, A11: LG I Vr 148/45

Urteilsausfertigung „Im Namen des Deutschen Volkes!" für Friedrich Regenfelder. Das Dokument der NS-Gerichtsbarkeit trägt aber auch spätere Spuren. Links oben ist mit einem Stempel die Tilgung des Urteils am 27. 3. 62 vermerkt.

Geschäftszahl 1o7 Eb Vr 148/45 Hv 14/45

Getilgt Friedrich Regenfelder
mit Beschluß des Landesgerichtes Wien
63/10 Hs 1184/62
Wien, am 27.3.62

Eingelangt 22. März 1945

Im Namen des Deutschen Volkes!

Strafsache gegen
1.) Friedrich Regenfelder, geb.25. 5. 1906, Hilfsarbeiter, verh.
2.) Andre le Jeune, geb. 29. 5. 1926, franz.StA.ledig, Hilfsarbeiter

wegen § 129 I b StG.

~~Die Strafkammer~~ Der Einzelrichter des Landgerichts Wien
~~Das Amtsgericht~~ hat nach der Hauptverhandlung
vom 9. 3. 1945, an der teilgenommen haben:

LGDir, Mager
als vorsitzender Richter

./.

./.
als beisitzende Richter

Staatsanwalt Dr. Nagler
als Beamter der Staatsanwaltschaft (~~Privatankläger~~)

Assessor Gutjahr
als Schriftführer

./.
als Privatbeteiligter

ad 1) Dr. Robert Breunig
ad 2) - ./.
als Verteidiger

Dr. Hans Bretschneider - Rechttreu als Dolmetsch

am 9. 3. 1945 für Recht erkannt:

ÖStPO-Form Nr. 117 (neu) — Urteil erster Instanz. —
Druckerei Zuchthaus Stein (Donau)

21., Freytaggasse 5 | 4., Große Neugasse 33

Jugendliche vor Gericht
Erika H. *15.7.1925–?* | Frieda/Friedel K. *12.5.1925–?*

Wien XXI., Gemeindehaus am F. A. C. -Platz

Mehr als vier Wochen waren Erika H. und Friedel K. unterwegs gewesen, sie waren bis ins mährische Zwittau (heute Svitavy) gekommen, wo sie eigenen Angaben zufolge vergeblich versuchten, sich mit Schlaftabletten das Leben zu nehmen. Zurück in Wien wurden die beiden 17-Jährigen in der Nacht von 8. auf 9. Dezember 1942 von der Polizei aufgegriffen und am folgenden Tag erstmals von Anna Posselt, einer Beamtin der Kriminalpolizeileitstelle Wien/Weibliche Kriminalpolizei, einvernommen.

Die beiden jungen Frauen hatten sich in der Berufsschule kennengelernt und verbrachten viel Zeit miteinander. Friedel hatte sich bei ihrer Stieftante auf der Wieden einsam gefühlt und warf ihrem Stiefonkel vor, sich in unsittlicher Weise an ihr vergangen zu haben. Erika lebte mit ihrer Mutter in einem großen Gemeindebau

← Bild S. 212
Der Gemeindebau, in dem Erika H. mit ihrer Mutter lebte, erhielt erst nach dem Krieg den Namen Paul-Speiser-Hof.

in Floridsdorf, der in Anlehnung an den benachbarten Sportplatz des Floridsdorfer Athletiksport-Clubs als „FAC-Bau“ bekannt war und nach dem Krieg Paul-Speiser-Hof genannt wurde. Ihr Vater war Mitte Mai 1942 in Russland gefallen, mit ihrer Mutter verstand sie sich schlecht, weshalb sie immer wieder bei ihrer Freundin übernachtete. Friedels Stiefonkel hatte Erikas Mutter erzählt, dass die beiden Mädchen einander gehörig seien, es wurden ihnen weitere Treffen untersagt. Die Auskunft einer Frau, die Erika H. in einem Kaffeehaus getroffen hatte, machte der Mutter erst klar, was unter einander gehörig zu verstehen war. Dabei wurde ihr auch nahegelegt, dass man mit Burschen viel glücklicher sein könnte und dass sie auch für den Nachwuchs des Volkes zu sorgen hätte.

Am 19. Dezember 1942 sagte der Stiefonkel Friedel K.s aus, dass er sie mit ihrer Freundin bei lesbischen Handlungen erwischt hätte. Ihre Stieftante bestätigte, dass auch sie die Mädchen, mit denen sie im Ehebett schlief, beobachtet hätte. Die Mädchen haben nie anders als umarmt geschlafen. Da die Tuchent […] sich hin- und herbewegte, habe sie vermutet, dass sich die Mädchen in unnatürlicher Weise befriedigen. Gesehen habe ich, ausser der Bewegung der Tuchent, nichts. Allerdings wäre ihre Nichte Friedel sehr verlogen, arbeitsscheu und gefallsüchtig. Sie habe auch viel mit Soldaten verkehrt. Die Stieftante übergab der Polizei auch Briefe, die Erika H. ihrer Nichte geschrieben hatte. Die ermittelnde Kriminalsekretärin Anna Posselt hielt diese für sehr belastend.

Nach Wahrheitserinnerung gab Erika H. in einer weiteren Einvernahme am 11. Jänner 1943 zu, dass sie oft zusammen ‚geschmust‘ hätten. Wir haben uns oft geküsst und uns gegenseitig versichert, dass wir uns gerne haben. […] Friedl hat mir einmal anvertraut, dass sie gar nichts fühle, wenn sie mit einem Mann Geschlechtsverkehr habe. Sie läge ganz still und hätte keinerlei Gefühle. Ich habe ihr gesagt, das wäre bei mir anders. Eines Abends passierte es aber doch: Ich kann jetzt nicht mehr sagen, wer zuerst angefangen hat, die andere am Geschlechtsteil zu berühren. Tatsache ist, dass wir uns dann gegenseitig an den Brüsten sowie am Geschlechtsteil berührt haben. Beide Mädchen schämten sich danach. Erika H. wurde von der Kriminalbeamtin als unglaublich zurückhaltend in ihren Angaben und genügend raffiniert beschrieben, um die volle Wahrheit zu verschweigen. Es ist aber durch ihre Angaben doch klargestellt, dass die beiden Mädchen in lesbischen Beziehungen zueinander gestanden sind.

In nicht öffentlicher Verhandlung verurteilte am 4. März 1943 ein Einzelrichter die beiden jungen Frauen, die sich wohl auf Anraten ihrer Armenverteidiger schuldig bekannten, zu je zwei Wochen Jugendarrest, die sie in der Jugendarrestanstalt Wien-Liesing absaßen. Die Verurteilung von Erika H. und Friedel K. ist der einzige Fall zweier Frauen, der sich in den Beständen des Jugendgerichts Wien erhalten hat. Vergleicht man das Urteil mit jenen, die über junge Männer gefällt wurden, fällt dessen Milde auf.

Quelle WStLA, Landesgericht für Strafsachen, Jugendgericht JG Vr 275/43

22., Breitenleer Straße, 4. Stadtrandsiedlung 72

Fahnenflucht und Unzucht
Eugen Chubawa *23.12.1921 – 9.12.1947*

Das Soldatenleben gefiel mir nicht, gestand der 20-jährige Eugen Chubawa nach seiner Festnahme wegen Fahnenflucht. Knapp einen Monat hatte er es bei der Wehrmacht ausgehalten, dann kehrte er nach einem Besuch bei seiner Schwägerin und einer Nacht bei einem Liebhaber nicht mehr in die Kaserne zurück. Er hatte den Zapfenstreich versäumt und hatte nun Angst vor Strafe, wenn er verspätet einrückte. Ich faßte daher den Entschluß, nunmehr endgültig in das Ausland zu fahren. Es war nicht das erste Mal, dass Chubawa wegwollte. In den Jahren 1940 und 1941 saß er bereits zweimal insgesamt 13 Monate wegen unbefugter Grenzüberschreitung, unbefugten Verlassens des Arbeitsplatzes und Vagabundage in Graz und Völkermarkt im Gefängnis. Diesmal hoffte er, es über Hamburg und die Niederlande bis in die USA zu schaffen. Dazu brauchte er aber

← Bild S. 214
Flugaufnahme der vierten Stadtrandsiedlung Breitenlee, einer austrofaschistischen Vorzeigesiedlung, in der Eugen Chubawa bei seiner Familie lebte.

Geld, das er sich noch in Wien mit sexuellen Dienstleistungen verdienen wollte, denn er betätigt sich seit seinem 17. Lebensjahr als Strichjunge in Homosexuellenkreisen und bezieht aus dem widernatürlichen Geschlechtsverkehr seinen Lebensunterhalt, wie es im Tatbericht des Gerichts der Division Nr. 177 festgehalten wurde.

Eugen Chubawa stammte aus ärmsten Verhältnissen und lebte, bis seine Eltern ihm wegen seines Lebenswandels das Haus verboten, in der 1935 errichteten vierten Stadtrandsiedlung Breitenlee. Die schlecht gebauten Siedlungshäuser mit einem Grundstück, das Eigenversorgung unterstützen sollte, waren Teil des austrofaschistischen Wohnbauprogramms, mit dem die ideologisch gewünschte Reagrarisierung der Arbeiter:innenschaft betrieben wurde. Fehlende Infrastruktur, die große Entfernung zum öffentlichen Verkehr und die soziale Deklassierung ließen sie aber rasch zu „Elendssiedlungen" verkommen. Eugen Chubawa war das schwarze Schaf seiner Familie und sehr verlogen, bezichtigte ihn seine Schwägerin im Verhör. Mit 16 ließ er sich des Geldes wegen erstmals auf unzüchtige Handlungen ein, später traf er im Ledigenheim in der Wurlitzergasse 89–91 im 17. Bezirk – bis heute ein vom Fonds Soziales Wien betriebenes Haus für Obdachlose – einen Hans aus Hamburg, der den homosexuellen Verkehr berufsmäßig ausübte. Chubawa hatte rasch an der leichten Art des Geldverdienens Gefallen gefunden und unterhielt ein Jahr lang mit Hans ein ständiges Verhältnis.

Gemeinsam mit Hans besuchte er Lokale, in denen Homosexuelle verkehrten, um Kunden zu finden. Mit den Homosexuellen verständigten wir uns durch auffällige Blicke oder Winke, die nur den beteiligten Kreisen verständlich waren, und folgten den Homosexuellen dann in ihre Wohnungen oder anders wohin, wo wir ihnen dann zu Willen waren. Immer wieder aber betonte Chubawa: Preise für meine Hingabe habe ich nie vereinbart, sondern es jeweils dem Partner überlassen, was er mir geben wolle. Eine Aussage, die auch von seinen Sexualpartnern bestätigt wurde. Da Chubawa nach seiner Fahnenflucht keine Unterkunft hatte, stromerte er mehr oder minder ziellos durch die Stadt, verbrachte Nachmittage und Abende in Kaffeehäusern und brauchte das Geld auf, das er in der Nacht davor verdient hatte. Er besuchte alte Bekannte, bei denen er manchmal etwas zu essen bekam, suchte in Parks und Pissoirs – so im als Homosexuellentreffpunkt bekannten Pissoir im Resselpark – zufällige Sexualkontakte, mit denen er eine geschwinde Partie (Onanie) schob und ein paar Reichsmark einnahm. Die Nächte verbrachte er bei Männern, mit denen er immer wieder sexuelle Kontakte hatte – beim arbeitslosen Schauspieler Friedrich Links, bei Johannes Ewald oder bei Arthur Bielemann, von dem er, um zumindest das Fahrgeld bis Hamburg zusammenzubringen, schließlich 50 Reichsmark erpressen sollte. Letzteren hatte er eines Nachts in der öffentl. Bedürfnisanstalt in Wien I., Stefansplatz, wo ich mich zum Zwecke des Kennenlernens eines Geschlechtspartners aufgehalten habe, kennen gelernt.

Eugen Chubawa wurde schließlich vom Gericht der Division 177 wegen Fahnenflucht, gewohnheitsmäßiger, erschwerter Unzucht zwischen Männern und wegen Erpressung zu zehn Jahren Zuchthaus, Verlust der bürgerlichen

Gericht Wien, den 25. November 1941.

der Division Nr.177.

St. L. I Nr. 700 /1941.

Haftbefehl

Der Schtz. Eugen C h u b a w a, 3./Kradschtz.Ers.Batl.2-Wien, geb.23.12.1921 zu Wien, vorbestraft,

ist in Untersuchungshaft zu nehmen, weil er dringend verdächtig ist,

1.) am 9.11.1941 zu Wien
in der Absicht, sich der Verpflichtung zum Dienste in der Wehrmacht dauernd zu entziehen, seiner Truppe ~~verlassen~~ ferngeblieben zu ~~haben~~ sein.

2.) ~~indem~~ seit Jahren gewerbsmäßig mit Männern Unzucht getrieben und von Männern sich zur Unzucht mißbrauchen lassen bzw. sich dazu angeboten zu haben.

3.) ~~am 13.11.1941, um sich einen rechtswidrigen Vermögensvorteil zu verschaffen einen andern durch Drohung zu einer Handlung genötigt zu haben.~~

Zu 1): Am 9.11.1941 faßte der Angeklagte, der den Zapfenstreich überschritten hatte, den Entschluß, sich ins Ausland zu begeben, um sich der Wehrdienstleistung zu entziehen. Er verschaffte sich bei einem Bekannten Zivilkleider und wurde am 16.11. in der Straßenbahn von Uffz. Portugall erkannt und festgenommen.

Zu 2): Seit dem Jahre 1938 bestritt der Angeklagte seinen Lebensunterhalt aus Beträgen, die er von Männern, mit denen er Unzucht trieb, bzw. die ihn unzüchtig mißbrauchten und denen er sich zur Unzucht anbot, erhielt.

Zu 3): Am 13.11.1941 drohte er Herrn Bielemann, mit dem er in verbotenen Beziehungen stand mit der Anzeige, wenn er ihm nicht RM50 als Schweigegeld gebe.

(Verbrechen nach § 69 MStGB, § 175a(4)RStGB, Vergehen § 253 RStGB)

(§ ... strafgesetzbuchs)

und weil die Aufrechterhaltung der Manneszucht seine Verhaftung erfordern und Fluchtgefahr besteht.

Der Gerichtsherr

[Unterschrift]

Generalmajor
und Kommandeur der Division Nr.177

Der Untersuchungsführer

[Unterschrift]

Kriegsgerichtsrat/~~Richter~~

B 11 Haftbefehl (§§ 115, 116 MStGO)
Verlag Franz Vahlen, Berlin W 9

27

An das Dievisionsgerricht 177. Wien VI. Bz [Bezirk] Mariahilferstrasse / Ich teile inner mit meinen schreiben mit. Ob es nicht moglich währen, das ich Einrücken kann. Denn ich möchte mich auch führ das Vaterland Einsetztzen. Sitze wegen Fahnenfluch u. wegen Brg. 167 und habe 10 Jahre bekommen, sitze schon seid dem 16 November 1941. Und da schon so viel Eingerück sind von diesen Hause, so möchte ich bitten, ob ich mich auch Einrücken könnte. bin jetzt über 21 Jahre in der schönsten Jugendjahre, wo der Mensch am meisten leisten kann. Glauben Sie nicht, weil ich Fahnenflucht habe, das ich mich von der Front fürchte, denn das ganze war nur ein Blöder Bubenstreich, das was ich schon bitter bereut habe, was ich an gestellt habe. Und ich möchte das Dievisionsgericht innigs auf Herzen legen ob es nicht möglich währe Einrücken zu dürfen. / Meinen inigsten dannk / Eugen Chubawa 402/42 / Stein a. d. Donau / Hauptstrasse Nr. 84

Gefgb. Nr. 402/42. Name: Chubawa Eugen

An das Dievisionsgerricht 177. Wien VI. Bz.
Mariahilferstrasse.

Ich teile inner mit meinen schreiben mit. Ob es nicht moglich währen, das ich Einrücken kann. Denn ich möchte mich auch führ das Vaterland Einsetzten. Sitze wegen Fahnenfluch u. wegen Brg. 167 und habe 10 Jahre bekommen, sitze schon seid dem 16 November 1941. Und da schon so viel Eingerück sind von diesen Hause, so möchte ich bitten ob ich mich auch Einrücken könnte. bin jetzt über 21 Jahre in der schönsten Jugendjahre wo der Mensch am meisten leisten kann. Glauben Sie nicht weil ich Fahnenflucht habe, das ich mich von der Front fürchte, denn das ganze war nur ein Blöder Bubenstreich, das was ich schon bitter bereut habe, was ich angestellt habe. Und ich möchte das Dievisionsgericht innigs auf Hersen legen ob es nicht möglich währe Einrücken zu dürfen.

Meinen inigsten dannk
Eugen Chubawa 402/42
Stein a. d. Donau
Hauptstrasse Nr. 84.

6

D 1185 43 Q.0949

↑ Bild S. 216
Haftbefehl des Divisionsgerichts 177 gegen Eugen Chubawa.

↑ Bild S. 217
Handschriftliches Gnadengesuch von Eugen Chubawa.

Ehrenrechte und Verlust der Wehrwürdigkeit verurteilt. In der Urteilsbegründung hieß es: Ebenso notwendig war die Anordnung der Unterbringung in einem Arbeitshaus […], weil zweifellos zu erwarten ist, dass der A[ngeklagte], der bisher nie richtig gearbeitet hat, nach Verbüßung der Strafe erst recht aus eigenem nichts arbeiten wird, weil er arbeitsscheu ist und zu einer erträglichen Arbeit erst wieder unter weiterem Zwang angelernt werden müssen [sic]. Er bedeutet auch eine Gefahr für die Allgemeinheit, da er sich, einmal nach Verbüßung auf freiem Fuß befindlich, nur zu leicht wieder seinem Schandgewerbe ergeben würde, wenn er in verhältnismäßig jungen Jahren mit homosex. Kreisen wieder in Berührung käme. Zur Anrechnung der U.-Haft bestand kein Anlass.

Da das Urteil von der zuständigen Anklagebehörde als zu milde empfunden wurde, wurde ein Gutachten eingeholt, das zwar bestätigte, daß in solchem Falle im allgemeinen die Todesstrafe angebracht ist. Ein Absehen davon kann, wenn auch nicht ohne Bedenken, nur deshalb gerechtfertigt sein, weil der Angeklagte durch die ungünstigen Verhältnisse in der Ostmark bis 1938 verwahrloste und die spätere Zeit noch nicht genügt hat, ihn an ein ordnungsgemäßes Leben zu gewöhnen. Grundsätzlich wurde aber auch festgestellt, dass Eugen Chubawa noch besserungsfähig ist. […] Da bei dem Verhalten des Angeklagten jugendlicher Leichtsinn eine erhebliche Rolle spielte.

Der Haftantritt sollte erst nach Beendigung des Kriegszustandes erfolgen, bis dahin wurde Chubawa in ein Arbeitslager eingewiesen. Aus den Akten ist noch ersichtlich, dass Chubawa in die Haftanstalt Lingen/Ems eingeliefert wurde, offenbar sollte er in einem der Emslandlager im Norden Deutschlands Zwangsarbeit leisten. Doch wurde er im Oktober 1942 wegen Moorunfähigkeit in das Zuchthaus Stein a.d.D. verlegt. Aus der Haftanstalt Stein stellte Eugen Chubawa ein Gnadengesuch, in dem er darum bat, in die Wehrmacht eingezogen zu werden, das aber abgewiesen wurde. Danach verliert sich seine Spur. Ein genaues Todesdatum ist nicht bekannt, er wurde aber am 9. Dezember 1947 auf dem Friedhof Breitenlee bestattet. Er wurde nur 26 Jahre alt.

Quellen Österreichisches Staatsarchiv (ÖStA), Archiv der Republik (AdR), Deutsche Wehrmacht/Gerichtsakten Div. 177, Aktenzahl I-700/1941, Kt. 16/Akt 4; Verstorbenensuche Friedhöfe Wien

23., Schrailplatz 4 | 9., Alserstraße 4

„Das Sittlichkeits- und Schamgefühl verletzt“

Valerie R. 8.6.1914 – ? | Irmengard Forster 27.5.1891 – ?

89

Z. As 2155/38 — 3 Vr 3625/38

22

An das

Landesgericht in Strafsachen II

Wien

In Beantwortung der dg. Note vom 28./11. 1938

Z. 3 Vr. 3625/38, beehrt sich der Ausschuß der Rechtsanwaltskammer in Wien mitzuteilen, daß er in Gemäßheit des § 42 St.-P.-O. der Frau Dr. Hildegard Mayer Rechtsanwalt (Rechtsanwaltsanwärter) in Wien, ... Bezirk, zum unentgeltlichen (~~amtswegigen~~) Verteidiger der Valerie R. für die Hauptverhandlung am 16. 12. 1938, um 9 Uhr benannt hat.

Wien, den 30. November 1938

Der Ausschuß der Rechtsanwaltskammer in Wien:

Dr. MAYR
Dr. Führer

Als Irmengard Forster Anfang August 1938 am Gendarmerieposten Atzgersdorf Anzeige erstattete, gehörte dieser im Bezirk Hietzing-Umgebung noch zu Niederösterreich. Während die sich aus der Anzeige ergebenden Ermittlungen liefen, wurde im Oktober 1938 mit „Groß-Wien“ die flächenmäßig größte Stadt im „Dritten Reich“ geschaffen, und Atzgersdorf wurde zum Teil des 25. Bezirks Liesing. Entsprechend unsicher waren die unterschiedlichen Behörden bei der Schreibung der Adresse der Angeklagten Valerie R., die einmal als Schreilplatz, dann auch Schreylplatz oder Schreidlplatz bezeichnet wurde. Heute liegt der Schrailplatz wieder im 23. Bezirk.

↑ Bild S. 219
Sehr selten finden sich im NS-Justizsystem Frauen in entscheidenden Positionen. Valerie R. engagiert für ihre Verteidigung die Rechtsanwältin Dr. Hildegard Majer.

↓ Bild unten
Beschlagnahmtes Foto von Valerie R.

Bild S. 221 →
Straftilgung für Irmengard Forster im Zuge des Gnadenerlasses des Führers zu Kriegsbeginn 1939.

Die 47-jährige ehemalige Kloster- und Krankenschwester Irmengard Forster hatte die erst 24 Jahre alte Valerie R. wegen Betrugs angezeigt. Die beiden Frauen hatten einander schon 1929 während eines Spitalsaufenthalts von Valerie R. kennengelernt. Sie hätte sich damals ihrer an[genommen], da sie in sehr unglücklichen Familienverhältnissen lebte und erst 16 Jahre alt war, sollte Irmengard Forster vor Gericht diese ungleiche Freundschaft erklären. Über die Jahre hatten sie sporadisch Kontakt, erst im Mai 1937 wurde die Beziehung enger, als Valerie R. erneut in der Augenklinik im AKH in Behandlung war, in der Forster arbeitete.

So weit stimmten die Aussagen der beiden Frauen überein, in der Folge aber erzählten sie vor Gericht zwei gänzlich unterschiedliche Geschichten. Irmengard Forster beschuldigte Valerie R., dass sie ihr 1.500 Schilling unterschlagen hätte. Seit ihrem achten Lebensjahr war Forster im Kloster gewesen, aber schon länger trug sie sich mit dem Gedanken, aus dem Orden auszutreten. Als es Mitte März 1938 kurz nach dem „Anschluss“ so weit war, zog sie bei Valerie R. und deren Ehemann in ein freies Kabinett. Von ihrem Orden erhielt sie in mehreren Raten eine Abfertigung, die sie Valerie R. zur Verwahrung anvertraute.

Valerie R. hatte der gutgläubigen Klosterschwester erzählt, dass sich Pater Alfred Kamann, geistlicher Rektor der Pflegeanstalt Am Steinhof, in Forster verliebt hätte und aus dem geistlichen Stand auszutreten gedenke, um sie zu ehelichen. Für die im Raum stehende Verheiratung sollte das übergebene Geld gespart werden. Irmengard Forster schrieb Pater Kamann einige Briefe, die stets Valerie R. überbracht hatte – und mündlich von erfreuten Antworten des Paters berichtete. Doch hatte der Geistliche weder eine Beziehung zu Forster im Sinn noch erhielt er das Geld, das sie ihm auf Ersuchen Valerie R.s hatte zukommen lassen.

Irmengard Forster habe ihr das Geld als Miete, für die Haushaltsführung und für den Kauf von Möbeln, Geschirr und Kleidern gegeben, verteidigte sich Valerie R. Außerdem habe sie Schwester Irmengard gedrängt, mit Pater Kamann Kontakt aufzunehmen, weil sie verliebt gewesen sei. Seine abweisenden Antworten habe sie ihr verschwiegen. Ohne dass es vorher eine Andeutung gegeben hatte oder dass die Verneh-

125

203 Vr 3625/38
Hv 364/38 32

B e s c h l u s s .

Gemäss §§ 1,2 (1) 3,des Gnadenerlasses des Führers und Reichskanzlers für die Zivilbevölkerung vom 9.9.1939,RGBl.I S.1753 und § 1 (1) der Ausführungsbestimmungen des Reichsjustizministers zu diesem Gnadenerlasse vom 13.9.1939,RGBl.I S.1760 wird die über

Irmgard Forster

geb. 26.5.1891 in München

wohnhaft in .. Wien 9, Alserstr. 4

mit dem Urteil des Landgerichts Wien (früher Landgericht für Strafsachen Wien II) vom 16.12.1938 ....19......

zu GZ. 203 Vr 3625/38 ....wegen § 129 Ib ....StG.

verhängte und noch nicht vollstreckte Strafe des strengen

Arrestes in der Dauer von drei Monaten

samt Nebenstrafen und Nebenfolgen sowie rückständige Strafkosten

n a c h g e l a s s e n .

Die Strafe gilt als am 9.9.1939 verbüsst,jedoch nicht zugleich getilgt.

Landgericht Wien (früher Landgericht für Strafs.Wien II)

Ger.Abtg. 203 am 4.10. ......1939.

ZV.: 1) Verurteilten
2) Kripoleitstelle Wien Insp.IIIc
3) Fristenvermerk löschen.

Eingelangt
Reing.-Geschrieben
Verglichen
Abgefertigt 5. OKT. 1939

mungsbeamten danach gefragt hatten, erzählte Valerie R. plötzlich: Seit Dezember 1937 standen wir (ich und Forster) in geschlechtlichen Beziehungen. Beim Aufräumen des Operationssaales sei ihr Forster körperlich nahegekommen. Später sei es auch in ihrer Wohnung zu sexuellen Handlungen gekommen. Ich sagte manchmal zur Forster, dass mir das nicht recht sei. Sie ließ aber die Zudringlichkeit weiter geschehen.

Durch diese Aussage wurde Irmengard Forster von der Geschädigten zur Beschuldigten, die sich bei ihrer Einvernahme auch gleich schuldig bekannte. Ich habe aber nicht gewusst, dass ich dabei eine strafbare Handlung begehe, und habe es nur auf Aufforderung der R. gemacht, widersprach sie den Aussagen R.s, wonach sie der aktive Part gewesen sei. Sie verteidigte sich auch damit, dass sie als Klosterschwester nie mit der Außenwelt zu tun gehabt habe.

Vor Gericht hatte Valerie R. schlechte Karten, ihr Wort stand gegen das einer gutgläubigen ehemaligen Klosterschwester, die einen Beruf im Interesse der Volksgemeinschaft ausübte, wie das Gericht in seinem Urteil später als Milderungsgrund festhalten sollte. Auch Pater Kamann bestätigte die Aussagen Forsters. Valerie R. hatte um einen Armenanwalt angesucht, der ihr von der Rechtsanwaltskammer – und das ist ungewöhnlich, wenn nicht einzigartig – in Form einer Frau, der Verteidigerin Dr. Hildegard Majer, gestellt wurde. Diese riet ihr wohl bei der Verhandlung zu einem Geständnis, weil dies mildernde Wirkung auf das Urteil hatte.

Kurz vor Weihnachten 1938 wurde Valerie R. wegen gleichgeschlechtlicher Unzucht und Betrugs zu sechs Monaten schwerem Kerker, verschärft durch zwei harte Lager, verurteilt. Auch Irmengard Forster erhielt wegen Unzucht eine Strafe von drei Monaten strengem Arrest, die mit einer Bewährungsfrist von drei Jahren ausgesetzt wurde. Die Urteilsbegründung für die ehemalige Klosterschwester Irmengard Forster ist interessant: Ihr wurde nicht geglaubt, dass sie von Valerie R. zu den Unzuchtshandlungen verführt worden war, denn sie sei durch den Zölibat in offenbarer sexueller Not gewesen. Weiters definierte das Gericht seine eigenen Vorstellungen von Unzucht, diese sei jede das Sittlichkeits- und Schamgefühle verletzende Handlung, und es seien jegliche Handlungen als unzüchtig […] zu bezeichnen, welche der Erregung des Geschlechtstriebes dienend, die von der Sitte gezogenen Grenzen überschreiten.

Mit dem „Gnadenerlass des Führers und Reichskanzlers für die Zivilbevölkerung vom 9.9.1939“ erfolgte der endgültige Strafnachlass für Irmengard Forster. Valerie R. musste ihre Haftstrafe absitzen. Während sie noch in Haft saß, hatte ihre Mann die Scheidung eingereicht.

Quelle WStLA, Landesgericht für Strafsachen, A12: LG II Vr 3625/38

Bildnachweis

Archiv Seemann / brandstaetter images / picturedesk.com
S. 53 oben

Archives Centrales Albert Schweitzer, Gunsbach
S. 63

Arolsen Archives, Bad Arolsen

Inhaftierungsdokumente, ITS Digital Archive: S. 25, S. 91, S. 129, S. 155, S. 173, S. 189

Registrierungen von Ausländern und deutschen Verfolgten durch öffentliche Einrichtungen, Versicherungen und Firmen (1939–1947), ITS Digital Archive: S. 172

Bezirksmuseum Favoriten, Wien
S. 199, Foto: Klaus Pichler / Wien Museum

Bezirksmuseum Leopoldstadt, Wien
S. 53 unten

Bezirksmuseum Simmering, Wien
S. 145

Brandenburgisches Landeshauptarchiv, Potsdam
S. 117

Deutsches Bundesarchiv, Koblenz
S. 153 (Bild 146-1993-051-07)

Geldmuseum der Oesterreichischen Nationalbank, Wien
S. 169

Kurt Krickler, HOSI Wien, Wien
S. 136

MAK – Österreichisches Museum für Angewandte Kunst, Wien
S. 41 (AC00807929_1)

Österreichische Nationalbibliothek, Wien

ANNO: S. 39 (Allgemeine Bauzeitung, Wien, 1874), S. 79 (Profil, österreichische Monatsschrift für bildende Kunst, 1933), S. 108 (Die Bühne, 1925), S. 170 (Neues Wiener Journal, 28.9.1935)

Bildarchiv und Grafiksammlung: S. 31 (608.953-E.1926-1928, 28.8.1926), S. 42 (L 31.163-C), S. 64 (74.879-B), S. 92 (Pk 5053 IV/15/9), S. 110 (Pk 5152,29), S. 199 (B1/P 2956/18), S. 123 (200.522-D), S. 131 (116.663-C), S. 193 (L 54.972-B), S. 214 (AF 8658-C)

Österreichisches Staatsarchiv, Wien

Archiv der Republik, Militärakten NS-Zeit, Eduard Almesberger *29.08.1911: S. 195–196

Archiv der Republik, Militärakten NS-Zeit, Eugen Chubawa *23.12.1921: S. 216–217

Privatbesitz
S. 75

Texas Fashion Collection, University of North Texas College of Visual Arts & Design, Denton
S. 20

United States Holocaust Memorial Museum Collection, Washington, DC
S. 22, S. 140 (Geschenk von Wilhelm A. Kroepfl)

Wien Museum, Wien

S. 23 (236010), S. 62 (189947), S. 76 (248870), S. 111 (58891/813), S. 113 (205800), S. 118 (242850), S. 162 (27191), S. 177 (58891/1238), S. 212 (235311)

S. 49 (98708/2), S. 55 (208712), S. 69 (211299), S. 94 (234684), S. 205 (164282), Foto: Birgit und Peter Kainz / Wien Museum

S. 19 (79000/1540), S. 29 (79000/4155), S. 37 (79000/7416), S. 100 (79000/6639), Foto: kunstdokumentation.com / Wien Museum

S. 43 (10/4/52/4), S. 107 (223974), S. 150 (224002), S. 194 (224197), Foto: TimTom / L. Hilzensauer / Wien Museum

Wienbibliothek im Rathaus, Wien
S. 70 (P-230100), S. 127 (HIN-127855)

Wiener Linien Bildarchiv, Wien
S. 141, S. 148, S. 187

Wiener Stadt- und Landesarchiv, Wien

S. 8, S. 15–16, S. 26, S. 32–35, S. 44–47, S. 56–59, S. 66, S. 73, S. 81–82, S. 85–86, S. 89, S. 95–96, S. 99, S. 103–104, S. 114, S. 116, S. 134, S. 142–143, S. 154, S. 157, S. 159, S. 164, S. 166–167, S. 174–175, S. 179–180, S. 183–185, S. 190, S. 200, S. 203–204, S. 206–209, S. 211, S. 219–221, Foto: Paul Bauer / Wien Museum

Yad Vashem, Jerusalem
S. 182 (O.41/1085)

Zentrum QWIEN, Wien
S. 65, S. 121, S. 124, S. 133, S. 139, Foto: Paul Bauer / Wien Museum

Impressum

Texte Andreas Brunner im Auftrag des Wien Museum/ Stabstelle Bezirksmuseen
Grafische Gestaltung Bureau Smejkal
Publikationsmanagement Sonja Gruber
Bildredaktion Andreas Brunner und Andrea Ruscher
Lektorat Julia Teresa Friehs
Bildbearbeitung Mario Rott
Schriften Syncro und GT Walsheim
Papier Munken Lynx Rough 300 g/m² (Umschlag), Munken Lynx Rough 120 g/m² (Kern)
Druck und Gesamtherstellung gugler GmbH, Melk, AT

Bibliografische Information der Deutschen Nationalbibliothek

Die Deutsche Nationalbibliothek verzeichnet diese Publikation in der Deutschen Nationalbibliografie; detaillierte bibliografische Daten sind im Internet über http://dnb.dnb.de abrufbar.

Gedruckt in Österreich.

ISBN 978-3-99136-017-9

mandelbaum *verlag*

HAUPTSPONSOR DES WIEN MUSEUMS

WIENER STADTWERKE

Stadt Wien | Kultur

PurePrint® by gugler®
drucksinn.at

klimapositiv
gedruckt

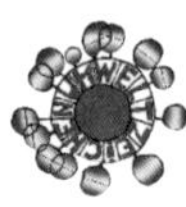

– produziert nach den Richtlinien des Österreichischen Umweltzeichens, Gugler GmbH, UW-Nr. 609, www.gugler.at

Dank

Der Autor dankt:

Paul Bauer

Matti Bunzl

Julia Teresa Friehs

Sonja Gruber

Anna Jungmayr

Kurt Krickler

Michaela Laichmann (WStLA)

Iris Lurf

Veronika Prinz

Guido Prodinger

Mario Rott

Andrea Ruscher

Katrin Smejkal

Alina Strmljan

Peter Stuiber

Hannes Sulzenbacher (Zentrum QWIEN)

Kathrin Wohlmuth-Konrad (Mandelbaum Verlag)

Regina Wonisch